선생님이 강력 추천하는

개념 +PLUS

단원평가

과학

5-1

개념+**PLUS**단원평가 와
내 교과서 비교하기

단원 찾는 방법

- 내 교과서 출판사명을 확인하고 공부할 범위의 페이지를 확인하세요.
- 다음 표에서 내 교과서의 공부할 페이지와 개념+단원평가 과학 페이지를 비교하면 됩니다.
  예를 들어 천재 교과서 24~49쪽이면 개념+단원평가 18~49쪽을 공부하시면 됩니다.

Search
단원찾기

단원	개념+ 단원평가	천재 교과서	아이스크림 미디어	지학사	비상 교과서	금성 출판사	동아 출판	김영사	천재교육	미래엔
과학 탐구	8~17	10~23	10~17	8~17	10~15	8~19	8~19	8~19	12~23	7~18
온도와 열	18~49	24~49	18~43	18~41	16~41	20~45	20~43	20~45	24~49	19~46
태양계와 별	50~81	50~73	44~69	42~67	42~69	46~67	44~67	46~69	50~75	47~70
용해와 용액	82~111	74~95	70~93	68~89	70~91	68~89	68~89	70~89	76~95	71~94
다양한 생물과 우리 생활	112~139	96~123	94~117	90~113	92~117	90~111	90~113	90~113	96~121	95~118

여러분의 꿈을 응원합니다!!!

민들레에게는
하얀 씨앗을 더 멀리 퍼뜨리고 싶은 꿈이 있고,

연어에게는
고향으로 돌아가 알알이 붉은 알을 낳고 싶은 꿈이 있습니다.

여러분도 가지각색의 아름다운 꿈을 가지고 있지요?
꿈을 향한 마음으로
좋은 결과를 얻기 위해 달려 보아요.

여러분의 아름답고 소중한 꿈을 응원합니다.

구성과 특징

특별 부록

교과서 종합평가

과학 9종 검정 교과서를 완벽 분석한 종합평가를 단원별로 구성하였습니다.

1. 교과서 핵심 요점

교과서 내용을 이해하기 쉽도록 사진 자료와 함께 꾸몄습니다.

2. 개념을 확인해요

교과서 개념과 관련된 주요 내용을 간단한 문제를 통하여 확인할 수 있습니다.

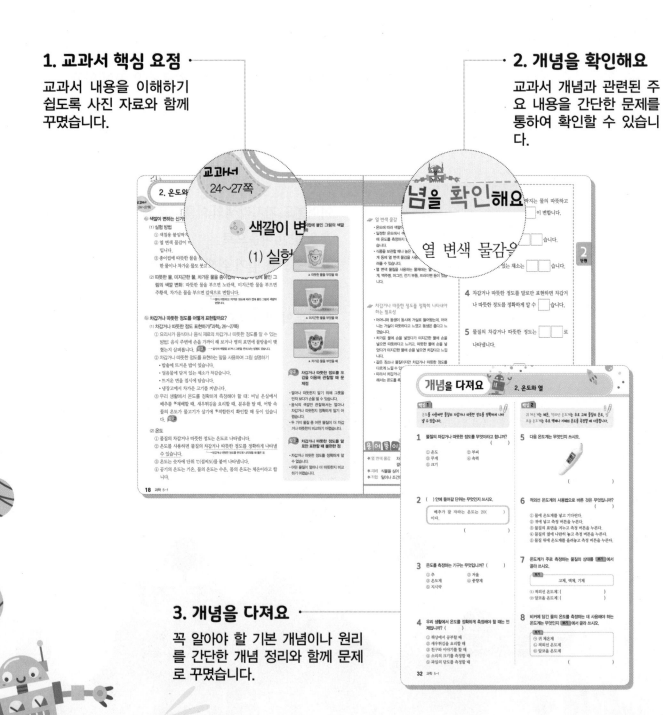

3. 개념을 다져요

꼭 알아야 할 기본 개념이나 원리를 간단한 개념 정리와 함께 문제로 꾸몄습니다.

4. 단원 평가 연습 도전 기출 실전

여러 가지 유형의 문제를 단원별로 구성하고, 연습, 도전, 기출, 실전 으로 난이도를 구분하여 학습 목표를 이룰 수 있도록 하였습니다.

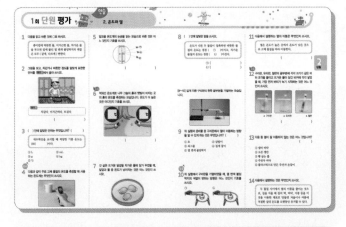

5. 탐구 서술형 평가

서술형 평가에 대비할 수 있도록 다양한 문제로 구성하였습니다.

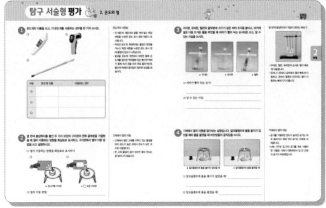

6. 100점 예상문제

핵심만 콕콕 짚어 단원별과 전체 범위로 구분하여 구성하였습니다.

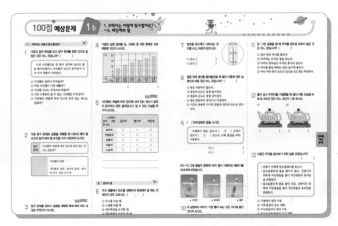

정답과 풀이

별책 부록

스스로 학습할 수 있도록 문제마다 자세한 풀이를 넣었으며 '더 알아볼까요' 코너를 두어 문제를 정확하고 쉽게 이해할 수 있도록 하였습니다.

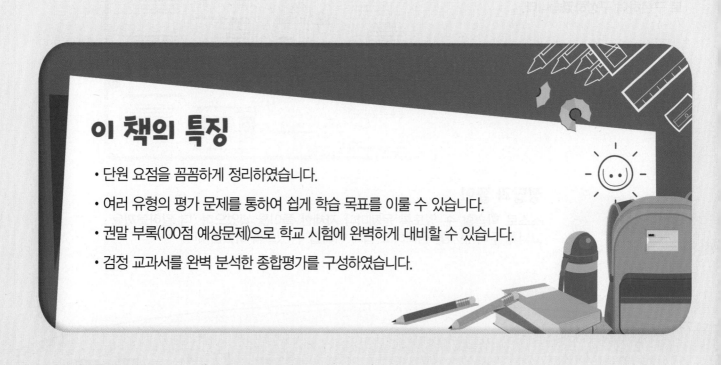

이 책의 특징

· 단원 요점을 꼼꼼하게 정리하였습니다.

· 여러 유형의 평가 문제를 통하여 쉽게 학습 목표를 이룰 수 있습니다.

· 권말 부록(100점 예상문제)으로 학교 시험에 완벽하게 대비할 수 있습니다.

· 검정 교과서를 완벽 분석한 종합평가를 구성하였습니다.

차례

5·1
5~6학년군

요점 정리
+ 단원 평가

과학 5-1

5~6
학년군

1. 과학자는 어떻게 탐구할까요?

탐구 문제를 정해 볼까요?
→탐구의 첫 번째 단계는 우리 주변이나 자연에서 일어나는 현상에 대해 궁금증을 갖고 탐구할 문제를 정하는 것입니다.

(1) 사인펜 잉크가 물에 번지는 모습 관찰하기

① 실험 방법 →준비물: 둥근 모양 거름종이, 여러 색깔의 수성 사인펜, 비커(250 mL) 두 개, 스포이트, 물

- 거름종이에 여러 색깔의 사인펜으로 그림을 그립니다.
- 거름종이를 비커 위에 올려놓고 스포이트로 그림 위에 물을 한두 방울 떨어뜨립니다.

② 여러 색깔의 사인펜으로 그린 그림에 물을 떨어뜨렸을 때 나타나는 변화

- 물이 번지는 방향으로 색깔이 번집니다.
- 무늬가 퍼지면서 다른 색깔이 나타납니다.
- 사인펜의 색깔 외에 다른 색깔도 나타납니다.

(2) 관찰을 하면서 궁금했던 점 예

① 한 가지 색깔의 사인펜으로 그림을 그렸는데, 물을 떨어뜨리면 왜 여러 가지 색깔이 나타날까?

② 빨간색 사인펜의 잉크는 빨간색 이외에 어떤 색소로 이루어져 있을까?

③ 물 대신 다른 액체를 떨어뜨리면 어떻게 될까?

(3) 궁금했던 점 중에서 알아보고 싶은 내용을 탐구 문제로 정하기 예

① 한 가지 색깔의 사인펜 잉크는 왜 여러 색깔로 번질까?

② 비슷한 색깔의 사인펜 잉크는 번졌을 때 비슷한 색소가 나타날까?

(4) 탐구 문제를 정할 때 생각할 점

① 탐구하고 싶은 내용이 분명하게 드러나야 합니다.

② 탐구 범위가 좁고 구체적이어야 합니다.

③ 스스로 탐구할 수 있어야 합니다.

실험을 계획해 볼까요?

탐구 문제	사인펜의 색깔에 따라 잉크에 섞여 있는 색소는 같을까?

(1) 실험 계획 세우기

① 실험 계획을 세울 때 생각할 점

- 탐구 문제를 해결할 수 있는 적절한 실험 방법을 생각합니다.
- 다르게 해야 할 조건, 같게 해야 할 조건, 관찰하거나 측정해야 할 것을 정합니다.
- 스스로 실행할 수 있는 실험 과정을 구체적으로 생각합니다.
- 실험을 하면서 지켜야 할 안전 수칙을 생각합니다.

실험 1 사인펜 잉크가 물에 번지는 모습 관찰하기

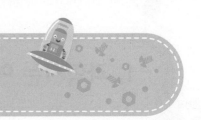

② 실험에서 다르게 해야 할 조건과 같게 해야 할 조건을 찾고 그 방법 정하기

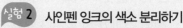

구분	실험 조건	방법
다르게 해야 할 조건	사인펜의 색깔	검은색, 빨간색, 파란색
같게 해야 할 조건	사인펜의 종류	○○ 수성 사인펜
	종이의 크기	가로 2 cm, 세로 20 cm
	종이의 종류	거름종이
	점의 크기	지름 약 1 mm

③ 실험을 하면서 관찰하거나 측정해야 할 것: 사인펜으로 찍은 점에서 분리된 색소

┌→ 가로 2 cm, 세로 20 cm

④ 실험에 필요한 준비물: 막대 모양 거름종이 세 장, 자, 연필, 수성 사인펜, 스탠드, 링, 집게 잡이, 셀로판테이프, 페트리 접시, 물

└→ 검은색, 빨간색, 파란색

(2) 변인 통제

① 실험에서 다르게 해야 할 조건과 같게 해야 할 조건을 확인하고 통제하는 것입니다.

② 변인 통제를 해야 다르게 한 조건이 실험 결과에 어떤 영향을 미치는지 알 수 있습니다.

실험 조건을 정하고 나면 실험에 필요한 준비물이 무 ←┘
엇인지 생각하고 실험 과정을 순서대로 정리합니다.

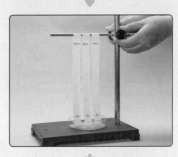

실험을 해 볼까요?

(1) 사인펜 잉크의 색소 분리하기 실험 2

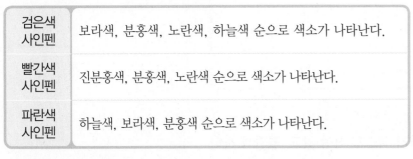

검은색 사인펜	보라색, 분홍색, 노란색, 하늘색 순으로 색소가 나타난다.
빨간색 사인펜	진분홍색, 분홍색, 노란색 순으로 색소가 나타난다.
파란색 사인펜	하늘색, 보라색, 분홍색 순으로 색소가 나타난다.

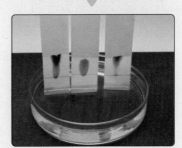

(2) 실험할 때 주의할 점 ──→ 실험 결과가 예상과 다르더라도 고치거나 빼지 않습니다.

① 변인 통제에 유의하면서 계획한 과정에 따라 실험합니다.

② 관찰하거나 측정하려고 했던 것을 생각하면서 결과를 기록합니다.

③ 실험 결과를 있는 그대로 기록하고, 실험 결과가 예상과 다르더라도 고치거나 빼지 않습니다.

④ 실험하는 동안 안전 수칙을 지킵니다.

1. 과학자는 어떻게 탐구할까요?

☺ 실험 결과를 정리하고 해석해 볼까요? 탐구1

(1) 실험 결과가 잘 드러나게 표로 나타내기

① 표의 제목을 정합니다.
- 다르게 한 조건에 따라 실험 결과로 나타난 것을 제목으로 정합니다.
- '사인펜의 색깔에 따라 분리된 색소'라고 정합니다.

② 표의 가로줄과 세로줄에 적어야 할 항목을 정하고, 줄의 개수를 정합니다.
- 가로줄에는 사인펜의 색깔, 세로줄에는 분리된 색소를 씁니다.
- 가로줄의 개수는 실험에 사용한 사인펜의 개수를 고려하여 3개로 하고, 세로줄의 개수는 사인펜에서 분리된 색소를 모두 써야 하므로 5개로 합니다.

③ 표의 첫 번째 가로줄과 첫 번째 세로줄에 항목을 씁니다.
- 가로줄의 제목을 '사인펜의 색깔'이라고 쓰고 '검은색, 빨간색, 파란색'이라고 씁니다.
- 세로줄의 제목을 '분리된 색소'라고 쓰고 세 가지 사인펜의 잉크에서 분리된 색소를 한 번씩 씁니다.

④ 표의 각 칸에 실험 결과를 나타냅니다. 탐구2

〈사인펜의 색깔에 따라 분리된 색소〉

사인펜의 색깔 / 분리된 색소	검은색	빨간색	파란색
보라색	○	×	○
진분홍색			

(2) 표를 보고 알 수 있는 점

① 검은색 사인펜의 잉크에는 네 가지 색소가 섞여 있고, 빨간색 사인펜과 파란색 사인펜의 잉크에는 세 가지 색소가 섞여 있습니다.

② 검은색 사인펜과 빨간색 사인펜은 공통적으로 분홍색과 노란색이 나타났습니다.

③ 검은색 사인펜과 파란색 사인펜은 보라색, 분홍색, 하늘색이 공통적으로 나타났습니다.

④ 분홍색은 검은색, 빨간색, 파란색 사인펜에서 모두 나타났습니다.

탐구1 **실험 과정에서 고치거나 더 해야 할 것 예**

- 거름종이를 스탠드에 비스듬하게 붙여서 사인펜 잉크의 색소가 종이의 위쪽으로 이동하지 못하고 가장자리에서 멈췄습니다.
- 실험 도중에 페트리 접시를 움직이다가 물이 출렁거려서 사인펜으로 찍은 점에 물이 닿았습니다.
- 세 장의 거름종이를 너무 가깝게 붙여서 거름종이의 끝이 서로 달라붙었습니다.
- 바람이 잘 통하는 곳에서 실험을 하여 거름종이에 번지던 물이 말랐습니다.

탐구2 **사인펜의 색깔에 따라 분리된 색소**

분리된 색소 / 사인펜의 색깔	검은색	빨간색	파란색
보라색	○	×	○
진분홍색	×	○	×
분홍색	○	○	○
하늘색	○	×	○
노란색	○	○	×

(3) 자료 변환과 자료 해석의 의미 ──→ 자료 변환은 실험 결과가 나타내는 특징을 한눈에
비교하기 쉽게 정리하는 것입니다.

자료 변환	의미	관찰한 내용이나 측정한 결과에서 얻은 자료를 표, 그래프 등의 형태로 바꾸어 나타내는 것이다.
	자료를 변환하는 이유	자료의 특징을 한눈에 비교하기가 쉬워지고, 실험 결과의 특징을 이해하기 쉽다.
자료 해석	의미	실험 결과를 통해 알 수 있는 점을 생각하고, 자 료 사이의 관계나 규칙을 찾아내는 과정이다.
	자료를 해석하는 방법	• 표에서 가로줄과 세로줄의 값이 나타내고 있는 관계를 찾는다. • 표에 나타난 규칙을 찾는다. • 실험 방법에 문제점은 없었는지 확인한다.

결론을 내려 볼까요? 탐구4

(1) 실험 결과에서 결론 이끌어 내기

① 실험 결과 검은색 사인펜의 잉크에는 보라색, 분홍색, 노란색, 하늘
색의 색소가 섞여 있고, 빨간색 사인펜의 잉크에는 진분홍색, 분홍
색, 노란색의 색소가 섞여 있습니다. 또 파란색 사인펜의 잉크에는
하늘색, 보라색, 분홍색의 색소가 섞여 있습니다.

② 결론은 '사인펜의 색깔에 따라 잉크에 섞여 있는 색소는 다르다.'입
니다.

(2) 새로운 탐구 계획하기 예

탐구 문제 정하기	보라색 사인펜과 파란색 사인펜의 잉크에 섞여 있는 색 소는 어떤 순서로 분리될까?
실험 방법	막대 모양 거름종이에 보라색 사인펜과 파란색 사인펜으 로 가로선을 긋고 종이의 끝이 물에 잠기도록 하여, 사인 펜 잉크의 색소가 분리되는 것을 관찰한다.
다르게 해야 할 조건과 같게 해야 할 조건	사인펜의 색깔 이외의 조건(사인펜의 종류, 종이의 종류와 크기, 선의 위치)을 같게 한다.
실험을 하면서 관찰하거나 측정해야 할 것	사인펜으로 그은 선에서 분리된 색소의 종류와 분리 순서
실험에 필요한 준비물	거름종이(가로 2 cm, 세로 20 cm) 두 장, 자, 보라색 수성 사인펜, 파란색 수성 사인펜, 스탠드, 집게 잡이, 링, 셀로 판테이프, 페트리 접시, 물

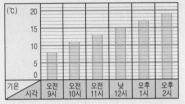

탐구3 자료 변환의 형태 예

국가	소비량 (백만톤)	점유율(%)
❶ 미국	189.9	33.1
❷ 프랑스	98.6	17.2
❸ 러시아	40.9	7.1
❹ 대한민국	35.4	6.2
❺ 중국	28.6	5.0

▲ 표

▲ 그래프

탐구4 결론과 결론 도출

• 결론은 실험 결과를 해석하여 얻는 탐
구 문제에 대한 답입니다.

• 결론 도출은 실험 결과에서 결론을 이
끌어 내는 과정입니다.

[1~2] 사인펜 잉크가 물에 번지는 현상을 관찰하는 실험입니다.

1 위 실험에서 사인펜 잉크가 물에 번지는 현상을 관찰하면서 탐구를 할 때 가장 먼저 해야 하는 것은 무엇입니까? (   )

① 실험하기
② 결론 내리기
③ 실험 계획하기
④ 탐구 문제 정하기
⑤ 실험 결과 정리하고 해석하기

2 위 실험을 관찰하면서 궁금했던 점으로 알맞지 <u>않은</u> 것은 무엇입니까? (   )

① 물 대신 다른 액체를 떨어뜨리면 어떻게 될까?
② 사인펜으로 그린 그림에 물을 떨어뜨리면 왜 선명해질까?
③ 빨간색 사인펜의 잉크는 빨간색 이외에 어떤 색소로 이루어져 있을까?
④ 주황색 사인펜과 빨간색 사인펜의 잉크는 비슷한 색소들로 이루어져 있을까?
⑤ 한 가지 색깔의 사인펜으로 그림을 그렸는데, 물을 떨어뜨리면 왜 여러 가지 색깔이 나타날까?

3 문제 인식에 대한 설명입니다. (   ) 안에 들어갈 말을 쓰시오.

> 우리 주변의 자연 현상을 관찰하고, (   ) 할 문제를 찾아 명확하게 나타내는 것을 문제 인식이라고 한다.

(   )

4 탐구 문제를 정할 때 생각할 점이 바르면 ○표, 바르지 않으면 ×표를 하시오.

⑴ 스스로 탐구할 수 있어야 합니다.   (   )
⑵ 탐구 범위가 넓고 다양해야 합니다.   (   )
⑶ 탐구하고 싶은 내용이 분명히 드러나야 합니다.
(   )

서술형

5 탐구 문제를 정하고 난 후에 하는 일은 무엇인지 쓰시오.

_____

6 다음과 같은 탐구 문제를 실험하기 위해 다르게 해야 할 조건은 무엇입니까? (   )

탐구 문제	사인펜의 색깔에 따라 잉크에 섞여 있는 색소는 같을까?

① 점의 크기
② 종이의 크기
③ 종이의 종류
④ 사인펜의 종류
⑤ 사인펜의 색깔

7 다음에서 설명하는 것은 무엇인지 쓰시오.

> • 실험에서 다르게 해야 할 조건과 같게 해야 할 조건을 확인하고 통제하는 것이다.
> • 다르게 한 조건이 실험 결과에 어떤 영향을 미치는지를 알 수 있다.

(   )

8 실험 계획을 세울 때 생각할 점으로 알맞지 <u>않은</u> 것을 기호로 쓰시오.

> ㉠ 다르게 해야 할 조건, 같게 해야 할 조건, 관찰하거나 측정해야 할 것을 정한다.
> ㉡ 스스로 실행할 수 있는 실험 과정을 구체적으로 생각한다.
> ㉢ 실험을 하면서 지켜야 할 안전 수직은 생각하지 않아도 된다.
> ㉣ 탐구 문제를 해결할 수 있는 적절한 실험 방법을 생각한다.

( )

9 다음 탐구 문제로 실험을 하는 모습이 바르지 <u>않은</u> 것은 무엇입니까? ( )

> 검은색, 빨간색, 파란색 사인펜 잉크의 색소 분리하기

① 거름종이의 끝이 물에 잠기도록 한다.
② 15분이 지나면 거름종이를 떼어 내 관찰한다.
③ 물이 스며들면서 거름종이에 나타나는 변화를 관찰한다.
④ 세 장의 거름종이에 아래에서 2 cm 되는 높이에 점을 찍는다.
⑤ 한 장의 거름종이에 검은색, 빨간색, 파란색 사인펜으로 점을 찍는다.

10 위 **9**번 실험의 결과로 바른 것은 무엇입니까?

( )

① 한 가지 색소로 분리된다.
② 거름종이에 물이 스며들지 못한다.
③ 페트리 접시의 물에 색소가 퍼져 나온다.
④ 빨간색 사인펜은 색소가 분리되지 않는다.
⑤ 한 개의 색소가 분리되고 이어서 다른 색소가 분리된다.

11 앞 **9**번 실험을 바르게 했는지 확인할 내용으로 알맞지 <u>않은</u> 것은 무엇입니까? ( )

① 계획한 과정에 따라 실험했나요?
② 예상한 실험 결과를 기록했나요?
③ 안전 수칙을 지키면서 실험했나요?
④ 실험 결과를 있는 그대로 기록했나요?
⑤ 다르게 해야 할 조건과 같게 해야 할 조건을 지키며 실험했나요?

12 다음에서 설명하는 것은 무엇인지 쓰시오.

> 실험을 하여 얻은 결과를 한눈에 비교하기 쉽게 정리하면 그 의미를 더 잘 알 수 있다. 이렇게 실험 결과를 표나 그래프의 형태로 바꾸어 나타내는 것을 말한다.

( )

13 자료를 변환하는 까닭은 무엇입니까? ( )

① 탐구 문제를 알 수 있다.
② 실험 방법을 알 수 있다.
③ 실험 결과의 특징을 이해하기 쉽다.
④ 실험에 필요한 준비물을 알 수 있다.
⑤ 실험 방법의 문제점을 확인할 수 있다.

14 사인펜 잉크의 색소 분리 실험 결과입니다. ㉠과 ㉡에 알맞은 것을 쓰시오.

㉡ \ ㉠	검은색	빨간색	파란색
보라색	○	×	○
진분홍색	×	○	×
분홍색	○	○	○
하늘색	○	×	○
노란색	○	○	×

㉠: ( )

㉡: ( )

15 자료 변환의 방법 중 자료를 점, 선 또는 넓이 등으로 나타내어 자료의 분포와 경향을 쉽게 알 수 있는 방법은 어느 것인지 보기 에서 골라 쓰시오.

> 보기
> 표, 그래프

( )

16 다음에서 설명하는 것은 무엇인지 쓰시오.

> 실험 결과를 표나 그래프로 나타낸 다음에는 실험 결과를 통해 알 수 있는 점을 생각하고, 자료 사이의 관계나 규칙을 찾아내는 과정이다.

( )

17 다음은 실험 결과를 그래프로 나타낸 것입니다. 그래프로 알 수 있는 것은 무엇입니까? ( )

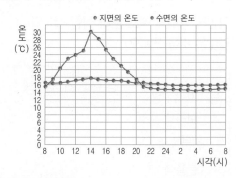

① 지역별 강수량
② 공기의 부피 변화
③ 곤충의 한살이 기간
④ 지면과 수면의 온도 변화
⑤ 두 물질이 접촉할 때 온도 변화

18 탐구의 단계 중 마지막 단계인 ㉠에 들어갈 과정은 무엇인지 쓰시오.

( )

 중요

19 결론 도출은 무엇입니까? ( )

① 새로운 탐구 문제를 정하는 것이다.
② 실험 결과에서 결론을 이끌어 내는 과정이다.
③ 실험하면서 직접 관찰한 내용이나 측정한 값이다.
④ 실험 결과를 해석하여 얻는 탐구 문제에 대한 답이다.
⑤ 탐구 문제를 해결할 수 있는 실험 계획을 세우는 것이다.

20 다음 실험 결과를 통해 알 수 있는 결론은 어느 것입니까? ( )

> • 검은색 사인펜은 보라색, 분홍색, 노란색, 하늘색의 순서로 네 가지 색소가 나타났다.
> • 빨간색 사인펜은 진분홍색, 분홍색, 노란색의 순서로 세 가지 색소가 나타났다.
> • 파란색 사인펜은 하늘색, 보라색, 분홍색의 순서로 세 가지 색소가 나타났다.

① 검은색 사인펜의 잉크는 한 가지 색소로 이루어져 있다.
② 빨간색 사인펜의 잉크는 한 가지 색소로 이루어져 있다.
③ 분홍색은 검은색, 빨간색, 파란색 사인펜에서 모두 나타났다.
④ 파란색 사인펜은 보라색 사인펜의 잉크에 섞여 있는 색소와 같다.
⑤ 검은색 사인펜 잉크에는 보라색, 분홍색, 주황색, 하늘색의 색소가 섞여 있다.

1 ( ) 안에 공통으로 들어갈 말을 쓰시오.

> • 우리 주변의 자연 현상을 관찰하고, ( )
> 할 문제를 찾아 명확하게 나타내는 것을 문제
> 인식이라고 한다.
> • ( ) 문제는 '왜 그럴까?', '이것은 무
> 엇일까?', '~하면 어떻게 될까?'와 같은 방법
> 으로 정할 수 있다.

( )

2 다음과 같이 사인펜 잉크가 물에 번지는 현상을 관찰
하려고 할 때 필요한 준비물이 <u>아닌</u> 것은 어느 것입니
까? ( )

① 물 ② 비커
③ 스포이트 ④ 유성 사인펜
⑤ 둥근 모양 거름종이

3 위 **2**번 실험에서 여러 색깔의 사인펜으로 그린 무늬
에 물을 떨어뜨렸을 때 나타나는 변화를 관찰하면서
궁금했던 점으로 알맞은 것은 어느 것입니까?

( )

① 사인펜은 색깔이 몇 개일까?
② 거름종이는 물이 스며들지 않을까?
③ 사인펜은 색깔에 따라 무게가 다를까?
④ 검은색, 빨간색, 파란색 사인펜의 잉크는 잘 섞일
까?
⑤ 어떤 색깔의 사인펜 잉크에 가장 다양한 색소가
섞여 있을까?

4 다음 중 좋은 탐구 문제는 어느 것입니까?

( )

① 꽃은 얼마나 예쁠까?
② 지구는 어떤 모양일까?
③ 모든 식물의 한살이는 어떠할까?
④ 민들레는 씨를 어떻게 퍼뜨릴까?
⑤ 큰 소금 결정은 어떻게 만들 수 있을까?

5 탐구 문제를 해결하기 위한 과정으로 ( ) 안에 공통
으로 들어갈 말을 쓰시오.

> 탐구 문제를 정하면 이를 해결하기 위한 실
> 험을 ( )한다. 실험을 ( )할
> 때에는 실험에서 다르게 해야 할 조건과 같게
> 해야 할 조건을 정하는 것이 중요하다.

( )

중요

6 탐구 문제를 해결하기 위한 실험 계획입니다. 실험 조
건을 같게 하는 방법으로 바르지 <u>않은</u> 것은 어느 것입
니까? ( )

탐구 문제	사인펜의 색깔에 따라 잉크에 섞여 있는 색소는 같을까?
같게 해야 할 조건	사인펜의 종류, 종이의 종류, 종이의 크기, 점의 크기와 위치

① 같은 크기의 점을 찍는다.
② 같은 위치에 점을 찍는다.
③ 같은 제품의 수성 사인펜을 사용한다.
④ 가로 2 cm, 세로 20 cm인 거름종이를 사용한다.
⑤ 거름종이 세 장에는 한 가지 색깔의 수성 사인펜
으로 점을 찍는다.

7 실험 계획을 세울 때 생각하지 <u>않아도</u> 되는 것은 어느 것입니까? (   )

① 실험 과정
② 실험 방법
③ 정확한 실험 결과
④ 관찰하거나 측정해야 할 것
⑤ 다르게 해야 할 조건과 같게 해야 할 조건

8 실험 계획을 바르게 세웠는지 확인할 내용으로 알맞지 <u>않은</u> 것은 무엇입니까? (   )

① 실험 과정이 안전한가요?
② 실험 과정이 구체적인가요?
③ 실험 결과를 있는 그대로 기록했나요?
④ 탐구 문제를 해결할 수 있는 실험 방법으로 적절한가요?
⑤ 다르게 해야 할 조건, 같게 해야 할 조건을 바르게 정했나요?

서술형

9 탐구 문제를 정하고 실험 계획을 세운 다음 해야 하는 일은 무엇인지 쓰시오.

주의

10 거름종이에 검은색, 빨간색, 파란색 사인펜으로 점을 찍고 거름종이의 끝이 물에 잠기도록 하는 실험을 통해 알아보고자 하는 것은 무엇입니까? (   )

① 물과 기름이 섞이지 않는 까닭
② 거름종이가 물을 흡수하는 시간
③ 검은색, 빨간색, 파란색 사인펜 잉크의 색소 분리
④ 검은색, 빨간색, 파란색 사인펜의 잉크가 물에 녹는 시간
⑤ 검은색, 빨간색, 파란색 사인펜의 잉크가 물에 번지는 시간

11 오른쪽은 앞 10 번 실험 결과 모습입니다. 실험을 하면서 관찰한 내용을 기록한 것으로 바르지 <u>않은</u> 것은 무엇입니까?
(   )

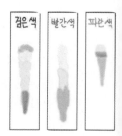

① 검은색 사인펜은 색소가 분리되지 않는다.
② 물이 거름종이를 타고 올라가면서 색소가 번진다.
③ 파란색 사인펜은 하늘색, 보라색, 분홍색 등이 나타났다.
④ 빨간색 사인펜은 진분홍색, 분홍색, 노란색 등이 나타났다.
⑤ 검은색 사인펜은 보라색, 분홍색, 노란색, 하늘색 등이 나타났다.

12 실험 결과를 표나 그래프의 형태로 바꾸어 나타내는 이유는 무엇인지 모두 고르시오. (,   )

① 실험을 준비하기 편하다.
② 새로운 탐구 문제를 정할 수 있다.
③ 정확한 실험 결과를 얻을 수 있다.
④ 실험 결과의 특징을 이해하기 쉽다.
⑤ 자료의 특징을 한눈에 비교하기가 쉬워진다.

13 다음 중 실험 결과가 잘 드러나게 표로 나타낼 때 가장 먼저 해야 할 것은 무엇인지 기호를 쓰시오.

> ㉠ 표의 제목을 정한다.
> ㉡ 표의 각 칸에 실험 결과를 나타낸다.
> ㉢ 표의 가로줄과 세로줄에 적어야 할 항목을 정하고, 줄의 개수를 정한다.
> ㉣ 표의 첫 번째 가로줄과 첫 번째 세로줄에 항목을 쓴다.

(   )

14 다음 탐구 문제 결과를 표로 정리하기 위해 가로줄과 세로줄에 들어갈 항목을 모두 고르시오. (,   )

탐구 문제	사인펜의 색깔에 따라 잉크에 섞여 있는 색소는 같을까?

① 사인펜의 색깔   ② 실험 장소
③ 사인펜의 무게   ④ 분리된 색소
⑤ 온도 변화 순서

15 자료를 점, 선, 또는 넓이 등으로 나타내어 자료의 분포와 경향을 쉽게 알 수 있게 만든 자료 변환의 형태는 무엇인지 쓰시오.

(   )

16 사인펜의 색깔에 따라 분리된 색소를 나타낸 표를 보고 해석한 것으로 바르지 <u>않는</u> 것은 어느 것입니까?

(   )

분리된 색소＼사인펜의 색깔	검은색	빨간색	파란색
보라색	○	×	○
진분홍색	×	○	×
분홍색	○	○	○
하늘색	○	×	○
노란색	○	○	×

① 검은색 사인펜은 네 가지 색소가 나타났다.
② 빨간색 사인펜은 세 가지 색소가 나타났다.
③ 파란색 사인펜은 세 가지 색소가 나타났다.
④ 검은색 사인펜과 빨간색 사인펜은 공통적으로 노란색만 나타났다.
⑤ 검은색 사인펜과 파란색 사인펜은 보라색, 분홍색, 하늘색이 공통적으로 나타났다.

17 자료 해석에 대한 설명입니다. (   ) 안에 들어갈 말을 쓰시오.

자료 해석은 실험 결과를 표나 그래프로 나타낸 다음에는 실험 결과를 통해 알 수 있는 점을 생각하고, 자료 사이의 관계나 (   )을 찾아내는 과정이다.

(   )

18 다음에서 설명하는 것은 무엇인지 쓰시오.

• 탐구의 마지막 단계이다.
• 실험 결과에서 결론을 이끌어 내는 과정이다.

(   )

서술형

19 실험을 하면서 더 알고 싶은 것이 있을 때는 어떻게 해야 하는지 한 가지 쓰시오.

_____

응용

20 다음과 같은 새로운 탐구 문제를 정하고 탐구 문제를 해결하기 위해 실험 계획을 세울 때 빈칸에 알맞은 말을 쓰시오.

탐구 문제	보라색 사인펜과 파란색 사인펜의 잉크에 섞여 있는 색소는 어떤 순서로 분리될까?
다르게 해야 할 조건	
같게 해야 할 조건	사인펜의 종류, 종이의 종류, 종이의 크기, 선의 위치 등

(   )

2. 온도와 열

교과서 24~27쪽

준비물: 색칠용 붙임딱지, 열 변색 물감(고온용, 체온용, 저온용), 면봉 세 개, 페트리 접시 세 개, 종이컵, 비커, 따뜻한 물, 미지근한 물, 차가운 물, 면장갑

색깔이 변하는 신기한 종이컵

(1) 실험 방법

① 색칠용 붙임딱지를 ★열 변색 물감으로 색칠합니다.

② 열 변색 물감이 마를 때까지 기다린 다음, 붙임딱지를 종이컵에 붙입니다.

③ 종이컵에 따뜻한 물을 붓고 그림의 색깔을 관찰해 봅니다. 또 미지근한 물이나 차가운 물도 붓고 그림의 색깔을 관찰해 봅니다.

(2) 따뜻한 물, 미지근한 물, 차가운 물을 종이컵에 부었을 때 컵에 붙인 그림의 색깔 변화(체온용): 따뜻한 물을 부으면 노란색, 미지근한 물을 부으면 주황색, 차가운 물을 부으면 갈색으로 변합니다.

물의 따뜻하고 차가운 정도에 따라 컵에 붙인 그림의 색깔이 변합니다.

차갑거나 따뜻한 정도를 어떻게 표현할까요?

(1) 차갑거나 따뜻한 정도 표현하기(『과학』 26~27쪽)

① 요리사가 음식이나 음식 재료의 차갑거나 따뜻한 정도를 알 수 있는 방법: 음식 주변에 손을 가까이 해 보거나 병의 표면에 물방울이 맺혔는지 살펴봅니다. 음식의 색깔을 보거나 그릇을 만져 보는 방법도 있습니다.

② 차갑거나 따뜻한 정도를 표현하는 말을 사용하여 그림 설명하기

• 밥솥에 뜨거운 밥이 있습니다.

• 얼음물에 담겨 있는 채소가 차갑습니다.

• 뜨거운 면을 접시에 담습니다.

• 냉장고에서 차가운 고기를 꺼냅니다.

③ 우리 생활에서 온도를 정확하게 측정해야 할 때: 비닐 온실에서 배추를 ★재배할 때, 새우튀김을 요리할 때, 분유를 탈 때, 어항 속 물의 온도가 물고기가 살기에 ★적합한지 확인할 때 등이 있습니다.

(2) 온도

① 물질의 차갑거나 따뜻한 정도는 온도로 나타냅니다.

② 온도를 사용하면 물질의 차갑거나 따뜻한 정도를 정확하게 나타낼 수 있습니다.

차갑거나 따뜻한 정도를 온도로 나타냈을 때 좋은 점

③ 온도는 숫자에 단위 ℃(섭씨도)를 붙여 나타냅니다.

④ 공기의 온도는 기온, 물의 온도는 수온, 몸의 온도는 체온이라고 합니다.

실험 1 **종이컵에 붙인 그림의 색깔 변화(체온용)**

▲ 따뜻한 물을 부었을 때

▲ 미지근한 물을 부었을 때

▲ 차가운 물을 부었을 때

탐구 1 **차갑거나 따뜻한 정도를 오감을 이용해 관찰할 때 문제점**

• 얼마나 따뜻한지 알기 위해 그릇을 만져 보다가 손을 델 수 있습니다.

• 음식의 색깔만 관찰해서는 얼마나 차갑거나 따뜻한지 정확하게 알기 어렵습니다.

• 두 가지 물질 중 어떤 물질이 더 차갑거나 따뜻한지 비교하기 어렵습니다.

탐구 2 **차갑거나 따뜻한 정도를 말로만 표현할 때 불편한 점**

• 차갑거나 따뜻한 정도를 정확하게 알 수 없습니다.

• 어떤 물질이 얼마나 더 따뜻한지 비교하기 어렵습니다.

열 변색 물감

- 온도에 따라 색깔이 변하는 물감입니다.
- 일정한 온도에서 색깔이 변하도록 만들었기 때문에 온도를 측정하지 않아도 온도를 대강 알 수 있습니다.
- 식품을 보관할 때나 높은 열이 발생하면 위험한 기계 등에 열 변색 물감을 사용하면 위험을 미리 알려줄 수 있습니다.
- 열 변색 물질을 사용하는 물체에는 열 변색 온도계, 맥주병, 머그잔, 전기 부품, 프라이팬 등이 있습니다.

차갑거나 따뜻한 정도를 정확히 나타내야 하는 필요성

- 어머니와 동생이 동시에 거실로 들어왔는데, 어머니는 거실이 따뜻하다고 느꼈고 동생은 춥다고 느꼈습니다.
- 차가운 물에 손을 넣었다가 미지근한 물에 손을 넣으면 따뜻하다고 느끼고, 따뜻한 물에 손을 넣었다가 미지근한 물에 손을 넣으면 차갑다고 느낍니다.
- 같은 장소나 물질이지만 차갑거나 따뜻한 정도를 다르게 느낄 수 있습니다.
- 따라서 차갑거나 따뜻한 정도를 정확하게 알기 위해서는 온도를 측정해야 합니다.

용어풀이

- ★ 열 변색 물감 차갑거나 따뜻한 정도에 따라 색깔이 변하는 물감
- ★ 재배 식물을 심어 가꿈.
- ★ 적합 일이나 조건에 꼭 알맞음.

개념을 확인해요

1 열 변색 물감을 칠한 붙임딱지는 물의 따뜻하고 차가운 정도에 따라 ☐☐ 이 변합니다.

2 밥솥에 들어 있는 밥은 ☐☐ 습니다.

3 얼음물에 담겨 있는 채소는 ☐☐ 습니다.

4 차갑거나 따뜻한 정도를 말로만 표현하면 차갑거나 따뜻한 정도를 정확하게 알 수 ☐ 습니다.

5 물질의 차갑거나 따뜻한 정도는 ☐☐ 로 나타냅니다.

6 온도는 숫자에 단위 ☐ (섭씨도)를 붙여 나타냅니다.

7 공기의 온도는 ☐☐ , 물의 온도는 ☐ ☐ , 몸의 온도는 ☐☐ 이라고 합니다.

8 환자의 체온을 잴 때, 분유를 탈 때 등은 우리 생활에서 ☐☐ 를 정확하게 측정해야 할 때입니다.

온도계는 어떻게 사용할까요?

(1) 온도계의 사용법 탐구1

① 귀 체온계
- 체온을 ✽측정할 때 사용합니다.
- 체온계의 끝을 귀에 넣고 측정 버튼을 누르면 온도 표시 창에 체온이 표시됩니다. ──✽알림 소리가 울리면 귀에서 체온계를 뺍니다.

② ✽적외선 온도계
- 주로 고체 물질의 온도를 측정할 때 사용합니다.
- 적외선 온도계로 측정하려는 물질의 표면을 겨누고 측정 버튼을 누르면 온도 표시 창에 물질의 온도가 나타납니다. ──✽적외선 온도계의 측정 범위는 2~3 cm 정도입니다.

③ ✽알코올 온도계 탐구2
- 주로 액체나 기체의 온도를 측정할 때 사용합니다.
- 고리, 몸체, 액체샘으로 이루어져 있습니다.
- 주변보다 따뜻한 물에 온도계를 넣으면 액체샘에 있는 빨간색 액체가 몸체 속의 관을 따라 위로 올라갑니다.
- 액체의 움직임이 멈추면 빨간색 액체 기둥의 끝이 닿은 부분의 눈금을 읽습니다.

(2) 쓰임새에 맞는 온도계를 사용해 여러 장소에서 물질의 온도 측정하기

① 각 장소에서 온도를 측정하고 싶은 물질을 정하고, ✽쓰임새에 맞는 온도계 선택하기 예 ──✽적외선 온도계를 사람의 눈을 향해 겨누면 안 됩니다.
- 책상의 온도는 적외선 온도계로 측정해야 합니다.
- 교실 바닥의 온도는 적외선 온도계로 측정해야 합니다.
- 연못 속 물의 온도는 알코올 온도계로 측정해야 합니다
- 나무 그늘의 흙의 온도는 적외선 온도계로 측정해야 합니다.
──✽기온은 알코올 온도계의 고리에 실을 매달고 땅으로부터 1m 정도의 높이에서 측정합니다.
- 기온은 알코올 온도계로 측정해야 합니다.

② 같은 물질이라도 장소에 따라 온도가 다른 예 ── 예 교실의 기온과 운동장의 기온, 그늘에 주차된 자동차와 햇빛이 비추는 곳에 주차된 자동차

- 다른 물질이라도 온도가 같을 수 있고, 같은 물질이라도 온도가 다를 수 있습니다.
- 물질의 온도는 물질이 놓인 장소, 측정 시각, 햇빛의 양 등에 따라 다릅니다.
── 온도를 정확하게 측정하려면 쓰임새에 맞는 온도계를 선택하여 사용해야 합니다.

17.1 ℃   19.7 ℃

▲ 나무 그늘의 흙과 햇빛이 비치는 곳의 흙의 온도 측정하기

탐구1 여러 가지 온도계

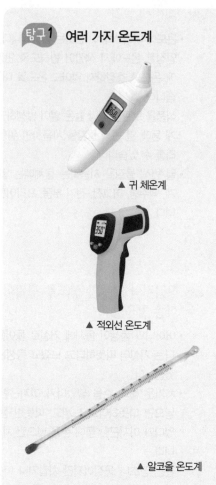

▲ 귀 체온계

▲ 적외선 온도계

▲ 알코올 온도계

탐구2 알코올 온도계의 눈금 읽는 방법

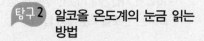

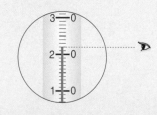

- 액체 기둥의 끝이 닿은 위치에 수평으로 눈높이를 맞추고 눈금을 읽습니다.
- 입김이나 콧김을 온도계에 불지 않도록 주의합니다.
- 온도계 속 빨간 액체 기둥의 끝부분이 눈금과 눈금 사이에 멈추는 경우에는 온도를 어림해서 읽습니다.

알코올 온도계

- 알코올 온도계는 알코올(무색투명)에 빨간색 색소를 섞어서 만듭니다.
- 알코올은 온도가 높아지면 부피가 커집니다. 부피가 커지면 커진 부피만큼 액체가 관을 따라 위로 올라갑니다.
- 반대로 온도가 낮아지면 액체의 부피가 줄어들어 액체 기둥의 높이가 낮아집니다.
- 알코올 온도계 관의 긴 눈금 옆에 있는 숫자는 10의 자리 숫자입니다.
- 20은 20℃를 나타냅니다.
- 알코올 온도계의 눈금은 1℃ 간격으로 매겨져 있습니다.

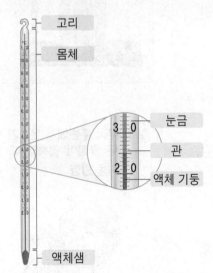

고리
몸체
눈금
관
액체 기둥
액체샘

개념을 확인해요

1 ☐☐☐☐ 는 체온을 측정할 때 사용합니다.

2 ☐☐☐☐☐☐ 는 주로 고체 물질의 온도를 측정할 때 사용합니다.

3 주로 액체나 기체의 온도를 측정할 때 ☐ ☐☐☐☐☐ 를 사용합니다.

4 알코올 온도계를 주변보다 따뜻한 물에 넣으면 ☐☐☐ 에 있는 빨간색 액체가 몸체 속의 관을 따라 위로 올라갑니다.

5 기온은 ☐☐☐☐☐☐ 로 측정해야 합니다.

6 책상의 온도는 ☐☐☐☐☐ ☐ 로 측정해야 합니다.

7 물질의 온도를 정확하게 측정하려면 쓰임새에 맞는 ☐☐☐ 를 선택하여 사용해야 합니다.

8 나무 그늘의 흙과 햇빛이 비추는 곳의 흙의 온도는 ☐☐☐☐ .

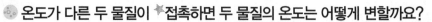

2. 온도와 열

교과서
32~33쪽

온도가 다른 두 물질이 ⭐접촉하면 두 물질의 온도는 어떻게 변할까요?

(1) 온도가 다른 두 물질이 접촉할 때 두 물질의 온도 변화 측정하기

　① 실험 방법 ┌─ 준비물: 알코올 온도계 두 개, 실, 가위, 스탠드, 링, 집게 잡이, 차가운 물, 따뜻한 물, 빈 음료
　　　　　　　　수 캔, 비커(500 mL), 면장갑, 초시계

　　• 차가운 물을 음료수 캔에 담습니다. ─── 온도계를 캔 속에 넣었을 때 물이 넘치지 않도
　　　　　　　　　　　　　　　　　　　록 차가운 물을 150 mL 정도 담습니다.

　　• 따뜻한 물을 비커에 담습니다.

　　• 차가운 물이 담긴 음료수 캔을 따뜻한 물이 담긴 비커에 넣습니다.

　　• 알코올 온도계 두 개를 ⭐스탠드에 매달아 음료수 캔과 비커에 각
　　　각 넣습니다.
　　　　　　　　　　　　　　　　┌─ 10분 정도 온도를 측정합니다.
　　• 1분마다 음료수 캔과 비커에 담긴 물의 온도를 측정합니다.

　② 음료수 캔과 비커에 담긴 물의 온도 변화: 음료수 캔에 담긴 물의 온
　　도는 점점 높아지고, 비커에 담긴 물의 온도는 점점 낮아져 두 물질
　　의 온도는 같아집니다.

(2) 온도가 다른 두 물질이 접촉할 때 열의 이동

　① 온도가 다른 두 물질이 접촉하면 따뜻한 물질의 온도는 점점 낮아
　　지고, 차가운 물질의 온도는 점점 높아집니다.

　② 두 물질이 접촉한 채로 시간이 충분히 지나면 두 물질의 온도는 같
　　아집니다.

　③ 열의 ⭐이동

　　• 접촉한 두 물질의 온도가 변하는 까닭은 열의 이동 때문입니다.

　　• 접촉한 두 물질 사이에서 열은 온도가 높은 물질에서 온도가 낮은
　　　물질로 이동합니다.

▲ 달걀부침을 요리할 때: 온도가 높은 프
라이팬에서 온도가 낮은 달걀로 열이
이동합니다.

▲ 삶은 면을 차가운 물에 헹굴 때: 온도가 높은
삶은 면에서 온도가 낮은 물로 열이 이동합
니다.

(3) 우리 주변에서 온도가 다른 두 물질이 접촉할 때 두 물질의 온도가 변
　　하는 예 **탐구1**

　① 얼음 위에 생선을 올려놓으면 열은 생선에서 얼음으로 이동합니다.

　② 갓 ⭐삶은 뜨거운 달걀을 차가운 물에 담그면 열은 뜨거운 달걀에
　　서 차가운 물로 이동합니다. ─── 뜨거운 달걀의 온도는 낮아지고, 차가운 물의 온도는 높아집니다.

실험1 음료수 캔과 비커의 물의 온
도 측정하기

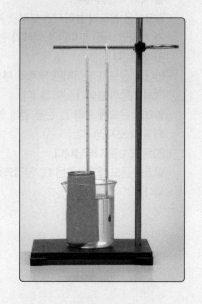

탐구1 우리 주변에서 온도가 다른
두 물질이 접촉할 때 열의
이동 방향

▲ 손으로 따뜻한 손난로를 잡으
면 열은 손난로에서 손으로 이
동합니다.

▲ 열이 나는 이마에 ⭐얼음주머니를
올려놓으면 열은 이마에서 얼음주
머니로 이동합니다.

온도가 다른 컵에서의 물의 온도 변화

① 실험 방법
- 똑같은 컵 두 개를 준비하여 한 개는 냉장고에 넣고 다른 한 개는 뜨거운 물에 넣습니다.
- 시간이 지난 다음에 컵 두 개를 꺼내어 온도가 같은 물을 같은 양으로 각각 담습니다.
- 시간이 지남에 따라 컵 두 개에 담긴 물의 온도가 어떻게 변하는지 관찰합니다.

② 컵의 온도에 따른 물의 온도 변화
- 뜨거운 물에 넣었던 컵에 담긴 물은 온도가 높아집니다.
- 냉장고에 넣었던 컵에 담긴 물은 온도가 낮아집니다.

③ 물의 온도가 변하는 데 영향을 주는 것: 주위의 온도보다 물질의 온도가 높거나 낮으면 물질의 온도는 변합니다.

용어풀이

- ✦ **접촉** 서로 맞닿음.
- ✦ **스탠드** 실험을 할 때 쓰는 쇠로 만들어진 대
- ✦ **이동** 움직여 옮김.
- ✦ **삶은** 물에 넣고 끓임.
- ✦ **얼음주머니** 열이 높은 사람의 머리나 상처에 얼음 찜질할 때 쓰는 얼음을 넣는 주머니

개념을 확인해요

1 차가운 물이 담긴 음료수 캔을 따뜻한 물이 담긴 비커에 넣으면 음료수 캔에 담긴 물의 온도는 점점 ☐ 아집니다.

2 차가운 물이 담긴 음료수 캔을 따뜻한 물이 담긴 비커에 넣고 온도 변화를 관찰하면 결국 두 물질의 온도는 ☐☐☐☐☐.

3 온도가 다른 두 물질이 접촉하면 따뜻한 물질의 온도는 점점 ☐ 아집니다.

4 온도가 다른 두 물질이 접촉한 채로 시간이 충분히 지나면 두 물질의 온도는 ☐☐☐ ☐☐.

5 접촉한 두 물질의 온도가 변하는 까닭은 ☐ ☐☐☐ 때문입니다.

6 접촉한 두 물질 사이에서 열은 온도가 ☐ ☐ 물질에서 온도가 ☐☐ 물질로 이동합니다.

7 달걀부침을 요리할 때 온도가 ☐☐ 프라이팬에서 온도가 ☐☐ 달걀로 열이 이동합니다.

8 얼음 위에 생선을 올려놓으면 열은 ☐☐ 에서 ☐☐ 으로 이동합니다.

2. 온도와 열

고체에서 열은 어떻게 이동할까요?

(1) 고체에서 열의 이동 알아보기 ──→ 준비물: 길게 자른 구리판, 정사각형 구리판, ㄷ 모양 구리판, 고온용 열 변색 붙임딱지, 초, 삼발이, 쇠그물, 점화기, 스탠드, 고정집게, 집게 잡이, 면장갑

① 실험 방법

• 세 가지 모양의 구리판 윗면에 각각 열 변색 붙임딱지를 붙입니다.

• 길게 자른 구리판의 한쪽 끝부분을 가열하면서 열 변색 붙임딱지의 색깔 변화를 관찰해 봅니다.

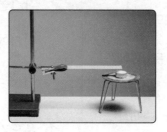

• 정사각형 구리판의 한 꼭짓점을 가열하면서 열 변색 붙임딱지의 색깔 변화를 관찰해 봅니다.

──→ 초를 구리판의 아래에 두고, 불꽃이 구리판에 직접 닿지 않도록 합니다.

• ㄷ 모양 구리판의 한 꼭짓점을 가열하면서 열 변색 붙임딱지의 색깔 변화를 관찰해 봅니다.

② 세 가지 모양의 구리판을 가열할 때 열 변색 붙임딱지의 색깔이 변하는 모습 (실험 1)

• 열은 구리판을 따라 이동합니다.

• 세 가지 모양의 구리판에서는 가열한 부분에서 멀어지는 방향으로 열이 이동합니다.

• 고체 물질이 끊겨 있으면 열은 그 방향으로 이동하지 않습니다.

(2) 고체에서 열의 이동

① 고체 물질의 한 부분을 가열하면 그 부분의 온도가 높아집니다.

② 온도가 높아진 부분에서 주변의 온도가 낮은 부분으로 열이 이동합니다.

③ 시간이 지남에 따라 주변의 온도가 낮았던 부분도 점점 온도가 높아집니다.

(3) 전도

① 고체 물질을 따라 온도가 높은 곳에서 온도가 낮은 곳으로 이동하는 열의 이동입니다.

② 만약 한 고체 물질이 끊겨 있거나, 두 고체 물질이 접촉하고 있지 않다면 열의 전도는 잘 일어나지 않습니다.

(4) 고기 구울 때 열의 이동 (탐구 1)

• 불 위에 올려놓은 팬에서는 불과 가까이 있는 부분에서 불과 멀어지는 쪽으로 열이 이동합니다.

• 팬에서 고기로 열이 이동합니다.

실험 1 세 가지 모양의 구리판에서 열의 이동 방향

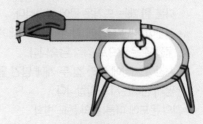

▲ 길게 자른 구리판을 가열했을 때

▲ 정사각형 구리판을 가열했을 때

▲ ㄷ 모양 구리판을 가열했을 때

탐구 1 고체에서 열의 이동

• 뜨거운 찌개에 숟가락을 담가 두면 찌개에 직접 닿지 않았던 숟가락의 손잡이가 뜨거워집니다.

• 뜨거운 찌개에 담가 두었던 부분에서 숟가락의 손잡이 쪽으로 열이 이동하기 때문입니다.

쇠막대의 끝을 가열하면서 열 변색 물감의 색깔이 변하는 순서 관찰하기

• 쇠막대에 일정한 간격으로 열 변색 물감을 칠하고 쇠막대의 한쪽 끝을 가열합니다.
• 쇠막대의 한쪽 끝을 가열할 때에 가열한 부분부터 열 변색 물감의 색깔이 점차 다른 색깔로 변하였습니다.

구리판의 가운데를 가열할 때 열 변색 붙임딱지의 색깔 변화

• 구리판 윗면에 열 변색 붙임딱지를 붙이고 가운데를 가열합니다.
• 가열한 부분부터 열 변색 붙임딱지의 색깔이 점차 변합니다.

용어풀이

★ 변색 색깔이 변해서 달라짐.
★ 가열 어떤 물질에 열을 가함.
★ 꼭짓점 각을 이룬 두 직선이 만나는 점

개념을 확인해요

1 구리판 윗면에 열 변색 붙임딱지를 붙이고 가열하면 가열한 부분의 열 변색 붙임딱지의 □□이 변합니다.

2 구리판을 가열하면 □은 가열한 부분에서 멀어지는 방향으로 이동합니다.

3 구리판을 가열하면 열은 □□□을 따라 이동합니다.

4 고체 물질의 한 부분을 가열하면 그 부분의 온도가 □아집니다.

5 열은 온도가 □아진 부분에서 주변의 온도가 □은 부분으로 이동합니다.

6 고체 물질을 따라 온도가 높은 곳에서 낮은 곳으로 이동하는 열의 이동을 □□라고 합니다.

7 두 고체 물질이 접촉하고 있지 않다면 열의 □□는 잘 일어나지 않습니다.

8 불 위에 올려놓은 팬에서는 불과 가까이 있는 부분에서 멀어지는 쪽으로 □이 이동합니다.

2 단원

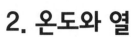

2. 온도와 열

🔬 고체 물질의 종류에 따라 열이 이동하는 빠르기는 어떻게 다를까요?

(1) 고체 물질의 종류에 따라 열이 이동하는 빠르기 비교하기

① ⭐버터가 녹는 빠르기 비교하기

▲ 구리판　　　　　▲ 유리판　　　　　▲ 철판

- 구리판에서 버터가 가장 빨리 녹습니다.
- **구리판 → 철판 → 유리판의 순서로 버터가 녹습니다.**

② 열 변색 붙임딱지의 색깔이 변하는 빠르기 비교하기

실험 방법	• 비커에 뜨거운 물을 붓는다. • 열 변색 붙임딱지를 붙인 구리판, 유리판, 철판을 비커에 동시에 　넣고 열 변색 붙임딱지의 색깔이 변하는 빠르기를 비교한다.
실험 결과	• 구리판 → 철판 → 유리판의 순서로 열 변색 붙임딱지의 색깔이 　변한다. • 구리판 → 철판 → 유리판의 순서로 열이 빠르게 이동한다.

③ 고체 물질의 종류에 따라 열이 이동하는 빠르기
- 유리나 나무보다 금속에서 열이 더 빠르게 이동합니다.
- 금속의 종류에 따라서도 열이 이동하는 빠르기가 다릅니다.

④ 고체 물질의 종류에 따라 열이 이동하는 빠르기가 다른 성질을 이용한 예
- 주전자의 바닥은 열이 잘 이동하는 금속으로 만들지만, 주전자의 손잡이는 열이 잘 이동하지 않는 나무나 플라스틱으로 만듭니다.
- 빵 굽는 틀은 열이 이동하는 빠르기가 빠른 물질로 만듭니다.
- 냄비 손잡이는 열이 잘 이동하지 않도록 플라스틱으로 만듭니다.

(2) 단열 탐구1

① 두 물질 사이에서 열의 이동을 줄이는 것입니다.
② 집을 지을 때 집의 벽, 바닥, 지붕 등에 ⭐단열재를 사용하면 겨울이나 여름에 적절한 실내 온도를 오랫동안 유지할 수 있습니다.

실험 1 버터가 녹는 빠르기를 비교하는 실험 방법

- 구리판, 유리판, 철판의 끝부분에 각각 크기가 같은 버터 조각을 붙이고, 비커에 각각 넣습니다. └→ 같은 양의 버터를 같은 높이에 붙입니다.
- 버터가 물에 닿지 않도록 조심하면서 비커에 뜨거운 물을 붓습니다.
- 두꺼운 종이로 비커의 윗부분을 각각 덮습니다. └→ 뜨거운 수증기의 증기열에 의한 영향을 줄이기 위한 과정입니다.
- 시간이 지나는 동안 각 판에 붙어 있는 버터의 변화를 관찰합니다.

실험 2 열 변색 붙임딱지의 색깔이 변하는 빠르기

탐구 1 우리 생활에서 단열을 이용한 예

- 집 안의 온도를 유지하려고 집을 지을 때 단열재를 넣습니다.
- 따뜻한 물이나 차가운 물의 온도를 유지하려고 보온병을 사용합니다.

💿 우리 생활에서 열이 이동하는 빠르기가 다른 성질을 이용한 예

▲ 뚝배기: 쇠로 만든 냄비보다 열이 천천히 이동합니다.

▲ 주방 장갑: ✱열전도율이 낮은 옷감 속에 ✱솜이 들어 있어 뜨거운 것을 쉽게 잡을 수 있습니다.

▲ 냄비 받침: 열이 천천히 전달되는 물질로 만든 냄비 받침을 식탁에 놓고 뜨거운 냄비를 올려놓습니다.

💿 보온병

• 열의 이동을 막아 물질의 온도를 일정하게 유지하도록 만든 그릇입니다.
• 열의 이동을 막기 위해서 열이 잘 이동하지 않는 물질로 만듭니다.

용어풀이

✱ 버터　우유의 지방을 분리해 응고시킨 것
✱ 단열재　열을 막거나 온도를 일정하게 유지시키는 재료
✱ 열전도율　물체 속을 열이 이동하는 정도를 나타낸 수치
✱ 솜　목화씨에 달라붙은 것으로 보온성이 있음.

개념을 확인해요

1 『과학』 36쪽 실험에서 구리판, 유리판, 철판 중 버터가 가장 빨리 녹는 것은 ☐☐☐ 입니다.

2 『과학』 37쪽 실험에서 구리판, 유리판, 철판 중 열 변색 붙임딱지의 색깔이 가장 천천히 변하는 것은 ☐☐☐ 입니다.

3 고체 물질의 종류에 따라 열이 이동하는 빠르기가 ☐☐☐☐ .

4 금속과 유리 중 ☐☐ 에서 열이 더 빠르게 이동합니다.

5 주전자의 바닥과 주전자의 손잡이 중 열이 잘 이동하는 물질로 만드는 것은 주전자의 ☐☐ 입니다.

6 두 물질 사이에서 열의 이동을 줄이는 것을 ☐☐ 이라고 합니다.

7 집을 지을 때 바닥, 지붕 등에 단열재를 넣어 ☐☐ 이 잘되는 집을 만듭니다.

8 보온병은 우리 생활에서 ☐☐ 을 이용한 예입니다.

2. 온도와 열

액체에서 열은 어떻게 이동할까요?

(1) 액체에서 열의 이동 알아보기 _{실험}**1**

① 실험 방법 —— 준비물: 플라스틱 컵 네 개, 차가운 물, 뜨거운 물, 종이컵, 사각 수조, 스포이트, 파란색 잉크, 면장갑

• 플라스틱 컵 네 개를 거꾸로 뒤집어 사각 수조의 각 꼭짓점 부분에 놓아 받침대를 만듭니다.

• 사각 수조에 차가운 물을 $\frac{1}{2}$ 정도 넣고 받침대 위에 올려놓습니다.

• 스포이트를 사용해 수조 바닥에 파란색 잉크를 천천히 넣습니다.

• 파란색 잉크의 아랫부분에 뜨거운 물이 담긴 종이컵을 놓고 파란색 잉크가 움직이는 모습을 관찰해 봅니다.

—— 뜨거운 물이 담긴 컵과 수조 바닥 사이의 거리를 최대한 짧게 합니다.

② 실험 결과: 뜨거워진 액체는 위로 올라갑니다.

(2) 액체에서 열의 이동 _{탐구}**1**

—— 뜨거워진 액체는 위로 올라가는 것을 알 수 있습니다.

① 물이 담긴 주전자를 가열할 때 물 전체가 뜨거워지는 현상

• 물이 담긴 주전자를 가열하면 주전자 바닥에 있는 물의 온도가 높아집니다.

• 온도가 높아진 물은 위로 올라가고, 위에 있던 물은 아래로 밀려 내려옵니다.

• 시간이 지나면 이 과정이 ✹반복되면서 주전자에 있는 물 전체가 따뜻해집니다.

② 대류 _{탐구}**2**

• 액체에서 온도가 높아진 물질이 위로 올라가고, 위에 있던 물질이 아래로 밀려 내려오는 과정을 대류라고 합니다.

• 액체에서는 주로 대류를 통해 열이 이동합니다.

_{실험}**1** 액체에서 열의 이동

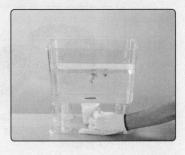

_{탐구}**1** 주전자에 담긴 물에서 열의 이동

_{탐구}**2** ✹욕조에 담긴 물의 온도

• 욕조에 담긴 물은 윗부분이 아랫부분보다 더 따뜻합니다.

• 온도가 높아진 물이 위로 올라가기 때문입니다.

액체의 대류 현상 관찰하기 (예)

① 실험 방법

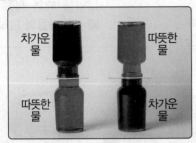

차가운 물 / 따뜻한 물 / 따뜻한 물 / 차가운 물

- 비커에 차가운 물을 담고 초록색 ✦식용 색소를 녹입니다.
- 비커에 따뜻한 물을 담고 빨간색 식용 색소를 녹입니다.
- 초록색 차가운 물을 집기병 두 개에 담고, 빨간색 따뜻한 물도 ✦집기병 두 개에 담습니다.
- 차가운 물이 담긴 집기병을 유리판으로 막은 다음 따뜻한 물이 담긴 집기병에 거꾸로 올려놓고 유리판을 뺍니다.
- 따뜻한 물이 담긴 집기병을 유리판으로 막은 다음 차가운 물이 담긴 집기병에 거꾸로 올려놓고 유리판을 뺍니다.

② 실험 결과

- 차가운 물이 담긴 집기병이 아래에 있을 때는 아무 변화가 없습니다.
- 따뜻한 물이 담긴 집기병이 아래에 있을 때는 색깔이 섞입니다.

개념을 확인해요

1 『과학』 38쪽 실험에서 파란색 잉크의 아랫부분에 뜨거운 물이 담긴 종이컵을 놓으면 파란색 잉크는 ☐로 올라갑니다.

2 위 **1**번의 파란색 잉크가 움직이는 모습을 보고 온도가 높아진 액체는 ☐로 올라간다는 것을 알 수 있습니다.

3 물이 담긴 주전자를 가열하면 주전자 바닥에 있는 물의 온도가 ☐아집니다.

4 물이 담긴 주전자를 가열하였을 때, 온도가 높아진 물은 ☐로 올라갑니다.

5 물이 담긴 주전자를 가열하면 위에 있던 물은 ☐☐로 밀려 내려옵니다.

6 욕조에 담긴 물의 윗부분이 아랫부분보다 더 따뜻한 까닭은 온도가 높아진 물이 ☐로 올라가기 때문입니다.

7 액체에서는 온도가 높아진 물질이 ☐로 올라가고, 위에 있던 물질이 ☐☐로 밀려 내려와 열이 이동합니다.

8 액체에서는 주로 ☐☐를 통해 열이 이동합니다.

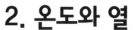

2. 온도와 열

기체에서 열은 어떻게 이동할까요?

(1) 기체에서 열의 이동 알아보기

① 실험 방법 → 준비물: 알코올램프, 삼발이, 점화기, 비눗방울 용액, 비눗방울을 부는 도구, 보안경, 면장갑

- 알코올램프에 불을 붙이지 않고, ★삼발이의 위쪽에 비눗방울을 불어 비눗방울이 움직이는 모습을 관찰합니다.
- 알코올램프에 불을 붙인 다음, 삼발이의 위쪽에 비눗방울을 불어 비눗방울이 움직이는 모습을 관찰합니다.

② 알코올램프에 불을 붙이지 않았을 때와 불을 붙였을 때 비눗방울의 움직임

알코올램프에 불을 붙이지 않았을 때	비눗방울이 아래로 떨어진다.
알코올램프에 불을 붙였을 때	비눗방울이 위로 올라간다.

③ 알코올램프에 불을 붙이지 않았을 때와 불을 붙였을 때 비눗방울의 움직임이 달라진 까닭: 알코올램프 주변의 뜨거워진 공기가 위로 올라갔기 때문입니다.

(2) 기체에서 열의 이동 방법 탐구1

① 온도가 높아진 공기는 위로 올라가고 위에 있던 공기는 아래로 밀려 내려옵니다.

② 기체에서도 액체에서와 같이 대류를 통해 열이 이동합니다.

단열이 잘되는 집 만들기

(1) 집 안의 온도가 오랫동안 높게 유지되는 집 만들기

① 집 단면도를 조립합니다.

② 우리 모둠에서 정한 단열재를 집의 벽면, 지붕, 창문 등에 붙입니다. → 벽에 열이 잘 전달되지 않는 알루미늄박, 뽁뽁이 등을 두껍게 붙입니다.

③ 단열재로 열이 빠져나갈 수 있는 부분을 막고, 지붕에 있는 구멍에 온도계를 끼워 고정합니다. → 창틀이나 벽 틈, 작은 구멍 등에 점토를 두껍게 바르고, 각이 진 부분을 셀로판테이프로 단단히 붙여 열이 빠져나가지 못하게 합니다.

④ 따뜻한 손난로 위에 집을 올려놓은 뒤 시간 간격을 일정하게 두고 집 안의 온도를 측정합니다.

(2) 집 안의 온도가 오랫동안 높게 유지되는 집의 특징 예

① 우드록과 뽁뽁이를 함께 사용했습니다.

② 벽 틈을 색점토로 꼼꼼하게 막고, 창문까지 뽁뽁이로 막았습니다.

실험1 **알코올램프에 불을 붙이지 않았을 때와 불을 붙였을 때 비눗방울의 움직임**

▲ 알코올램프에 불을 붙이지 않았을 때

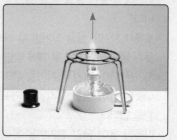

▲ 알코올램프에 불을 붙였을 때

탐구1 **우리 생활에서 기체의 대류를 활용한 예**

- 겨울철에 난방 기구를 한 곳에만 켜 놓아도 집 안 전체의 공기가 따뜻해지는 까닭: 난방 기구로 집 안의 공기를 계속 가열하면 온도가 높아진 공기가 대류하면서 집 안 전체의 공기가 따뜻해집니다.

- 에어컨은 높은 곳에 설치하고 난로는 낮은 곳에 설치하는 것이 좋은 까닭: 에어컨에서 나오는 차가운 공기가 아래로 내려오는 성질을 이용해 실내를 골고루 시원하게 할 수 있고, 난로 주변에서 데워진 따뜻한 공기가 위로 올라가는 성질을 이용해 실내를 골고루 따뜻하게 할 수 있기 때문입니다.

공기의 대류

• 지구에서는 큰 규모의 대류가 일어나고 있습니다.
• 적도 부근의 따뜻한 공기는 위로 올라가고, 극지방의 차가운 공기는 아래로 내려갑니다.
• 이러한 공기의 대류 현상으로 인해 바람이 불고 비가 내리는 등 다양한 ⭐기상 변화가 일어납니다.
• 이렇게 활발한 대류 현상으로 인해 날씨가 변하는 대기권을 대류권이라고 합니다.

난방 기구와 냉방 기구의 원리

• 난방 기구: 난방 기구 주위에서 주변의 공기보다 온도가 높아진 공기는 위로 올라가고, 위쪽에 있던 차가운 공기는 아래로 내려갑니다.
• 냉방 기구: 냉방 기구에 의해 차가워진 공기는 주위 공기보다 무거워 아래로 내려옵니다. 아래에 있던 따뜻한 공기는 가벼워 위로 올라가면서 방 안 전체의 공기가 시원해집니다.

▲ 난방 기구: 따뜻한 공기는 위쪽으로 올라갑니다.

▲ 냉방 기구: 차가운 공기는 아래쪽으로 내려갑니다.

용어풀이

✹ 삼발이 둥근 쇠 테두리에 발이 세 개 달린 기구
✹ 기상 바람, 구름, 눈, 비, 더위, 추위 등을 말함.

개념을 확인해요

1 알코올램프에 불을 붙이지 않고, 삼발이의 위쪽에 비눗방울을 불면 비눗방울이 ☐☐로 떨어집니다.

2 알코올램프에 불을 붙인 다음, 삼발이의 위쪽에 비눗방울을 불면 비눗방울이 ☐로 올라갑니다.

3 온도가 높은 물체 주변에서 가열되어 온도가 높아진 공기는 ☐로 올라가고, 위에 있던 공기는 ☐☐로 밀려 내려옵니다.

4 기체에서는 ☐☐를 통해 열이 이동합니다.

5 온도가 높아진 공기는 위로 올라가기 때문에 난로는 ☐은 곳에 설치하는 것이 좋습니다.

6 차가운 공기는 아래로 내려오기 때문에 에어컨은 ☐은 곳에 설치하는 것이 좋습니다.

7 ☐☐이 잘되지 않는 집은 집 밖으로 열이 쉽게 이동합니다.

8 집 안의 온도가 오랫동안 높게 유지되는 집을 만들 때 사용하는 우드록, 색점토, 솜 등은 ☐☐입니다.

개념을 다져요

핵심 1

온도를 사용하면 물질의 차갑거나 따뜻한 정도를 정확하게 나타낼 수 있습니다.

1 물질의 차갑거나 따뜻한 정도를 무엇이라고 합니까?
( )

① 온도　　　　② 부피
③ 무게　　　　④ 속력
⑤ 크기

2 ( ) 안에 들어갈 단위는 무엇인지 쓰시오.

> 배추가 잘 자라는 온도는 20( )
> 이다.

( )

3 온도를 측정하는 기구는 무엇입니까? ( )

① 추　　　　　② 저울
③ 온도계　　　④ 풍향계
⑤ 지시약

4 우리 생활에서 온도를 정확하게 측정해야 할 때는 언제입니까? ( )

① 책상에서 공부할 때
② 새우튀김을 요리할 때
③ 친구와 이야기를 할 때
④ 소리의 크기를 측정할 때
⑤ 과일의 당도를 측정할 때

핵심 2

귀 체온계는 체온, 적외선 온도계는 주로 고체 물질의 온도, 알코올 온도계는 주로 액체나 기체의 온도를 측정할 때 사용합니다.

5 다음 온도계는 무엇인지 쓰시오.

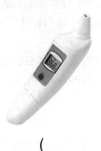

( )

6 적외선 온도계의 사용법으로 바른 것은 무엇입니까?
( )

① 물에 온도계를 넣고 기다린다.
② 귀에 넣고 측정 버튼을 누른다.
③ 물질의 표면을 겨누고 측정 버튼을 누른다.
④ 물질의 옆에 나란히 놓고 측정 버튼을 누른다.
⑤ 물질 위에 온도계를 올려놓고 측정 버튼을 누른다.

7 온도계가 주로 측정하는 물질의 상태를 보기 에서 골라 쓰시오.

> 보기
> 고체, 액체, 기체

⑴ 적외선 온도계: ( )
⑵ 알코올 온도계: ( )

8 비커에 담긴 물의 온도를 측정하는 데 사용해야 하는 온도계는 무엇인지 보기 에서 골라 쓰시오.

> 보기
> ㉠ 귀 체온계
> ㉡ 적외선 온도계
> ㉢ 알코올 온도계

( )

온도가 다른 두 물질이 접촉하면 열의 이동 때문에 따뜻한 물질의 온도는 점점 낮아지고, 차가운 물질의 온도는 점점 높아집니다.

9 차가운 물이 담긴 음료수 캔을 따뜻한 물이 담긴 비커에 넣었을 때, 물의 온도가 낮아지는 것은 어느 것인지 기호를 쓰시오.

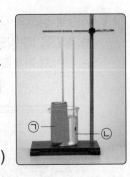

(   )

10 위 실험을 통해 알 수 있는 열의 이동 방향에 대한 설명입니다. ( ) 안에 알맞은 말을 차례대로 쓰시오.

> 접촉한 두 물질 사이에서 열은 온도가 (   )은 물질에서 온도가 (   )은 물질로 이동한다.

(   )

11 온도가 높은 프라이팬과 온도가 낮은 달걀 사이의 열의 이동을 바르게 나타낸 것은 어느 것인지 기호를 쓰시오.

(   )

12 얼음 위에 생선을 올려놓았을 때 열의 이동 방향을 화살표로 표시하시오.

> 얼음 (   ) 얼음 위에 올려놓은 생선

(   )

고체에서 고체 물질을 따라 온도가 높은 곳에서 온도가 낮은 곳으로 이동하는 열의 이동을 전도라고 합니다.

13 길게 자른 구리판의 한쪽 끝부분을 가열할 때 온도가 먼저 높아지는 부분은 어디인지 기호를 쓰시오.

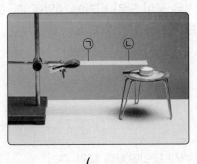

(   )

14 위 13번 실험에서 열이 이동하는 방향을 화살표로 표시하시오.

㉠ (   ) ㉡

15 다음과 같이 구리판을 가열할 때, 열은 무엇을 따라 이동하는지 쓰시오.

(   )

16 위 15번과 같은 열의 이동을 무엇이라고 합니까?

(   )

① 전도   ② 대류
③ 복사   ④ 증발
⑤ 승화

핵심 5

고체 물질의 종류에 따라 **열**이 이동하는 빠르기가 다릅니다. 유리나 나무보다 금속에서 열이 더 빠르게 이동하고, 금속의 종류에 따라서도 열이 이동하는 빠르기가 다릅니다.

17 구리판, 유리판, 철판의 끝부분에 버터 조각을 붙이고, 뜨거운 물이 담긴 비커에 넣었을 때, 어느 곳에 붙인 버터 조각이 가장 먼저 녹는지 쓰시오.

( )

18 열 변색 붙임딱지를 붙인 구리판, 유리판, 철판을 동시에 뜨거운 물이 담긴 비커에 넣었을 때 열 변색 붙임딱지의 색깔이 가장 나중에 변하는 것은 어느 것인지 쓰시오.

( )

19 고체 물질의 종류에 따라 열이 이동하는 빠르기에 대한 설명이 바르면 ○표, 바르지 않으면 ×표를 하시오.

(1) 고체 물질의 종류에 따라 열이 이동하는 빠르기가 다릅니다. ( )

(2) 유리보다 금속에서 열이 더 빠르게 이동합니다. ( )

(3) 금속의 종류가 달라도 열이 이동하는 빠르기는 같습니다. ( )

20 열이 잘 이동하는 물질로 만들어진 것은 어느 것입니까? ( )

① 냄비 바닥
② 주방 장갑
③ 다리미 손잡이
④ 냄비 받침
⑤ 주전자 손잡이

핵심 6

액체에서 온도가 높아진 물질이 위로 올라가고 위에 있던 물질이 아래로 밀려 내려오는 과정을 대류라고 합니다.

21 파란색 잉크의 아랫부분에 뜨거운 물이 담긴 종이컵을 놓았을 때 잉크가 움직이는 모습으로 바른 것은 어느 것인지 기호를 쓰시오.

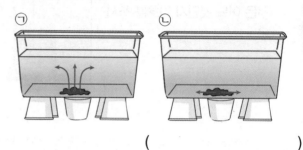

( )

22 위 **21**번 정답과 같이 파란색 잉크가 움직이는 까닭은 무엇인지 쓰시오.

_____

23 물이 담긴 주전자를 가열할 때 물에서 나타나는 열의 이동 방법은 무엇인지 쓰시오.

( )

24 물이 담긴 욕조에서 윗부분에 있는 물과 아랫부분에 있는 물 중 더 따뜻한 물은 어느 것인지 쓰시오.

( )

핵심 7

기체에서는 온도가 높아진 공기는 위로 올라가고 위에 있던 공기는 아래로 밀려 내려오는 대류를 통해 열이 이동합니다.

핵심 8

단열이 잘되지 않는 집은 집 밖으로 열이 쉽게 이동하기 때문에 추운 겨울에 난방 기구를 켜도 집 안이 빨리 따뜻해지지 않습니다.

25 삼발이의 위쪽에 비눗방울을 불었을 때, 비눗방울이 위로 올라가는 경우는 언제인지 기호를 쓰시오.

 ⊙
 ⊙

▲ 알코올램프에 불을 붙이지 않았을 때
▲ 알코올램프에 불을 붙였을 때

( )

28 다음 중 단열이 잘되는 집을 골라 기호를 쓰시오.

> ㉠ 집 안의 온도가 오랫동안 높게 유지되는 집
> ㉡ 집 안의 온도가 높게 유지되지 않는 집

( )

2 단원

[29~30] 집 안의 온도가 오랫동안 높게 유지되는 집을 만들어 보았습니다.

26 난로를 켜 놓으면 집 안 전체의 공기가 따뜻해지는 열의 이동 방법은 무엇인지 쓰시오.

( )

29 단열이 잘되는 집을 만들기 위해서 창문으로 열이 빠져나가지 못하게 하려면 어떻게 해야 하는지 한 가지 쓰시오.

_____

27 방 안에서 에어컨을 설치하기에 좋은 곳을 기호로 쓰시오.

> ㉠ 낮은 곳
> ㉡ 높은 곳

( )

30 위와 같은 집을 만들 때 집 안의 온도가 오랫동안 높게 유지되는 집을 만들기 위해 사용할 수 있는 단열재가 아닌 것은 무엇입니까? ( )

① 솜 ② 온도계
③ 색점토 ④ 우드록
⑤ 뽁뽁이

1 다음을 읽고 바른 것에 ○표 하시오.

> 종이컵에 따뜻한 물, 미지근한 물, 차가운 물을 부으면 컵에 붙인 열 변색 붙임딱지의 색깔은 모두 (같게, 다르게) 변한다.

2 그림을 보고, 차갑거나 따뜻한 정도를 알맞게 표현한 단어를 보기 에서 골라 쓰시오.

보기
> 차갑다. 미지근하다. 뜨겁다.

(   )

3 ( ) 안에 알맞은 단위는 무엇입니까? (   )

> 새우튀김을 요리할 때 적당한 기름 온도는 180(   )이다.

① L   ② mL
③ g   ④ kg
⑤ ℃

주의
4 다음과 같이 주로 고체 물질의 온도를 측정할 때 사용하는 온도계는 무엇인지 쓰시오.

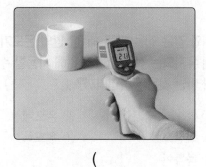

(   )

5 알코올 온도계의 눈금을 읽는 모습으로 바른 것은 어느 것인지 기호를 쓰시오.

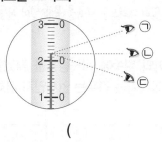

(   )

응용
6 적외선 온도계로 나무 그늘의 흙과 햇빛이 비치는 곳의 흙의 온도를 측정하는 모습입니다. 온도가 더 높은 곳은 어디인지 기호를 쓰시오.

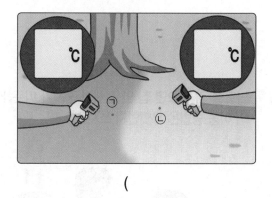

(   )

7 갓 삶은 뜨거운 달걀을 차가운 물에 담가 두었을 때, 달걀과 물 중 온도가 낮아지는 것은 어느 것인지 쓰시오.

(   )

8 ( ) 안에 알맞은 말을 쓰시오.

> 온도가 다른 두 물질이 접촉하면 따뜻한 물질의 온도는 점점 (㉠)아지고, 차가운 물질의 온도는 점점 (㉡)아진다.

㉠ : ( )

㉡ : ( )

[9~10] 길게 자른 구리판의 한쪽 끝부분을 가열하는 모습입니다.

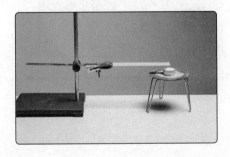

9 위 실험의 준비물 중 구리판에서 열이 이동하는 방향을 알 수 있게 하는 것은 무엇입니까? ( )

① 초   ② 삼발이
③ 쇠그물   ④ 집게 잡이
⑤ 열 변색 붙임딱지

10 위 실험에서 구리판을 가열하였을 때, 열 변색 붙임딱지의 색깔이 변하는 방향은 어느 것인지 기호를 쓰시오.

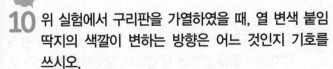
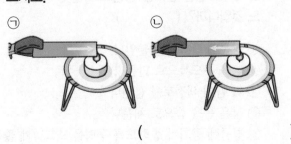

( )

11 다음에서 설명하는 열의 이동은 무엇인지 쓰시오.

> 열은 온도가 높은 곳에서 온도가 낮은 곳으로 고체 물질을 따라 이동한다.

( )

2 단원

12 구리판, 유리판, 철판의 끝부분에 각각 크기가 같은 버터 조각을 붙이고 뜨거운 물이 담긴 비커에 각각 넣었을 때, 가장 먼저 버터가 녹기 시작하는 것은 어느 것인지 쓰시오.

▲ 구리판   ▲ 유리판   ▲ 철판

( )

13 다음 중 열이 잘 이동하지 <u>않는</u> 것은 어느 것입니까?

( )

① 냄비 바닥
② 오븐 쟁반
③ 빵 굽는 틀
④ 주전자 바닥
⑤ 플라스틱으로 만든 주전자 손잡이

14 다음에서 설명하는 것은 무엇인지 쓰시오.

> 두 물질 사이에서 열의 이동을 줄이는 것으로, 집을 지을 때 집의 벽, 바닥, 지붕 등을 이것을 이용한 재료로 만들면 겨울이나 여름에 적절한 실내 온도를 오랫동안 유지할 수 있다.

( )

 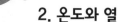
서술형

15 차가운 물을 넣은 사각 수조에 파란색 잉크를 넣고 파란색 잉크의 아랫부분에 뜨거운 물이 담긴 종이컵을 놓았을 때 잉크의 움직임을 쓰시오.

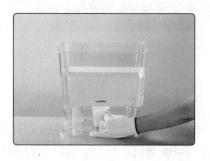

16 위 15번 실험으로 알 수 있는 사실입니다. ( ) 안에 알맞은 말은 무엇입니까? (   )

( )에서는 온도가 높아진 물질이 위로 올라가고, 위에 있던 물질이 아래로 밀려 내려오는 과정이 반복되면서 열이 이동한다.

① 고체　　　　　② 액체
③ 종이컵　　　　④ 금속
⑤ 플라스틱

17 다음은 욕조에 물을 채운 모습입니다. 물이 더 따뜻한 곳은 윗부분과 아랫부분 중 어디인지 쓰시오.

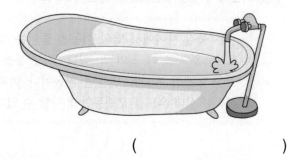

(   )

18 삼발이 아래에 알코올램프를 놓고 삼발이의 위쪽에 비눗방울을 불었을 때, 비눗방울이 위로 올라갈 때는 언제인지 기호를 쓰시오.

▲ 알코올램프에 불을 붙였을 때

▲ 알코올램프에 불을 붙이지 않았을 때

(   )

중요

19 난방 기구로 집 안의 공기를 계속 가열하여 집 안 전체의 공기가 따뜻해지게 하는 열의 이동 방법은 무엇입니까? (   )

① 전도　　　　　② 대류
③ 복사　　　　　④ 반사
⑤ 흡수

20 집 단면도를 사용해서 집 안의 온도가 오랫동안 높게 유지되는 집을 만드는 방법으로 알맞지 <u>않은</u> 것은 어느 것입니까? (   )

① 창문에 뽁뽁이를 붙인다.
② 벽을 우드록으로 만든다.
③ 벽 틈에 색점토를 붙인다.
④ 작은 틈을 솜으로 채운다.
⑤ 창틀에 공기가 통하도록 구멍을 조그맣게 뚫는다.

1 차갑거나 따뜻한 정도를 표현하는 말이 <u>아닌</u> 것은 무엇입니까? (   )

① 차갑다.
② 뜨겁다.
③ 따뜻하다.
④ 고소하다.
⑤ 미지근하다.

2 다음에서 설명하는 것은 무엇인지 쓰시오.

> • 물질의 차갑거나 따뜻한 정도이다.
> • 단위는 ℃를 사용한다.

(   )

3 우리 생활에서 온도를 정확하게 측정해야 할 때는 언제입니까? (   )

① 공부를 할 때
② 학교에 갈 때
③ 청소를 할 때
④ 친구들과 축구를 할 때
⑤ 비닐 온실에서 배추를 재배할 때

4 온도계 사용법으로 바르지 <u>않은</u> 것은 무엇입니까?
(   )

① 적외선 온도계로 기온을 측정한다.
② 귀 체온계로 몸의 온도를 측정한다.
③ 적외선 온도계로 고체 물질의 온도를 측정한다.
④ 알코올 온도계로 비커 안 물의 온도를 측정한다.
⑤ 귀 체온계와 적외선 온도계의 측정 버튼을 누르면 온도 표시 창에 온도가 나타난다.

5 알코올 온도계 각 부분의 이름입니다. 바르지 <u>않은</u> 것은 무엇인지 기호를 쓰시오.

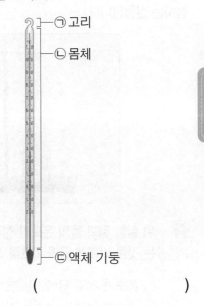

┐ⓒ 고리
┐ⓒ 몸체
┐ⓒ 액체 기둥

(   )

6 온도계를 쓰임새에 맞게 사용한 경우가 <u>아닌</u> 것은 무엇입니까? (   )

① 운동장 흙 – 알코올 온도계
② 교실의 벽 – 적외선 온도계
③ 교실의 기온 – 알코올 온도계
④ 어항 속의 물 – 알코올 온도계
⑤ 교실에 있는 책상 – 적외선 온도계

7 다음을 읽고 바르면 ○표, 바르지 <u>않으면</u> ×표를 하시오.

⑴ 다른 물질이면 온도도 모두 다릅니다.

(   )

⑵ 같은 물질이라도 온도가 다를 수 있습니다.

(   )

⑶ 물질이 놓인 장소, 측정 시각, 햇빛의 양 등에 따라 물질의 온도가 다릅니다.

(   )

[8~9] 차가운 물이 담긴 음료수 캔을 따뜻한 물이 담긴 비커에 넣고 1분마다 음료수 캔과 비커에 담긴 물의 온도를 측정하는 실험입니다.

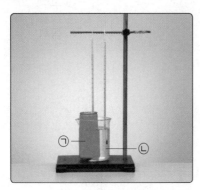

8 위 실험 결과 물의 온도가 점점 낮아지는 것과 높아지는 것을 바르게 골라 기호를 쓰시오.

(1) 온도가 점점 낮아지는 것: (   )

(2) 온도가 점점 높아지는 것: (   )

서술형

9 위 실험 결과 시간이 지나면 음료수 캔과 비커에 담긴 물의 온도는 어떻게 변하는지 쓰시오.

_____

_____

10 다음과 같이 얼음 위에 생선을 올려놓았을 때 열의 이동 방향을 화살표로 나타내시오.

얼음 (   ) 생선

11 정사각형 구리판의 한쪽 끝부분을 가열했을 때 열의 이동 방향으로 바른 것은 어느 것인지 기호를 쓰시오.

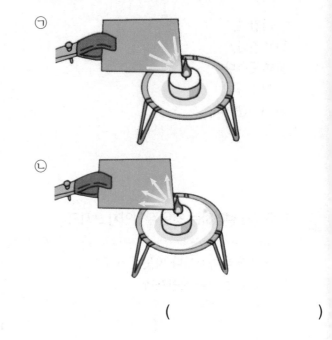

(   )

12 위 **11**번 실험에서 구리판을 가열하면 열은 무엇을 따라 이동하는지 쓰시오.

(   )

중요

13 프라이팬으로 고기를 구울 때 팬에서는 불과 가까이 있는 부분에서 불에서 멀어지는 쪽으로 열이 이동하거나, 팬에서 고기로 열이 이동합니다. 이러한 열의 이동을 무엇이라고 하는지 쓰시오.

(   )

14 비커에 뜨거운 물을 붓고 열 변색 붙임딱지를 붙인 구리판, 유리판, 철판을 동시에 비커에 넣었습니다. 열 변색 붙임딱지의 색깔이 빨리 변하는 것부터 순서대로 쓰시오.

(   )

15 다음에서 설명하는 것은 무엇인지 쓰시오.

> • 두 물질 사이에서 열의 이동을 줄이는 것이다.
> • 고체 물질의 처음 온도를 오랫동안 유지할 수 있게 하는 것이다.

(   )

16 액체에서 열의 이동을 알아보는 실험에 대한 설명으로 바르지 <u>않은</u> 것은 어느 것입니까? (   )

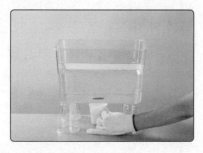

① 사각 수조에 차가운 물을 넣는다.
② 파란색 잉크의 아랫부분에 차가운 물이 담긴 종이 컵을 놓는다.
③ 스포이트를 사용해 수조 바닥에 파란색 잉크를 천천히 넣는다.
④ 플라스틱 컵 네 개를 뒤집어 사각 수조의 각 꼭짓 점 부분에 놓는다.
⑤ 플라스틱 컵 네 개, 스포이트, 사각 수조, 파란색 잉크, 종이컵 등이 필요하다.

17 앞 **16**번 실험 결과 파란색 잉크가 움직이는 모습을 쓰시오.

_____

18 다음과 같은 현상이 나타나는 열의 이동 방법은 무엇 인지 쓰시오.

> 난방 기구로 집 안의 공기를 계속 가열하면 집 안 전체의 공기가 따뜻해진다.

(   )

19 기체에서의 열의 이동에 대한 설명으로 바른 것은 무 엇입니까? (   )

① 공기를 가열해도 열은 이동하지 않는다.
② 가열된 공기는 아래로 내려가 퍼져 이동한다.
③ 국을 데우기 위해 냄비를 가열할 때 볼 수 있다.
④ 따뜻한 공기는 아래로 내려가고, 차가운 공기는 위로 올라간다.
⑤ 온도가 높아진 공기는 위로 올라가고, 위에 있던 공기는 아래로 밀려 내려온다.

20 집 안의 온도가 오랫동안 높게 유지되는 집을 만들 때 필요한 준비물이 <u>아닌</u> 것은 무엇입니까? (   )

① 색점토   ② 구리판
③ 목공용 풀   ④ 집 단면도
⑤ 셀로판테이프

서술형

1 열 변색 물감으로 색칠한 붙임딱지를 종이컵에 붙이고 따뜻한 물, 미지근한 물, 차가운 물을 부으면 붙임딱지는 어떻게 되는지 쓰시오.

2 다음 중 따뜻하다고 느껴지는 경우를 모두 골라 기호를 쓰시오.

> ㉠ 어머니가 추운 밖에서 거실로 들어온 경우
> ㉡ 동생이 목욕을 하고 거실로 나온 경우
> ㉢ 차가운 물에 손을 넣었다가 미지근한 물에 손을 넣은 경우
> ㉣ 따뜻한 물에 손을 넣었다가 미지근한 물에 손을 넣은 경우

( )

3 온도에 대한 설명으로 바른 것은 어느 것입니까?

( )

① 단위는 ℃를 사용한다.
② 물의 온도는 기온이다.
③ 공기의 온도는 체온이다.
④ 온도는 저울로 측정한다.
⑤ 온도는 물질의 양을 나타낸 것이다.

4 컵의 온도를 정확하게 측정하는 방법으로 바른 것은 무엇입니까? ( )

① 컵을 손으로 만져본다.
② 컵에 따뜻한 물을 붓는다.
③ 알코올 온도계를 컵에 넣고 측정한다.
④ 귀 체온계를 컵에 대고 측정 버튼을 누른다.
⑤ 적외선 온도계를 컵 표면에 겨누고 측정 버튼을 누른다.

5 알코올 온도계로 물의 온도를 측정한 것입니다. 물의 온도는 몇 도인지 쓰시오.

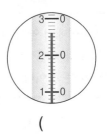

( )

6 물질에 따라 알맞은 온도계를 선으로 연결하시오.

(1) 연못 속 물 •
(2) 운동장 흙 •
(3) 교실의 기온 •
(4) 교실의 벽 •
(5) 교실 책상 •

• ㉠ 알코올 온도계

• ㉡ 적외선 온도계

7 여러 장소에서 물질의 온도를 측정한 결과로 바르지 <u>않은</u> 것은 무엇입니까? ( )

① 교실과 운동장의 기온은 다르다.
② 같은 물질이면 온도가 항상 같다.
③ 햇빛의 양에 따라 온도가 다르다.
④ 물질이 놓인 장소에 따라 온도가 다르다.
⑤ 나무 그늘과 햇빛이 비치는 곳의 흙의 온도는 다를 수 있다.

[8~9] 차가운 물이 담긴 음료수 캔을 따뜻한 물이 담긴 비커에 넣고 1분 마다 물의 온도를 측정한 것입니다.

구분	처음	1	2	3	4	5	6
㉠	14.0	16.0	17.0	18.0	19.0	20.0	21.0
㉡	67.0	55.0	48.0	42.0	37.0	33.0	30.0

8 위 표의 ㉠과 ㉡은 음료수 캔과 비커 중 어느 곳에 담긴 물의 온도인지 쓰시오.

㉠: (   )

㉡: (   )

서술형

9 음료수 캔과 비커에 담긴 물의 온도는 나중에 결국 어떻게 변하는지 쓰시오.

_____

10 우리 주변에서 온도가 다른 두 물질이 접촉할 때 열의 이동을 나타낸 것으로 <u>잘못된</u> 것은 어느 것입니까?
( )

①
▲ 공기 중에 아이스크림이 있을 때

②
▲ 얼음 위에 생선을 올려 놓았을 때

③
▲ 갓 삶은 뜨거운 달걀을 차가운 물에 담았을 때

④
▲ 열이 나는 이마에 얼음 주머니를 올려놓았을 때

⑤
▲ 손으로 손난로를 잡았을 때

11 구리판의 한쪽을 가열할 때, 열이 이동하는 것을 알 수 있는 모습은 무엇입니까? (   )

① 구리판의 크기가 커진다.
② 구리판의 크기가 작아진다.
③ 구리판의 무게가 늘어난다.
④ 열 변색 붙임딱지가 떨어진다.
⑤ 열 변색 붙임딱지의 색깔이 변한다.

12 전도에 대한 설명으로 바르지 <u>않은</u> 것은 무엇입니까?
( )

① 고체에서 열의 이동 방법이다.
② 고체 물질이 끊겨 있어도 열이 이동한다.
③ 열은 온도가 높은 곳에서 낮은 곳으로 이동한다.
④ 두 고체 물질이 접촉하고 있으면 열이 잘 전도된다.
⑤ 고체 물질의 한 부분을 가열하면 가열한 부분에서 멀어지는 방향으로 열이 이동한다.

13 버터를 붙인 구리판, 유리판, 철판을 비커에 각각 넣고 뜨거운 물을 부은 모습입니다. 어느 판에서 버터가 가장 늦게 녹는지 쓰시오.

▲ 구리판   ▲ 유리판   ▲ 철판

( )

14 우리 생활에서 단열을 이용한 예는 어느 것입니까?
( )

① 보온병　　　　② 냄비 바닥
③ 오븐 쟁반　　　④ 다리미 바닥
⑤ 프라이팬 바닥

15 파란색 잉크의 아랫부분에 뜨거운 물이 담긴 종이컵을 놓았을 때 열이 이동하는 모습은 어떻게 알 수 있습니까? ( )

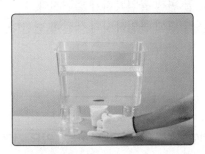

① 수조의 무게 변화로
② 종이컵 속의 물의 온도 변화로
③ 수조에 들어 있는 물의 양 변화로
④ 파란색 잉크가 움직이는 모습으로
⑤ 수조에 들어 있는 물의 온도 변화로

서술형

16 위 **15**번 실험 결과 액체에서 열이 이동하는 모습을 쓰시오.

_____

17 우리 생활에서 액체의 대류 현상이 일어나는 경우를 모두 고르시오. (,)

① 주전자의 물이 끓는다.
② 프라이팬 위의 고기가 익는다.
③ 초에 불을 붙이면 촛농이 흐른다.
④ 손으로 손난로를 잡으면 따뜻하다.
⑤ 적도 근처의 물은 극지방 쪽으로 흐른다.

18 알코올램프에 불을 붙이지 않았을 때와 불을 붙였을 때, 삼발이의 위쪽에서 분 비눗방울의 움직임을 바르게 선으로 연결하시오.

(1) 알코올램프에 불을 붙이지 않았을 때 ・　　・㉠ 비눗방울이 위로 올라간다.

(2) 알코올램프에 불을 붙였을 때 ・　　・㉡ 비눗방울이 아래로 떨어진다.

19 난로는 방 안에서 낮은 쪽에 설치해야 하는 까닭은 무엇입니까? ( )

① 높은 곳은 설치가 어렵기 때문에
② 기체가 이동하지 않고 그대로 있기 때문에
③ 온도가 낮아진 공기는 위로 올라가기 때문에
④ 온도가 높아진 공기는 위로 올라가기 때문에
⑤ 온도가 높아진 공기는 아래로 밀려 내려오기 때문에

20 단열이 잘되는 집인지 확인하는 방법으로 가장 알맞은 것은 무엇입니까? ( )

① 벽이 단단한가?
② 바닥이 폭신한가?
③ 창문으로 열이 잘 빠져나가는가?
④ 집 안의 온도가 빠르게 낮아지는가?
⑤ 집 안의 온도가 오랫동안 높게 유지되는가?

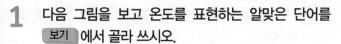

1 다음 그림을 보고 온도를 표현하는 알맞은 단어를 보기 에서 골라 쓰시오.

(1)   (2)

(   )   (   )

보기

차갑다.   가볍다.   무겁다.   뜨겁다.

2 온도에 대한 설명으로 바르지 <u>않은</u> 것은 무엇입니까?
(   )

① 온도는 온도계로 측정한다.
② 물질의 온도는 정확하게 알 수 없다.
③ 물체의 차갑거나 따뜻한 정도를 나타낸다.
④ 물의 온도는 수온, 공기의 온도는 기온이라고 한다.
⑤ 온도는 숫자에 단위 ℃(섭씨도)를 붙여 나타낸다.

3 우리 생활에서 온도를 정확하게 측정해야 할 때가 아 닌 것은 언제입니까? (   )

① 분유를 탈 때
② 새우튀김을 요리할 때
③ 친구들과 운동장에서 놀 때
④ 비닐 온실에서 배추를 재배할 때
⑤ 어항 속 물의 온도가 물고기가 살기에 적절한지 확 인할 때

4 우리 생활에서 온도를 측정할 때 사용해야 하는 온도 계를 바르게 골라 기호를 쓰시오.

┌─────────────────────────┐
│ ㉠ 귀 체온계   │
│ ㉡ 적외선 온도계   │
│ ㉢ 알코올 온도계   │
└─────────────────────────┘

(1) 열이 날 때: (   )
(2) 요리를 하기 전에 불판의 온도를 측정할 때:
(   )

5 알코올 온도계의 사용법으로 바르지 <u>않은</u> 것은 무엇 입니까? (   )

① 액체샘을 손으로 잡는다.
② 액체의 온도를 잴 수 있다.
③ 온도계로 액체를 젓지 않는다.
④ 액체의 움직임이 멈추면 눈금을 읽는다.
⑤ 액체 기둥의 끝이 닿은 위치에 수평으로 눈높이를 맞추고 눈금을 읽는다.

6 알코올 온도계의 온도를 바르게 읽은 것은 어느 것입니까?
(   )

① 삼십 도
② 섭씨 삼 도
③ 섭씨 삼십 점 영 도

7 차가운 물이 담긴 음료수 캔을 따뜻한 물이 담긴 비커 에 넣은 것입니다. 온도가 높아지는 것은 어느 것인지 기호를 쓰시오.

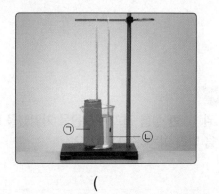

(   )

8 온도가 다른 두 물질이 접촉할 때의 변화에 대한 설명으로 바른 것은 무엇입니까? (   )

① 따뜻한 물질의 온도는 점점 높아진다.
② 차가운 물질의 온도는 점점 낮아진다.
③ 오랜 시간이 지나면 두 물질의 온도는 같아진다.
④ 온도가 다른 두 물질이 접촉해도 온도는 그대로이다.
⑤ 두 물질 사이에서 열은 온도가 낮은 물질에서 온도가 높은 물질로 이동한다.

9 온도가 다른 두 물질이 접촉한 경우입니다. 온도가 낮아지는 물질을 나타낸 것은 어느 것입니까? (   )

① 손난로를 잡은 손
② 얼음 위에 올려놓은 생선
③ 공기 중에 있는 아이스크림
④ 갓 삶은 뜨거운 달걀을 담근 차가운 물
⑤ 열이 나는 이마에 올려놓은 얼음주머니

10 ☐ 모양 구리판을 가열했을 때, 끊겨 있는 부분에서 열이 이동하는 모습을 바르게 나타낸 것을 기호로 쓰시오.

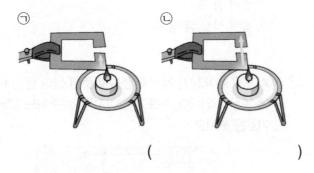

(   )

서술형

11 위 **10**번 실험 결과 구리판을 가열했을 때 열은 무엇을 따라 이동하는지 쓰시오.

12 다음 실험에서 볼 수 있는 열의 이동 방법은 무엇인지 쓰시오.

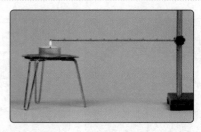

• 쇠막대에 일정한 간격으로 열 변색 물감을 칠한다.
• 쇠막대의 끝을 가열하면서 열 변색 물감의 색깔 변화를 관찰한다.

(   )

13 버터가 녹는 빠르기를 비교한 실험 결과입니다. 고체 물질에 따라 버터가 녹는 빠르기가 다른 모습을 통해 알 수 있는 사실은 무엇입니까? (   )

▲ 구리판   ▲ 유리판   ▲ 철판

구리판 → 철판 → 유리판의 순서로 버터 조각이 빨리 녹는다.

① 고체 물질이 따뜻한 물을 흡수한다.
② 구리판과 철판에서 열이 이동하는 속도는 같다.
③ 고체 물질에서 열이 이동하는 빠르기는 모두 같다.
④ 유리판에서 열이 이동하는 빠르기가 가장 빠르다.
⑤ 구리판 → 철판 → 유리판의 순서로 열이 빠르게 이동한다.

14 우리 생활에서 열이 잘 이동하는 물질로 만든 것이 아닌 것은 무엇입니까? (　　　　)

① 냄비 바닥
② 다리미 바닥
③ 빵 굽는 기계
④ 글루건의 앞부분
⑤ 주전자의 손잡이

서술형

15 다음과 같은 경우에 우리 생활에서 공통적으로 이용한 성질은 무엇인지 쓰시오.

> • 집을 지을 때 집의 벽, 바닥, 지붕 등에 단열재를 사용한다.
> • 보온병에 따뜻한 물이나 차가운 물을 담는다.

16 파란색 잉크의 아랫부분에 뜨거운 물이 담긴 종이컵을 놓았을 때, 파란색 잉크가 움직이는 모습이 의미하는 것은 무엇입니까? (　　　　)

① 액체가 어는 모습
② 액체의 색깔이 변하는 순서
③ 액체의 무게가 변하는 모습
④ 액체의 성질이 변하는 모습
⑤ 액체에서 열이 이동하는 모습

17 물을 가열할 때 열이 이동하는 모습으로 바른 것을 모두 고르시오. (　　, 　　)

① 대류를 통해 열이 이동한다.
② 전도를 통해 열이 이동한다.
③ 온도가 낮은 물질이 위로 이동한다.
④ 온도가 높아진 물질이 위로 이동한다.
⑤ 시간이 지날수록 물 전체가 차가워진다.

18 유리판을 뺐을 때 대류 현상을 볼 수 있는 경우는 어느 것인지 기호를 쓰시오.

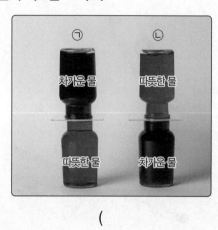

(　　　　　　　　)

19 방 안에서 에어컨과 난로를 설치하면 좋은 곳은 각각 어디인지 기호를 쓰시오.

(1) 에어컨: (　　　　　　　)
(2) 난로: (　　　　　　　)

20 물과 공기의 경우 열이 이동하는 공통적인 방법은 무엇입니까? (　　　　)

① 대류를 통해 열이 이동한다.
② 전도를 통해 열이 이동한다.
③ 단열로 열이 이동하지 못한다.
④ 온도가 낮은 공기는 위로 올라간다.
⑤ 온도가 높은 공기는 아래로 내려온다.

1 온도계의 이름을 쓰고, 각 온도계를 사용하는 경우를 한 가지 쓰시오.

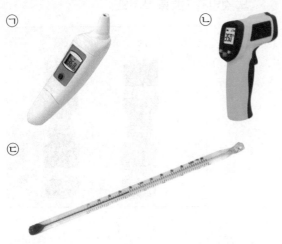

ㄱ

ㄴ

ㄷ

구분	온도계 이름	사용하는 경우
㉠		
㉡		
㉢		

온도계의 사용법

• 귀 체온계: 체온계의 끝을 귀에 넣고 측정 버튼을 누르면 온도 표시 창에 체온이 표시됩니다.

• 적외선 온도계: 측정하려는 물질의 표면을 겨누고 측정 버튼을 누르면 온도 표시 창에 물질의 온도가 나타납니다.

• 알코올 온도계: 주변보다 따뜻한 물에 온도계를 넣으면 액체샘에 있는 빨간색 액체가 몸체 속의 관을 따라 위로 올라가는데, 빨간색 액체의 움직임이 멈추면 눈금을 읽습니다.

2 열 변색 붙임딱지를 붙인 두 가지 모양의 구리판의 한쪽 끝부분을 가열했을 때 열이 이동하는 방향을 화살표로 표시하고, 구리판에서 열의 이동 방법을 쓰고 설명하시오.

(1) 열이 이동하는 방향을 화살표로 표시하기

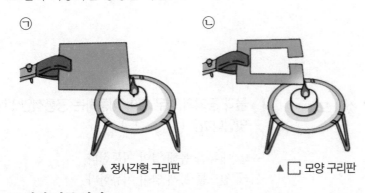

ㄱ

ㄴ

▲ 정사각형 구리판　　　　▲ ㄷ 모양 구리판

(2) 열의 이동 방법: _____

_____

고체에서 열의 이동

• 고체에서 열은 고체를 이루고 있는 물질을 따라 온도가 높은 곳에서 온도가 낮은 곳으로 이동합니다.

• 한 고체 물질이 끊겨 있으면 열의 전도는 잘 일어나지 않습니다.

③ 구리판, 유리판, 철판의 끝부분에 크기가 같은 버터 조각을 붙이고, 비커에 넣은 다음 뜨거운 물을 부었을 때 버터가 빨리 녹는 순서대로 쓰고, 알 수 있는 사실을 쓰시오.

▲ 구리판

▲ 유리판

▲ 철판

(1) 버터가 빨리 녹는 순서:
_____

(2) 알 수 있는 사실:
_____

열 변색 붙임딱지의 색깔이 변하는 빠르기

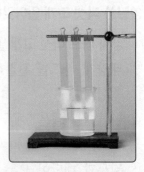

• 구리판, 철판, 유리판의 순서로 열이 빠르게 이동합니다.
• 유리나 나무보다 금속에서 열이 빠르게 이동하고, 금속의 종류에 따라서도 열이 이동하는 빠르기가 다릅니다.

④ 기체에서 열의 이동을 알아보는 실험입니다. 알코올램프에 불을 붙이지 않았을 때와 불을 붙였을 때 비눗방울의 움직임을 쓰시오.

▲ 알코올램프에 불을 붙이지 않았을 때

▲ 알코올램프에 불을 붙였을 때

(1) 알코올램프에 불을 붙이지 않았을 때:
_____

(2) 알코올램프에 불을 붙였을 때:
_____

기체에서 열의 이동

• 공기를 가열하면 온도가 높아진 공기는 위로 올라가고 위에 있던 공기는 아래로 내려옵니다.
• 난방 기구로 집 안의 공기를 계속 가열하면 가열된 기체가 대류하면서 집 안 전체의 공기가 따뜻해집니다.

3. 태양계와 별

교과서
50~53쪽

알쏭달쏭 다섯 고개 알아맞히기 탐구1

(1) 태양계 카드 다섯 고개 알아맞히기

① 태양계 카드를 관찰하고, 한 학생이 마음속으로 한 가지 카드를 정합니다.

② 다른 친구들은 "예." 또는 "아니요."로 대답할 수 있는 질문을 합니다. → 최대로 다섯 번까지 질문할 수 있습니다.

③ 질문과 대답이 모두 끝난 뒤에 정해 둔 태양계 카드가 무엇인지 맞힙니다.

(2) 태양계 카드 다섯 고개 알아맞히기를 하고 알게 된 것과 더 알고 싶은 것

① 태양계 카드 다섯 고개 알아맞히기를 하고 알게 된 것 예

• 태양계에는 여러 천체들이 있습니다.

• 태양계 천체는 색깔이 서로 다릅니다.

② 태양계 카드 다섯 고개 알아맞히기를 한 뒤 더 알고 싶은 것 예

• 우주에는 행성 말고 또 어떤 것이 있을지 궁금합니다.

• 지구처럼 생명체가 있는 행성도 있을지 궁금합니다.

┌→ 태양은 지구에 사는 모든 생물에게 영향을 미칩니다.

태양은 우리에게 어떤 영향을 미칠까요?

(1) 태양이 생물과 우리 생활에 미치는 영향 찾아보기 탐구2

① 그림을 보고 태양이 우리 생활에 미치는 영향 찾기(『과학』 52~53쪽)

• 태양 빛을 이용해 염전에서 소금을 만들 수 있습니다.

• 식물은 태양 빛이 있어야 양분을 만들어 살아갈 수 있고, 일부 동물은 식물이 만든 양분을 먹고 살아가기도 합니다.

• 태양 빛을 이용해 전기를 만들어 생활에 이용합니다.

• 태양은 지구에 있는 물이 순환하는 데 필요한 에너지를 끊임없이 공급해 줍니다.

② 그림을 보고 찾은 것 외에 태양이 생물과 우리 생활에 미치는 영향

• 태양 빛은 물체를 볼 수 있게 합니다.

• 태양 빛으로 빨래를 말리면 잘 마르고, 세균을 없앨 수 있습니다.

• 태양은 우리가 따뜻하게 생활할 수 있게 해 줍니다.

┌→ 태양에서 나오는 빛에너지는 지구의 환경에 큰 영향을 미칩니다.

(2) 태양이 생물에게 소중한 까닭

① 태양이 있기 때문에 사람은 밝은 낮에 활동할 수 있습니다.

② 태양이 없었다면 지구는 차갑게 얼어붙었을 것이기 때문입니다.

③ 태양이 없으면 식물과 동물이 살기 어렵기 때문입니다.

탐구1 태양계 카드 다섯 고개 알아맞히기

탐구2 태양의 빛과 열이 사라졌을 때 생길 수 있는 일

• 추워져서 얼음의 세계로 변할 것입니다.

• 식물이 자라지 못하고 많이 생물이 멸종하여 결국 사람도 살 수 없게 될 것입니다.

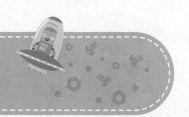

과일의 맛과 햇빛의 관계

- 과일을 수확하기 전에 햇빛을 많이 받으면 달고 맛있는 과일이 됩니다.
- 잎에서 광합성으로 만들어진 탄수화물이 과일의 단맛을 좌우하기 때문입니다.
- 비가 많이 오는 장마철에는 과일이 맛이 없고 맑은 날이 오래 지속되면 과일이 맛있어지는 것도 같은 까닭입니다.

동물의 겨울잠과 햇빛의 관계

- 뱀, 곰, 개구리와 같은 일부 동물은 겨울이 되면 겨울잠을 잡니다. 겨울잠을 자는 동물은 주로 낮의 길이와 ★일조량에 따라 겨울잠을 자는 시기를 정합니다.
- 낮의 길이가 짧아지면 겨울잠을 준비하게 되고, 낮의 길이가 길어지면 겨울잠에서 깨어나 봄을 준비하게 됩니다.

태양 에너지를 이용하는 도구

- 태양광 발전과 태양열 발전이 있습니다.
- 태양광 발전은 햇빛에 반응하는 태양 전지를 여러 개 붙여 만든 ★패널을 이용합니다.
- 태양열 발전은 여러 개의 거울을 이용해 햇빛을 한 점에 모으고 그 열로 ★증기 원동기를 돌려 전기를 얻는 방식입니다.

용어풀이

- ★ 멸종   생물의 한 종류가 아주 없어짐.
- ★ 일조량   일정한 물체의 표면이나 지표면에 비치는 햇빛의 양
- ★ 패널   건축용 널빤지
- ★ 증기 원동기 증기의 힘으로 회전하는 원판을 돌리는 장치

개념을 확인해요

1 ☐☐ 은 지구에 사는 모든 생물에게 영향을 미치고, ☐☐ 이 있으면 낮이 되고 없으면 밤이 됩니다.

2 ☐☐ 은 지구에 있는 물이 순환하는 데 필요한 에너지를 끊임없이 공급해 줍니다.

3 태양은 ☐☐☐ 를 따뜻하게 하여 생물이 살아가기에 알맞은 환경을 만들어 줍니다.

4 태양 빛이 있어야 식물이 ☐☐ 을 만들어 살아갑니다.

5 태양 빛을 이용해 염전에서 ☐☐ 을 만듭니다.

6 태양 빛을 이용해 ☐☐ 를 만들어 생활에 이용합니다.

7 우리가 살아가는 데 필요한 대부분의 에너지는 ☐☐ 에서 얻습니다.

8 ☐☐ 이 없으면 지구에서 생물이 살기 어렵습니다.

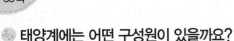

3. 태양계와 별

태양계에는 어떤 구성원이 있을까요?

(1) 태양계의 구성

① 태양계 ┌→ 우주에 있는 별, 행성, 위성, 소행성, 등을 모두 가리키는 말로, 우주에 있는 모든 물체입니다.
- 태양과 태양의 영향을 받는 천체들 그리고 그 공간을 말합니다.
- 태양, 행성, 위성, 소행성, 혜성 등으로 구성됩니다.
  └→ 소행성은 대부분 화성과 목성 사이에 있는 소행성대에 있습니다.

② 태양
- 태양계의 중심에 있습니다.
- 태양계에서 유일하게 스스로 빛을 내는 천체입니다.

③ 행성
- 지구처럼 태양의 주위를 도는 둥근 천체입니다.
- 수성, 금성, 지구, 화성, 목성, 토성, 천왕성, 해왕성 등이 있습니다.

④ 위성
- 행성의 주위를 도는 천체입니다.
- 지구의 위성은 달입니다.

(2) 태양계 행성의 특징

① 태양계 행성의 색깔, 표면의 상태, 고리, 그 밖의 특징을 조사하기 ⑩

탐구1

구분	수성	토성
색깔	전체적으로 어두운 회색	연노란색
표면의 상태	• 바위와 먼지로 이루어져 있다. • 대기는 없다.	• 땅이 없다. • 표면이 기체로 되어 있다.
고리	없다.	있다. └→ 망원경으로 보면 눈에 잘 보입니다.
그 밖의 특징	• 달처럼 충돌 구덩이가 있다. • 태양계 행성 중에서 가장 작고, 태양에 가장 가까이 있다. • 위성이 없다.	• 여러 개의 위성을 가지고 있다. • 태양에서 두 번째로 큰 행성이다.

② 태양계 행성을 분류할 수 있는 기준: 표면의 상태, 고리 등의 기준으로 분류할 수 있습니다.

③ 태양계 행성의 표면 비교
- 수성, 금성, 지구, 화성: 표면에 땅이 있습니다.
- 목성, 토성, 천왕성, 해왕성: 표면이 기체로 되어 있습니다.

탐구1 태양계 행성의 특징

① 수성
- 지구의 안쪽에서 태양의 둘레를 돕니다.
- 달보다 조금 더 크고, 태양계에서 가장 작습니다.
- 표면의 온도가 높고, 대기는 없습니다.

② 금성
- 지구에서 가장 가깝고, 지구 안쪽에서 태양의 둘레를 돕니다.
- 이산화 탄소로 이루어진 두꺼운 대기를 갖고 있습니다.

③ 지구
- 다른 행성과는 달리 물이 있고, 생명체가 있습니다.
- 한 개의 위성을 갖고 있습니다.

④ 화성
- 지구의 바로 바깥쪽에서 태양의 둘레를 돕니다.
- 붉은색을 띠고 있습니다.
- 지구의 사막처럼 암석과 흙으로 이루어져 있습니다.

⑤ 목성
- 가장 큰 행성으로 동서 방향의 줄무늬가 있습니다.
- 이오를 비롯한 많은 위성을 갖고 있습니다.

⑥ 토성
- 두 번째로 큰 행성이며, 여러 개의 고리가 있습니다.
- 고리들은 얼음이나 얼음으로 둘러싸인 암석 덩어리로 생각됩니다.

⑦ 천왕성
- 청록색이고, 태양계에서 세 번째로 큰 행성입니다.
- 희미한 고리가 있고, 가스로 이루어져 있습니다.

⑧ 해왕성
- 태양에서 가장 멀리 떨어져 있습니다.
- 푸른색으로 보이며 여러 개의 고리와 위성이 있습니다.

소행성, 혜성, 유성체, 유성, 운석

- 소행성: 상대적으로 작고 태양 주위를 도는 암석체입니다.
- 혜성: 소행성과 크기가 비슷하지만, ✦핵과 핵을 감싸는 먼지와 가스로 된 대기가 있는 천체로, 태양에 가까워지면 꼬리가 생기기도 합니다.
- 유성체: 소행성이나 혜성의 작은 조각입니다.
- 유성: 유성체가 지구 대기 안으로 들어올 때, 대기와의 ✦마찰로 인해 불타면서 밝은 빛을 내는 것입니다.
- 운석: 유성체가 대기 중에서 완전히 ✦소멸되지 않고 지면에 떨어진 것입니다.

▲ 소행성

▲ 혜성

▲ 유성

개념을 확인해요

1 ☐☐☐ 는 태양과 태양의 영향을 받는 천체들 그리고 그 공간을 말합니다.

2 태양계는 태양, ☐☐, 위성, 소행성, 혜성 등으로 구성됩니다.

3 태양계의 중심에 있고, 태양계에서 유일하게 스스로 빛을 내는 천체는 ☐☐ 입니다.

4 지구처럼 태양의 주위를 도는 둥근 천체를 ☐☐ 이라고 합니다.

5 태양계를 구성하는 행성에는 수성, 금성, ☐☐, 화성, 목성, 토성, 천왕성, 해왕성이 있습니다.

6 지구의 주위를 도는 달처럼 행성의 주위를 도는 천체를 ☐☐ 이라고 합니다.

7 태양계 행성 중 붉은색이고, 표면이 지구의 사막처럼 암석과 흙으로 이루어진 것은 ☐☐ 입니다.

8 태양계 행성 중 태양에서 두 번째로 멀리 있고, 표면이 기체로 되어 있는 것은 ☐☐☐ 입니다.

3. 태양계와 별

태양계 행성의 크기를 비교해 볼까요?

(1) 태양과 지구의 크기 비교

① 태양의 ★반지름은 지구의 반지름보다 약 109배가 큽니다.

② 태양과 지구를 비교하면 지구는 작은 점처럼 보입니다.

(2) 행성 크기 비교 ★모형을 만들어 행성의 ★상대적인 크기 비교하기

① 행성 크기 비교 모형 만들기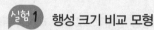

• 행성 크기 비교 모형 (『실험 관찰』 75~79쪽)을 모두 뜯어낸 다음 홈을 가위로 자릅니다.

• 행성 크기 비교 모형의 홈을 같은 행성끼리 끼워 맞추고 연결 부분에 셀로판테이프를 붙여 행성 크기 비교 모형을 완성합니다.

② 행성 크기 비교 모형으로 행성의 상대적인 크기 비교하기

상대적인 크기가 큰 순서	목성, 토성, 천왕성, 해왕성, 지구, 금성, 화성, 수성 →지구보다 큰 행성
상대적인 크기가 비슷한 행성끼리 짝 지어 보기	→지구보다 작은 행성 수성-화성, 지구-금성, 천왕성-해왕성

(3) 지구의 반지름을 1로 보았을 때 태양계 행성의 상대적인 크기 비교

① 상대적인 반지름이 가장 작은 행성: 수성이 0.4로 가장 작습니다.

② 지구와 반지름이 가장 비슷한 행성: 금성이 0.9로 지구와 거의 비슷합니다.

③ 지구의 크기가 반지름이 1 cm인 구슬과 같다면 목성과 크기가 비슷한 물체: 축구공, 배구공 <탐구 1>

실험 1 행성 크기 비교 모형

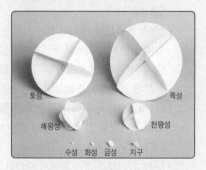

탐구 1 행성의 크기를 우리 생활의 다양한 물체에 비교하기

행성	물체
수성, 화성	작은 콩
금성, 지구	구슬
천왕성, 해왕성	야구공
토성	핸드볼 공
목성	축구공

태양과 태양계 행성의 실제 크기

행성	반지름(km)
태양	695000
수성	2440
금성	6052
지구	6378
화성	3396
목성	71492
토성	60268
천왕성	25559
해왕성	24764

개념을 확인해요

1 태양과 지구의 크기를 비교하면 ☐☐ 이 더 큽니다.

2 행성 크기 비교 모형 중 크기가 가장 큰 것은 ☐☐ 입니다.

3 태양계 행성 중에서 가장 큰 행성은 ☐☐ 입니다.

4 태양계 행성 중에서 가장 작은 행성은 ☐☐ 입니다.

5 지구와 크기가 가장 비슷한 행성은 ☐☐ 입니다.

6 목성, ☐☐, 천왕성, 해왕성은 지구보다 큰 행성입니다.

7 수성, 금성, ☐☐ 은 지구보다 작은 행성입니다.

8 지구의 크기가 반지름이 1 cm인 구슬과 같다면 크기가 가장 큰 ☐☐ 은 축구공과 크기가 비슷합니다.

3. 태양계와 별

┌• 지구에서 태양까지의 거리는 약 1억 5000만 km입니다.

태양계 행성은 태양에서 얼마나 떨어져 있을까요?

(1) 태양에서 지구까지의 거리를 1로 보았을 때 태양에서 행성까지의 상대적인 거리

수성 0.4 지구 1.0 목성 5.2 천왕성 19.1

금성 0.7 화성 1.5 토성 9.6 해왕성 30.0

(2) 태양에서 행성까지의 상대적인 거리 비교하기

① 실험 방법

- 교실이나 복도에서 태양의 위치를 표시합니다.
- 태양에서 지구까지의 거리를 ✦두루마리 휴지 한 칸으로 정했을 때 태양에서 각 행성까지의 상대적인 거리에 맞게 두루마리 휴지를 자릅니다.
- 자른 두루마리 휴지의 한쪽 끝을 태양의 위치에 맞추고 다른 쪽 끝에 행성 크기 비교 모형을 놓은 뒤, 휴지를 셀로판테이프로 ✦고정합니다.
- 태양에서 행성까지의 상대적인 거리를 비교합니다.

② 태양에서 지구보다 가까이 있는 행성과 멀리 있는 행성으로 ✦분류하기

태양에서 지구보다 가까이 있는 행성	수성, 금성
태양에서 지구보다 멀리 있는 행성	화성, 목성, 토성, 천왕성, 해왕성

(3) 태양에서 행성까지의 상대적인 거리를 보고 알 수 있는 특징

① 수성, 금성, 지구, 화성은 목성, 토성, 천왕성, 해왕성에 비해 상대적으로 태양 가까이에 있습니다.

② 태양에서 거리가 멀어질수록 행성 사이의 거리도 멀어집니다.

탐구1 **태양에서 행성까지의 상대적인 거리를 두루마리 휴지 칸 수로 나타내기**

행성	필요한 휴지 칸 수
수성	0.4
금성	0.7
지구	1.0
화성	1.5
목성	5.2
토성	9.6
천왕성	19.1
해왕성	30.0

태양에서 행성까지의 실제 거리

행성	태양과 행성 사이의 거리 (백만 km)
수성	57.9
금성	108.2
지구	149.6
화성	227.9
목성	778.3
토성	1426.2
천왕성	2866.4
해왕성	4481.7

3 단원

개념을 확인해요

1 태양에서 지구까지의 거리를 1로 보았을 때, ☐☐ 은 태양에서 0.4만큼 떨어져 있습니다.

2 태양에서 지구까지의 거리를 1로 보았을 때, ☐☐☐ 은 30.0만큼 떨어져 있습니다.

3 태양에서 지구까지의 거리를 두루마리 휴지 한 칸으로 정했을 때, 태양에서 수성까지의 거리는 두루마리 휴지 ☐ 칸이 필요합니다.

4 태양에서 지구까지의 거리를 두루마리 휴지 한 칸으로 정했을 때, 태양에서 해왕성까지의 거리는 두루마리 휴지 ☐ 칸이 필요합니다.

5 태양계 행성 중 태양에서 가장 가까운 행성은 ☐☐ 입니다.

6 태양계 행성 중 태양에서 가장 먼 행성은 ☐☐☐ 입니다.

7 토성과 목성 중 ☐☐ 이 태양 가까이에 있습니다.

8 금성과 화성 중 ☐☐ 이 태양에서 멀리 있습니다.

용어풀이

★ **두루마리** 가로로 길게 이어 돌돌 둥글게 만 종이
★ **고정** 일정한 곳에 붙어 있어 움직이지 않음.
★ **분류** 사물을 공통되는 성질에 따라 종류별로 가름.

3. 태양계와 별

교과서
60~61쪽

별과 별자리를 찾아볼까요?

└ 밤하늘의 별은 매우 먼 거리에 있고, 항상 같은 위치에서 움직이지 않는 것처럼 보입니다.

(1) 별과 별자리

① 별

- 태양처럼 스스로 빛을 내는 천체입니다.
- 매우 먼 거리에 있어서 반짝이는 밝은 점으로 보입니다.

② 별자리

- 옛날 사람들은 밤하늘에 무리 지어 있는 별을 연결해 사람이나 동물 또는 물건의 모습으로 떠올리고 이름을 붙였습니다.
- 별의 무리를 구분해 이름을 붙인 것입니다.

③ 북쪽 밤하늘의 별자리: 북두칠성, 작은곰자리, 카시오페이아자리를 볼 수 있습니다. 탐구1
  └ 큰곰자리의 일부분에 속합니다.

(2) 별자리 관측하기

① 별자리를 관측할 시각과 장소를 정합니다.

- 별이 보일 만큼 하늘이 충분히 어두워지는 때를 고려해 시각을 정합니다.
  └ 해가 진 뒤 약 1시간 정도 지나 별이 보일 정도로 어두워지면 별을 관측하는 것이 좋습니다.
- 가급적 주변이 탁 트이고 주변에 밝은 곳이 없는 곳이 별을 관측하기 적당합니다.

② 정해진 시각에 정해진 장소에서 나침반을 이용해 북쪽을 확인하고, 북쪽 밤하늘에서 어떤 별자리가 보이는지 관측합니다.

(3) 북쪽 밤하늘에서 관측한 별자리의 위치와 모양 기록하기
  └ 별자리의 위치와 모양을 표현할 때 건물, 산, 나무 등 지형을 먼저 그리고, 그것에 맞추어 별을 그리면 더 정확하고 편리하게 그릴 수 있습니다.

(4) 나만의 별자리 만들기 예

① 별자리 이름: 장화자리

② 나만의 별자리를 그렇게 만든 까닭: 별자리 모양이 장화와 비슷하게 생겼기 때문입니다.

탐구1 **북쪽 밤하늘의 별자리**

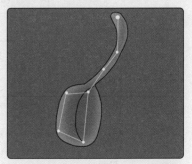

▲ 북두칠성

▲ 작은곰자리

▲ 카시오페이아자리

별자리에 관한 전설

- 큰곰자리: 그리스 신화에 따르면, 제우스의 아내인 헤라가 제우스를 좋아하는 칼리스토라는 여자를 질투하여 곰으로 만들었는데, 하루는 곰의 모습을 하고 있던 칼리스토가 자신의 아들을 발견하고는 반가워서 달려갑니다. 그 순간 아들은 자신의 어머니를 향해 화살을 쏘려고 하자 제우스가 두 명을 큰곰자리와 작은곰자리로 만들었습니다.
- 카시오페이아자리: 카시오페이아는 에티오피아의 왕비였습니다. 자신의 아름다운 용모를 뽐내다가 바다의 신인 포세이돈을 화나게 하여 자신의 딸을 희생시킬 뻔하였습니다. 포세이돈은 허영심 많은 사람을 일깨우려고 카시오페이아를 별자리로 만들고 하루의 반은 하늘에 거꾸로 매달려 있도록 하였습니다.

큰곰자리와 작은곰자리

- 북두칠성은 큰곰자리의 꼬리 부분에 해당하는 우리나라의 별자리로, 북두칠성 외에도 여러 개의 별들이 포함됩니다.
- 작은곰자리는 북극성을 포함하여 국자 모양의 일곱 개 별만으로 이루어집니다.

▲ 큰곰자리

개념을 확인해요

1 태양처럼 스스로 빛을 내는 천체를 ☐ 이라고 합니다.

2 밤하늘에서 반짝이는 밝은 점으로 보이는 것은 ☐ 입니다.

3 밤하늘에 무리 지어 있는 별을 연결해 구분하고 이름을 붙인 것을 ☐☐☐ 라고 합니다.

4 별자리는 사람이나 동물 또는 물건의 모습으로 떠올리고 ☐☐ 을 붙였습니다.

5 북두칠성, 작은곰자리, 카시오페이아자리는 ☐ 쪽 밤하늘에서 볼 수 있습니다.

6 큰곰자리의 일부분인 ☐☐☐☐ 은 일곱 개의 별로 이루어져 있습니다.

7 별자리는 낮과 밤 중 ☐ 에 관측해야 합니다.

8 별자리는 ☐ 가 진 뒤 약 1시간 정도 지나야 별이 보일 정도로 어두워지기 때문에 그때 관측하도록 합니다.

3
단원

3. 태양계와 별

탐구

밤하늘에서 북극성은 어떻게 찾을까요?

(1) 나침반이 발명되기 전에 옛날 사람들이 ⭐방위를 알 수 있었던 방법

　① 낮: 태양의 움직임을 관찰해 알 수 있었습니다.

　② 밤: 별을 보고 알 수 있었습니다.

┌ 작은곰자리 꼬리 끝부분에 해당합니다.

(2) 북쪽 밤하늘 별자리를 이용해 북극성을 찾는 방법 탐구1

┌ 큰곰자리의 꼬리 부분에 해당합니다.

　① 북두칠성을 이용해 북극성을 찾기

　　• 북두칠성의 국자 모양 끝부분에서 ①과 ②를 찾습니다.

　　• ①과 ②를 연결하고, 그 거리의 다섯 배만큼 떨어진 곳에 있는 별을 찾습니다.

　② 카시오페이아자리를 이용해 북극성을 찾기

　　• 카시오페이아자리에서 바깥쪽 두 선을 연장해 만나는 점 ㉠을 찾습니다.

　　• ㉠과 ㉡을 연결하고, 그 거리의 다섯 배만큼 떨어진 곳에 있는 별을 찾습니다.

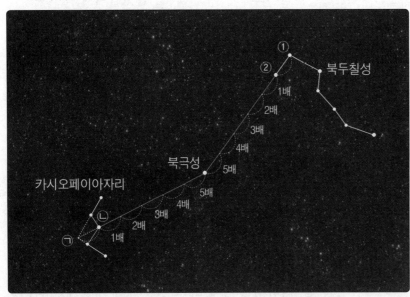

(3) 밤하늘에서 북극성이 중요한 까닭

　① 북극성은 정확한 북쪽에 항상 있기 때문에 북극성을 찾으면 방위를 알 수 있었습니다.

　② 나침반의 역할을 하여 중요합니다.

(4) 바다 한가운데에서 항해하는 배가 북극성을 이용한 방법

　① 북극성을 보면 방위를 알 수 있었습니다. 탐구2

　② 뱃길을 찾아내는 데 많이 이용했습니다.

탐구1 **북쪽 밤하늘 별자리**

• 지구는 태양 주위를 ⭐공전하고 있습니다. 그래서 태양이 있는 쪽의 별은 볼 수 없습니다. 태양 빛이 밝기 때문에 별빛이 있어도 보이지 않기 때문입니다.

• 북쪽 하늘의 별들은 태양의 위치와 상관없이 밤이면 언제나 볼 수 있습니다. 우리는 지구의 북반구에 살고 있기 때문에 북쪽에 있는 별은 태양 빛에 가리지 않기 때문입니다. 그래서 어느 계절이나 북극성을 중심으로 북쪽 하늘의 별자리를 볼 수 있습니다.

탐구2 **북극성을 이용하여 방위 찾기**

밤하늘에서 북극성을 바라보고 서서 양팔을 벌리면 오른손이 가리키는 방향이 동쪽, 왼손이 가리키는 방향이 서쪽, 등 뒤의 방향이 남쪽입니다.

가장 밝은 별

- 밤하늘에서 북극성이 중요하다는 생각 때문에 가장 밝은 별은 북극성이라고 생각할 수 있지만 아닙니다.
- 밤하늘에서 가장 밝은 별은 겨울철 남쪽 하늘에서 볼 수 있는 시리우스(큰개자리)입니다.
- 별의 밝기를 15 등성까지 분류하였을 때, 북극성은 2등성으로 밝은 편에 속하지만 가장 밝은별은 아닙니다.
- 북극성은 날짜와 시간에 관계없이 항상 북쪽에서 보이는데 중요성을 갖습니다.

▲ 시리우스

개념을 확인해요

1 나침반이 발명되기 전에 옛날 사람들은 낮에는 ☐☐ , 밤에는 ☐ 을 보고 방위를 알 수 있었습니다.

2 북극성은 항상 ☐ 쪽 밤하늘에서 볼 수 있습니다.

3 북극성을 찾을 때 국자 모양의 별자리인 ☐☐☐☐ 을 이용해 찾을 수 있습니다.

4 북극성을 찾을 때 M자나 W자 모양의 별자리인 ☐☐☐☐☐☐☐ ☐ 를 이용해 찾을 수 있습니다.

5 『과학』 62쪽에서 북두칠성의 ①과 ②를 연결하고, 그 거리의 ☐☐ 배만큼 떨어진 곳에 북극성이 있습니다.

6 『과학』 62쪽에서 카시오페이아자리에서 ㉠과 ㉡을 연결하고, 그 거리의 ☐☐ 배만큼 떨어진 곳에 북극성이 있습니다.

7 항해하는 배는 ☐☐☐ 을 보면 방위를 알 수 있으므로 뱃길을 찾아내는 데 많이 이용했습니다.

8 북극성은 정확한 북쪽에 항상 있기 때문에 ☐☐☐ 역할을 합니다.

3. 태양계와 별

행성과 별은 어떤 점이 다를까요?

(1) 행성과 별의 차이점 알아보기

① 탐구 방법 → 색깔이 다른 유성 펜, 셀로판테이프, 투명 필름이 필요합니다.
- 여러 날 동안 밤하늘을 관측해 나타낸 그림을 관찰합니다.
- 그림 위에 각각 투명 필름을 덮고 모든 천체의 위치를 각각 다른 색깔의 유성 펜으로 표시합니다.
- 천체의 위치를 표시한 투명 필름 세 장을 순서에 맞게 겹쳐 보고 위치가 변한 것이 있는지 확인합니다.

② 천체의 위치를 표시한 투명 필름 세 장을 모두 겹쳤을 때 위치가 변한 천체: 위치가 변한 천체가 행성입니다.

③ 행성이라고 생각한 까닭
- 행성은 태양의 주위를 돌고 있기 때문에 위치가 변할 것입니다.
- 행성은 별에 비해 지구에 가까이 있기 때문에 위치가 변하는 것처럼 보일 것입니다.

④ 여러 날 동안 밤하늘을 관측했을 때 행성과 별의 차이점

별	• 행성에 비해 지구에서 먼 거리에 있다.
	• 여러 날 동안 관측하면 움직이지 않는 것처럼 보인다.
행성	• 별보다 지구에 가까이 있기 때문에 별자리 사이에서 위치가 서서히 변하는 것을 볼 수 있다.
	• 금성, 화성, 목성, 토성과 같은 행성은 별보다 더 밝고 또렷하게 보인다. └ 별에 비해 행성은 지구로부터 거리가 가깝기 때문에 별보다 밝고 또렷하게 보입니다.

우주 교실 꾸미기
→ 외계 행성을 상상해 만들고, 천장에 매다는 방법도 있습니다.

(1) 우주 교실을 꾸미는 방법 생각하기

① 우주 교실을 꾸미는 방법: 행성 크기 비교 모형을 이용합니다. 별과 별자리를 만들어 벽에 붙입니다.

② 우주 교실을 꾸밀 때 사용하면 좋은 재료
- 태양계 행성은 도화지에 그립니다.
- 색 끈이나 낚싯줄을 이용해 행성 크기 비교 모형을 교실 천장에 매답니다.
- 야광 별 붙임딱지를 이용해 별과 별자리를 만듭니다.

(2) 우리 교실을 우주 교실로 꾸미기

① 우주 교실을 어떻게 꾸밀지 계획을 세웁니다.

② 세운 계획에 따라 모둠별로 역할을 나눕니다.

③ 정해진 역할에 따라 우리 교실을 우주 교실로 꾸미고 감상합니다.

실험 1 여러 날 동안 밤하늘을 관측해 나타낸 그림

▲ 첫째날 초저녁

▲ 7일 뒤 초저녁

▲ 18일 뒤 초저녁

탐구 1 태양계와 별을 배운 내용으로 우주 교실을 꾸미는 방법 예

- 태양계를 구성하는 태양과 여덟 개의 행성, 위성, 소행성, 혜성 등을 표현합니다.
- 행성의 상대적인 크기를 고려한 행성 크기 비교 모형을 사용합니다.
- 행성의 상대적인 거리를 고려해 꾸밉니다.
- 별은 태양보다 멀리 있으므로 교실 벽이나 천장에 붙입니다.
- 북쪽 밤하늘의 별자리를 모양에 맞게 붙입니다.

과일로 만든 태양계 행성 크기 모형

- 영국의 한 천체 사진 대회에서 과일로 만든 태양계 사진이 전시되었습니다. 과일로 만든 태양계 사진은 태양계 행성의 배열과 크기를 고려하여 만들어졌습니다.
- 후추 열매가 태양에서 가장 가까운 수성, 라임 열매가 태양에서 가장 먼 해왕성을 나타내었고, 지구는 방울토마토, 태양계에서 가장 큰 행성인 목성은 수박으로 표현하였습니다.

명왕성이 행성이 아닌 까닭

- 예전에는 태양계 행성 중 하나로 명왕성을 인정했었습니다. 하지만 2005년 12월 태양계 행성에서 퇴출되었습니다. 명왕성이 행성으로 인정되지 않는 까닭은 다음과 같습니다.
- 공전 궤도가 불규칙합니다. 행성은 일정한 모양대로 규칙성 있게 태양을 공전해야 하지만 명왕성은 해왕성과 부딪칠 것이 예상될 정도로 심하게 타원형의 궤도를 돌고 있습니다.
- 지나치게 크기가 작습니다. 명왕성은 지구의 위성인 달보다 크기가 작습니다.

용어풀이

- ✹ 외계   지구 밖의 세계
- ✹ 야광   어둠 속에서 빛을 냄. 또는 그런 물건
- ✹ 라임   열매는 지름이 4cm 정도이고 공 모양으로 노랗게 익는데 초록색일 때에 수확함.
- ✹ 공전 궤도   행성이 태양의 둘레를 돌면서 그리는 곡선의 길

개념을 확인해요

1 행성은 스스로 빛을 내는 것이 아니라 태양 빛을 ☐☐하는 것입니다.

2 행성과 별 중 스스로 빛을 내는 것은 ☐입니다.

3 행성은 ☐☐ 주위를 돌기 때문에 여러 날 동안 지구에서 보면 위치가 변하는 것처럼 보입니다.

4 행성은 별보다 ☐☐에 가까이 있기 때문에 별자리 사이에서 위치가 서서히 변하는 것을 볼 수 있습니다.

5 ☐은 지구에서 매우 먼 거리에 있기 때문에 여러 날 동안 관측하면 움직이지 않는 것처럼 보입니다.

6 금성, 화성, 목성, 토성과 같은 ☐☐은 별보다 더 밝고 또렷하게 보입니다.

7 우리 교실을 ☐☐ 교실로 꾸미려면 행성, 별, 별자리 등을 만들어 꾸밉니다.

8 우리 교실을 우주 교실로 꾸미기 위해 행성 크기 비교 모형을 교실 천장에 매달 때는 색 끈이나 ☐☐☐을 이용합니다.

핵심 1

태양계 카드를 이용하여 다섯 고개 알아맞히기를 할 수 있습니다.

1 다섯 고개 알아맞히기에서 다음과 같은 태양계 카드를 정한 학생이 "예."라고 대답해야 하는 질문은 어느 것인지 기호를 쓰시오.

▲ 화성

> ㉠ 붉은색입니까?
> ㉡ 지구의 안쪽에서 돕니까?
> ㉢ 많은 위성을 가지고 있습니까?
> ㉣ 태양에서 가장 멀리 떨어져 있습니까?

( )

2 다음 태양계 카드 다섯 고개 알아맞히기의 정답은 무엇인지 쓰시오.

> 질문: 물이 있나요?
> 대답: 예.
> 질문: 여러 개의 고리가 있나요?
> 대답: 아니요.
> 질문: 한 개의 위성을 가지고 있나요?
> 대답: 예.
> 질문: 생명체가 있나요?
> 대답: 예.

( )

3 태양계 카드 다섯 고개 알아맞히기를 한 뒤 알게 된 것은 무엇인지 한 가지 쓰시오.

_____

핵심 2

식물은 태양 빛이 있어야 양분을 만들어 살아갈 수 있으며, 일부 동물은 식물이 만든 영양분을 먹고 살아가기도 합니다. 우리가 살아가는 데 필요한 대부분의 에너지는 태양에서 얻습니다.

4 염전에서 소금을 만들거나 빨래가 잘 마르는 것은 무엇의 영향 때문입니까? ( )

① 물 ② 태양
③ 별 ④ 지구
⑤ 달

5 다음은 태양이 우리 생활에 미치는 어떤 영향을 나타낸 것인지 쓰시오.

_____

6 태양이 우리 생활에 미치는 영향이 <u>아닌</u> 것은 무엇입니까? ( )

① 전기를 만든다.
② 밝은 낮에 활동할 수 있다.
③ 지구가 차갑게 얼어붙는다.
④ 물이 증발하고 구름이 되어 비가 내린다.
⑤ 일부 동물은 식물이 만든 양분을 먹고 살아간다.

7 ( ) 안에 공통으로 들어갈 말을 쓰시오.

> • ( ) 빛이 있어야 식물은 양분을 만들어 살아갈 수 있다.
> • ( )은 지구에 있는 물이 순환하는 데 필요한 에너지를 끊임없이 공급해 준다.

( )

핵심 3

태양계는 태양, 행성, 위성, 소행성, 혜성 등으로 구성됩니다.

8 다음에서 설명하는 것은 무엇인지 쓰시오.

> • 태양계의 중심에 있다.
> • 태양계에서 유일하게 스스로 빛을 내는 천체이다.

(   )

9 다음과 같은 천체는 무엇입니까? (   )

> 수성, 금성, 지구, 화성,
> 목성, 토성, 천왕성, 해왕성

① 별   ② 행성
③ 위성   ④ 혜성
⑤ 소행성

10 다음 행성은 무엇인지 쓰시오.

(   )

11 지구의 주위를 도는 달처럼 행성의 주위를 도는 천체는 무엇입니까? (   )

① 별   ② 태양
③ 위성   ④ 혜성
⑤ 소행성

핵심 4

수성, 금성, 지구, 화성은 상대적인 크기가 작은 행성이고, 목성, 토성, 천왕성, 해왕성은 상대적인 크기가 큰 행성입니다.

12 다음과 같이 행성 크기 비교 모형을 만들었을 때, 크기가 가장 큰 행성은 무엇입니까? (   )

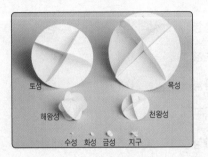

① 수성   ② 금성
③ 지구   ④ 화성
⑤ 목성

13 지구보다 작은 행성은 어느 것입니까? (   )

① 금성   ② 목성
③ 토성   ④ 천왕성
⑤ 해왕성

[14~15] 지구의 반지름을 1로 보았을 때, 태양계 행성의 상대적인 반지름입니다.

수성	0.4	목성	11.2
금성	0.9	토성	9.4
지구	1.0	천왕성	4.0
화성	0.5	해왕성	3.9

14 지구와 상대적인 크기가 가장 비슷한 행성은 무엇인지 쓰시오.

(   )

15 천왕성과 상대적인 크기가 비슷한 행성은 무엇인지 쓰시오.

(   )

핵심 5

수성, 금성, 지구, 화성은 목성, 토성, 천왕성, 해왕성에 비해 상대적으로 태양 가까이에 있습니다.

[16~18] 태양에서 지구까지의 거리를 1로 보았을 때 태양에서 행성까지의 상대적인 거리입니다.

행성	상대적인 거리	행성	상대적인 거리
수성	0.4	목성	5.2
금성	0.7	토성	9.6
지구	1.0	천왕성	19.1
화성	1.5	해왕성	30.0

16 위 표를 보고 태양에서 가장 가까운 행성과 가장 먼 행성을 차례대로 쓰시오.

( )

17 태양에서 지구보다 가까이 있는 행성을 모두 골라 쓰시오.

( )

18 태양에서 지구까지의 거리를 두루마리 휴지 한 칸으로 정했을 때, 태양에서 화성까지의 상대적인 거리는 휴지 몇 칸으로 나타낼 수 있습니까? ( )

① 1칸
② 1.5칸
③ 3칸
④ 5.2칸
⑤ 30칸

19 다음을 읽고 바른 것에 ○표 하시오.

태양에서 거리가 멀어질수록 행성 사이의 거리가 (가까워진다, 멀어진다).

핵심 6

태양처럼 스스로 빛을 내는 천체를 별이라고 하고, 별의 무리를 구분해 이름을 붙인 것을 별자리라고 합니다.

[20~21] 다음 별자리를 보고 물음에 답하시오.

⊙ 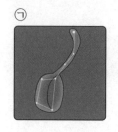 ⓛ  ⓒ

20 밤하늘에서 위의 별자리를 볼 수 있는 방향은 어느 쪽인지 쓰시오.

( )

21 위 별자리의 이름을 쓰시오.

⊙: ( )
ⓛ: ( )
ⓒ: ( )

22 다음을 읽고 바르면 ○표, 바르지 않으면 ×표를 하시오.

(1) 밤하늘의 별은 매우 가깝게 있습니다. ( )
(2) 별자리의 이름은 별자리를 처음 발견한 사람의 이름을 붙였습니다. ( )
(3) 주변이 탁 트이고 밝지 않은 곳에서 별을 관측하는 것이 좋습니다. ( )

23 밤하늘의 별을 관측할 때 주의할 점을 한 가지 쓰시오.

_____

_____

북쪽 밤하늘 별자리를 이용해 북극성을 찾을 수 있습니다.

[24~26] 다음은 북쪽 밤하늘의 별자리입니다.

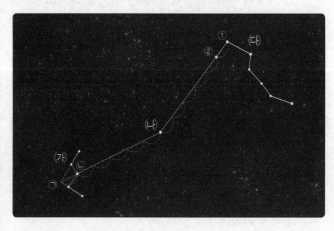

24 ㈎와 ㈒ 별자리는 어떤 모양인지 쓰시오.

㈎: (   )

㈒: (   )

25 북극성을 찾는 방법입니다. 위 그림을 보고 (   ) 안에 알맞은 말을 쓰시오.

- ㉠과 ㉡을 연결하고, 그 거리의 (   ) 배만큼 떨어진 곳에 있는 별이다.
- ①과 ②를 연결하고, 그 거리의 (   ) 배만큼 떨어진 곳에 있는 별이다.

(   )

26 위 그림에서 북극성은 어느 것인지 기호를 쓰시오.

(   )

여러 날 동안 밤하늘을 관측하면 별은 움직이지 않는 것처럼 보이지만, 행성은 위치가 변하는 것처럼 보입니다.

27 다음은 여러 날 동안 관측한 천체의 위치를 표시한 투명 필름 세 장을 순서에 맞게 겹친 것입니다. 이때 위치가 변한 것은 별과 행성 중 무엇인지 쓰시오.

▲ 3일 뒤 초저녁

(   )

28 위 27번 정답의 천체 위치가 변하는 것처럼 보이는 까닭은 무엇입니까? (   )

① 색깔이 선명하기 때문에
② 스스로 빛을 내기 때문에
③ 크기가 매우 작기 때문에
④ 크기가 매우 크기 때문에
⑤ 태양 주위를 돌기 때문에

29 행성과 별에 대한 설명으로 바르지 않은 것은 무엇입니까? (   )

① 별은 스스로 빛을 낸다.
② 행성은 스스로 빛을 내지 못한다.
③ 행성은 별보다 지구에 가까이 있다.
④ 별은 밤하늘에서 움직이지 않는 것처럼 보인다.
⑤ 행성은 밤하늘에서 움직이지 않는 것처럼 보인다.

3
단원

1 다섯 고개 알아맞히기를 하기 위해 필요한 태양계 카드 중 하나입니다. 무엇을 나타낸 것인지 쓰시오.

(   )

중요

2 다음에서 설명하는 것은 무엇입니까? (   )

> • 지구에 사는 모든 생물에게 영향을 끼친다.
> • 식물이 양분을 만들어 살아갈 수 있게 한다.
> • 이것이 있으면 낮이 되고, 이것이 없으면 밤이 된다.

① 달   ② 별
③ 태양   ④ 지구
⑤ 양분

서술형

3 다음은 태양 빛이 어떻게 이용되는 경우인지 쓰시오.

4 태양계에 대한 설명으로 바르면 ○표, 바르지 <u>않으면</u> ×표를 하시오.

⑴ 지구는 태양계의 구성원이 아닙니다. (   )
⑵ 태양과 태양의 영향을 받는 천체들 그리고 그 공간을 말합니다. (   )

5 우주에 있는 별, 행성, 위성, 소행성 등을 모두 가리키는 말은 무엇입니까? (   )

① 태양   ② 천체
③ 우주   ④ 태양계
⑤ 인공위성

6 다음은 태양계 행성 중 하나를 골라 조사한 것입니다. 무엇인지 쓰시오.

색깔	붉은색
표면의 상태	지구의 사막처럼 암석과 흙으로 이루어져 있다.
고리	없다.
그 밖의 특징	지구보다 작다. 대기가 있으나 지구보다 훨씬 적다.

(   )

7 태양과 지구의 크기를 비교하여 <, =, >로 표시하시오.

8 태양계 행성 크기 비교 모형입니다. ㉠의 모형에 비유할 수 있는 행성은 무엇입니까? ( )

① 목성   ② 금성
③ 지구   ④ 화성
⑤ 수성

9 행성 크기 비교 모형으로 행성의 상대적인 크기를 비교하여 크기가 가장 큰 행성부터 나타낸 것입니다. ( ) 안에 들어갈 행성의 이름을 쓰시오.

> 목성 – 토성 – 천왕성 – 해왕성 – 지구 –
> ( )–화성–수성

( )

응용
10 다음과 같이 행성을 분류하였을 때, 지구보다 작은 행성을 무리 지은 것은 어느 것인지 기호를 쓰시오.

㉠	㉡
목성, 토성, 천왕성, 해왕성	수성, 금성, 화성

( )

11 태양계 행성 중 지구에서 거리가 가장 가까운 행성은 무엇입니까? ( )

① ▲ 수성   ② ▲ 금성   ③ ▲ 화성
④ ▲ 목성   ⑤ ▲ 토성

주의
12 태양에서 행성까지의 상대적인 거리를 두루마리 휴지 칸 수로 비교할 때, 가장 많은 칸 수가 필요한 행성은 어느 것입니까? ( )

① 화성   ② 목성
③ 토성   ④ 천왕성
⑤ 해왕성

13 다음과 같이 별의 무리를 구분해 이름을 붙인 것을 무엇이라고 하는지 쓰시오.

▲ 오리온자리

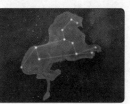
▲ 사자자리

▲ 작은곰자리

▲ 카시오페이아자리

( )

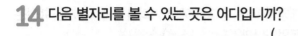
14 다음 별자리를 볼 수 있는 곳은 어디입니까?

(   )

① 동쪽 밤하늘   ② 서쪽 밤하늘
③ 남쪽 밤하늘   ④ 북쪽 밤하늘

15 다음 그림에서 카시오페이아자리를 찾아 선으로 연결하시오.

16 옛날 사람들이 나침반을 대신해 방위를 알기 위해 이용했던 것은 무엇입니까? (   )

① 시계
② 별자리
③ 낮과 밤의 길이
④ 새가 날아가는 곳
⑤ 바람이 부는 방향

17 북극성을 항상 볼 수 있는 방향은 어디입니까?

(   )

① 동쪽   ② 서쪽
③ 남쪽   ④ 북쪽
⑤ 동쪽과 북쪽

18 행성과 별 중 다음에서 설명하는 것은 무엇인지 쓰시오.

> • 여러 날 동안 같은 밤하늘을 관측하면 움직이지 않는 것처럼 보인다.
> • 스스로 빛을 낸다.

(   )

서술형

19 여러 날 동안 밤하늘을 관측해 오른쪽과 같이 위치가 변한 천체를 표시하였을 때 이것은 별과 행성 중 무엇인지 쓰고, 특징을 한 가지 쓰시오.

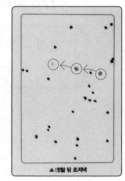

▲ 3일 뒤 초저녁

_____

_____

_____

20 우리 교실을 우주 교실로 꾸밀 때 알맞지 <u>않은</u> 모형은 어느 것입니까? (   )

① 별 모형   ② 행성 모형
③ 태양 모형   ④ 나무 모형
⑤ 별자리 모형

1 다섯 고개 알아맞히기를 위한 태양계 카드로 알맞지 않은 것은 어느 것입니까? (   )

①
②
③
④
⑤

2 태양이 우리 생활에 미치는 영향 중 태양 빛을 이용해 전기를 만드는 경우는 어느 것인지 기호를 쓰시오.

㉠
㉡

(   )

3 우리 생활에 다음과 같은 영향을 미치는 것은 무엇인지 쓰시오.

> • 지구에 있는 물이 순환하는 데 필요한 에너지를 끊임없이 공급해 준다.
> • 생물이 살아가기에 알맞은 환경을 만들어 준다.

(   )

[4~6] 다음은 태양계 구성원을 나타낸 것입니다.

4 태양계의 가장 중심에 있는 것은 무엇인지 쓰시오.

(   )

3
단원

5 위 태양계 구성원을 나타낸 그림을 보고 태양과 지구 사이의 행성을 골라 쓰시오.

(   )

6 위 태양계 구성원을 나타낸 그림을 보고 알 수 있는 사실로 바르지 <u>않은</u> 것은 무엇입니까? (   )

① 행성의 크기는 서로 다르다.
② 행성은 태양의 영향을 받는다.
③ 행성은 태양의 주위를 돌고 있다.
④ 지구와 가장 가까운 행성은 달이다.
⑤ 수성, 금성, 지구, 화성, 목성, 토성, 천왕성, 해왕성 등의 행성이 있다.

7 태양과 지구의 크기를 비교한 것입니다. ( ) 안에 알맞은 숫자는 무엇입니까? ( )

> 지구의 반지름을 1로 보았을 때, 태양의 반지름은 지구보다 약 ( )배가 크다.

① 107 ② 108
③ 109 ④ 119
⑤ 129

8 행성 크기 비교 모형에서 크기가 가장 큰 모형과 가장 작은 모형은 무엇을 나타내는지 쓰시오.

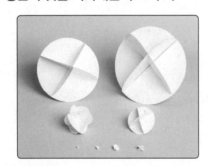

(1) 가장 큰 모형: ( )
(2) 가장 작은 모형: ( )

9 지구의 반지름을 1로 보았을 때 태양계 행성의 상대적인 크기입니다. 상대적인 크기가 비슷한 행성끼리 짝 지어 쓰시오.

(1) 수성: ( )
(2) 지구: ( )
(3) 천왕성: ( )

[10~12] 태양에서 행성까지의 상대적인 거리를 비교한 것입니다.

행성	상대적인 거리	행성	상대적인 거리
수성	0.4	목성	5.2
금성	0.7	토성	9.6
지구	1.0	천왕성	19.1
화성	1.5	해왕성	30.0

10 태양에서 가장 가까운 행성과 가장 먼 행성이 바르게 짝 지어진 것은 무엇입니까? ( )

① 수성 – 목성 ② 화성 – 금성
③ 지구 – 화성 ④ 수성 – 해왕성
⑤ 천왕성 – 해왕성

11 태양에서 지구까지의 거리를 두루마리 휴지 한 칸으로 정했을 때, 태양에서 해왕성까지의 거리를 나타내기 위해서는 두루마리 휴지 몇 칸이 필요한지 쓰시오.

( )

12 ( ) 안에 들어갈 말을 쓰시오.

> 수성, 금성, 지구, 화성은 목성, 토성, 천왕성, 해왕성에 비해 상대적으로 ( ) 가까이에 있다.

( )

13 다음 별자리의 이름을 쓰시오.

(1) 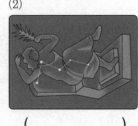 (2)

( ) ( )

14 별자리를 관측하는 모습으로 바르지 <u>않은</u> 것은 무엇입니까? (   )

① 해가 지기 직전에 관측한다.
② 주변이 탁 트인 곳에서 관측한다.
③ 주변이 밝지 않은 곳에서 관측한다.
④ 주위가 충분히 어두워지면 관측한다.
⑤ 나침반을 이용해 북쪽을 확인하고 관측한다.

15 카시오페이아자리와 북두칠성을 이용해 찾은 별 (가) 는 무엇입니까? (   )

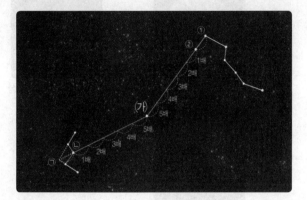

① 행성
② 북극성
③ 큰곰자리
④ 작은곰자리
⑤ 쌍둥이자리

서술형

16 위 15번 정답의 별을 찾는 것이 중요한 까닭은 무엇 인지 한 가지 쓰시오.

_____

17 행성의 특징을 모두 골라 기호를 쓰시오.

> ㉠ 스스로 빛을 낸다.
> ㉡ 태양 빛을 반사하여 빛을 낸다.
> ㉢ 위치가 거의 변하지 않는다.
> ㉣ 여러 날 동안 지구에서 보면 밤하늘에서 위치가 변하는 것처럼 보인다.

(   )

18 다음은 여러 날 동안 밤하늘을 관측해 천체의 위치를 투명 필름 세 장에 표시하고, 표시한 투명 필름 세 장을 순서에 맞게 겹쳐 본 것입니다. 위치가 변한 천체 는 무엇인지 쓰시오.

▲ 첫째 날 초저녁   ▲ 7일 뒤 초저녁   ▲ 15일 뒤 초저녁

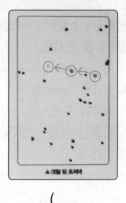

▲ 15일 뒤 초저녁

(   )

응용

19 여러 날 동안 같은 밤하늘을 관측했을 때 별은 움직이 지 않는 것처럼 보이는 까닭은 무엇입니까?

(   )

① 별은 매우 작기 때문에
② 별이 매우 밝기 때문에
③ 별의 색깔이 변하기 때문에
④ 별은 모양이 변하기 때문에
⑤ 별은 지구에서 너무 멀리 있기 때문에

20 우리 교실을 우주 교실로 꾸미는 계획을 세우는 모습 으로 바르지 <u>않은</u> 것은 무엇입니까? (   )

① 모둠별로 역할을 나누어 꾸민다.
② 사용하기 알맞은 재료를 정한다.
③ 어떤 방법으로 꾸밀지 생각한다.
④ 태양, 행성, 별자리 등을 표현한다.
⑤ 되도록 많은 종류의 동물과 식물 모형을 준비한다.

1 태양이 우리에게 미치는 영향이 <u>아닌</u> 것은 무엇입니까? (   )

① 바닷물이 증발해 소금이 된다.
② 전기를 만들어 생활에 이용한다.
③ 아이들이 밝은 낮에 뛰어놀 수 있다.
④ 식물이 광합성을 하여 양분을 만든다.
⑤ 공장에서 컴퓨터에 필요한 부품을 만든다.

2 태양이 생물에게 소중한 까닭입니다. (   ) 안에 공통으로 알맞은 말을 쓰시오.

• 식물은 태양 빛이 있어야 (   )을 만들어 살아갈 수 있다.
• 일부 동물은 식물이 만든 (   )을 먹고 살아간다.

(   )

3 태양의 빛과 열이 없어진다면 어떻게 되겠습니까?
(   )

① 시원해진다.
② 사막으로 변한다.
③ 나뭇잎이 붉게 변한다.
④ 태양광 발전이 많아진다.
⑤ 생물이 살 수 없을 것이다.

4 행성의 특징을 조사할 때 조사하지 <u>않아도</u> 되는 것은 무엇입니까? (   )

① 색깔   ② 위성
③ 고리   ④ 표면의 상태
⑤ 태양계인 것과 아닌 것

5 다음에서 설명하는 행성은 무엇입니까? (   )

• 물이 있고, 유일하게 생명체가 있다.
• 한 개의 위성을 가지고 있다.

①

▲ 수성

②

▲ 금성

③

▲ 지구

④

▲ 화성

⑤

▲ 천왕성

6 소행성과 혜성의 특징을 바르게 선으로 연결하시오.

(1) 소행성 •

(2) 혜성 •

• ㉠ 대기가 있는 천체로 꼬리가 생기기도 한다.

• ㉡ 상대적으로 작고, 태양 주위를 도는 암석체이다.

7 상대적인 크기가 비슷한 행성끼리 바르게 짝 지은 것은 어느 것입니까? (   )

① 수성 – 화성
② 지구 – 화성
③ 천왕성 – 토성
④ 금성 – 목성
⑤ 해왕성 – 목성

8 지구의 반지름을 1로 보았을 때 태양계 행성의 상대적인 크기를 비교한 것입니다. 지구와 천왕성의 상대적인 크기를 비교했을 때, 천왕성의 크기는 지구의 몇 배인지 쓰시오.

행성	크기	행성	크기
수성	0.4	목성	11.2
금성	0.9	토성	9.4
지구	1.0	천왕성	4.0
화성	0.5	해왕성	3.9

(   )

9 태양계 행성의 크기에 대한 설명으로 바른 것은 어느 것입니까? (   )

① 화성은 지구보다 크기가 크다.
② 해왕성은 목성보다 크기가 크다.
③ 토성은 천왕성보다 크기가 작다.
④ 지구와 크기가 가장 비슷한 행성은 금성이다.
⑤ 수성, 금성, 지구, 화성은 상대적으로 크기가 큰 행성이다.

10 태양에서 가까운 것부터 순서대로 바르게 짝 지은 것은 어느 것입니까? (   )

① 목성 – 금성 – 수성
② 금성 – 지구 – 수성
③ 수성 – 금성 – 지구
④ 화성 – 토성 – 금성
⑤ 천왕성 – 목성 – 수성

11 태양에서 지구까지의 거리를 두루마리 휴지 칸 수로 표현한 것입니다. 태양에서 가장 먼 행성은 무엇인지 쓰시오.

행성	필요한 휴지 칸 수	행성	필요한 휴지 칸 수
수성	0.4	목성	5.2
금성	0.7	토성	9.6
지구	1.0	천왕성	19.1
화성	1.5	해왕성	30.0

(   )

서술형

12 다음과 같이 나눈 행성의 상대적인 거리를 비교하여 쓰시오.

수성, 금성, 지구, 화성	목성, 토성, 천왕성, 해왕성

_____

_____

13 별에 대한 설명으로 바르지 <u>않은</u> 것은 어느 것입니까? (   )

① 밤하늘의 별은 매우 먼 거리에 있다.
② 태양과 같이 스스로 빛을 내는 천체이다.
③ 낮에는 태양 빛 때문에 별을 보기 어렵다.
④ 항상 같은 위치에서 움직이지 않는 것처럼 보인다.
⑤ 밤하늘에서 빛나는 점을 무리 지어 이름을 붙인 것이다.

3회 단원 평가

14 다음 별자리의 공통점을 한 가지 쓰시오.

> 북두칠성, 작은곰자리, 카시오페이아자리

_____

[15~16] 북쪽 밤하늘의 별자리입니다.

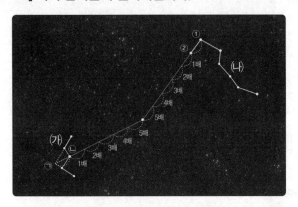

15 위 (가)와 (나)의 별자리 이름을 쓰시오.

(가): (   )

(나): (   )

16 (가) 별자리를 이용해 북극성을 찾을 때 ㉠과 ㉡을 연결하고, 그 거리의 몇 배만큼 떨어진 곳에서 북극성을 찾을 수 있습니까? (   )

① 두 배
② 다섯 배
③ 열 배
④ 오십 배
⑤ 백 배

17 (   ) 안에 알맞은 말을 쓰시오.

> 북극성을 바라보고 서서 양팔을 벌리면 오른손이 가리키는 방향이 (㉠   )쪽, 왼손이 가리키는 방향이 (㉡   )쪽, 등 뒤의 방향이 남쪽이다.

㉠: (   )

㉡: (   )

18 행성과 별에 대한 설명으로 바르지 않은 것은 무엇입니까? (   )

① 행성은 태양 주위를 돌고 있다.
② 별은 스스로 빛을 내는 천체이다.
③ 행성은 태양 빛을 반사해서 빛을 낸다.
④ 행성은 별보다 지구에서 먼 거리에 있다.
⑤ 밤하늘에서는 행성, 별, 달 등을 볼 수 있다.

19 다음 실험에서 위치가 변하는 것은 무엇인지 쓰시오.

▲ 첫째 날 초저녁　　▲ 7일 뒤 초저녁　　▲ 15일 뒤 초저녁

> • 여러 날 동안 밤하늘을 관측한다.
> • 첫째, 둘째, 셋째 그림 위에 각각 투명 필름을 덮고 모든 천체의 위치를 다른 색깔의 유성 펜으로 표시한다.
> • 천체의 위치를 표시한 투명 필름 세 장을 순서에 맞게 겹쳐 보고 위치가 변한 것이 있는지 확인한다.

(   )

20 다음 행성이 별보다 더 밝고 또렷하게 보이는 까닭은 무엇입니까? (   )

> 금성, 화성, 목성, 토성

① 행성의 수가 별보다 많기 때문에
② 행성이 별보다 크기가 크기 때문에
③ 행성이 별보다 여러 색깔로 빛나기 때문에
④ 행성이 별보다 지구에 가까이 있기 때문에
⑤ 행성이 별보다 지구에서 멀리 있기 때문에

1 만약 내가 다음과 같은 카드를 마음속으로 정하고 태양계 카드 다섯 고개 알아맞히기를 한다면 친구들의 질문에 어떻게 대답해야 하는지 쓰시오.

▲ 달

(1) 둥근 모양입니까? ( )
(2) 띠 모양의 무늬가 있습니까? ( )
(3) 고리가 있습니까? ( )
(4) 행성입니까? ( )

2 다음은 태양 빛을 어떻게 이용하는 경우를 나타낸 것입니까? ( )

① 식물이 양분을 만드는 경우
② 염전에서 소금을 만드는 경우
③ 전기를 만들어 생활에 이용하는 경우
④ 식물이 만든 영양분을 일부 동물이 먹는 경우
⑤ 물이 증발하여 구름이 되고 비가 내리는 경우

3 태양이 생물에게 소중한 까닭으로 알맞지 않은 것은 무엇입니까? ( )

① 식물이 자랄 수 있다.
② 일사병에 걸릴 수 있다.
③ 우리가 따뜻하게 지낼 수 있다.
④ 물을 증발시켜 순환이 일어난다.
⑤ 사람이 밝은 낮에 활동할 수 있다.

4 태양계 구성원에 대한 설명으로 바른 것은 어느 것입니까? ( )

① 태양계 중심에는 달이 있다.
② 태양계의 위성은 달 한 개다.
③ 지구 주위를 도는 것을 행성이라고 한다.
④ 태양과 행성은 스스로 빛을 내는 천체이다.
⑤ 태양계는 태양, 행성, 위성, 소행성, 혜성 등으로 구성된다.

5 수성의 특징으로 바르지 않은 것은 무엇입니까? ( )

① 대기가 없다.
② 고리와 위성이 있다.
③ 태양에 가장 가까이 있다.
④ 태양계 행성 중에서 가장 작다.
⑤ 표면은 바위와 먼지로 이루어져 있다.

6 태양계를 구성하는 천체들의 의미로 바르지 않은 것은 어느 것입니까? ( )

① 위성: 태양 주위를 도는 천체
② 소행성: 태양 주위를 도는 암석체
③ 행성: 태양 주위를 도는 둥근 천체
④ 혜성: 소행성과 크기가 비슷하며, 먼지와 가스로 된 대기가 있는 천체
⑤ 태양: 태양계의 중심에 있으며 태양계에서 유일하게 스스로 빛을 내는 천체

[7~8] 지구의 반지름을 1로 보았을 때 태양계 행성의 상대적인 크기입니다.

행성	크기	행성	크기
수성	0.4	목성	11.2
금성	0.9	토성	9.4
지구	1.0	천왕성	4.0
화성	0.5	해왕성	3.9

7 태양계 행성의 크기에 대한 설명으로 바르지 <u>않은</u> 것은 무엇입니까? ( )

① 화성은 지구보다 작다.
② 토성이 천왕성보다 크다.
③ 목성이 해왕성보다 크다.
④ 지구와 크기가 비슷한 행성은 금성이다.
⑤ 지구는 상대적으로 크기가 큰 행성에 속한다.

서술형

8 행성을 지구보다 큰 행성과 작은 행성으로 분류하여 쓰시오.

지구보다 큰 행성	지구보다 작은 행성

9 지구의 크기가 반지름이 1 cm인 구슬과 같다면 목성과 크기가 비슷한 물체는 무엇입니까? ( )

① ▲ 콩   ② ▲ 야구공   ③ ▲ 구슬
④ ▲ 핸드볼공   ⑤ ▲ 축구공

[10~12] 태양에서 지구까지의 거리를 1로 보았을 때, 태양에서 행성까지의 상대적인 거리를 나타낸 표입니다.

행성	상대적인 거리	행성	상대적인 거리
수성	0.4	목성	5.2
금성	0.7	토성	9.6
지구	1.0	천왕성	19.1
화성	1.5	해왕성	30.0

10 태양에서 지구까지의 거리를 두루마리 휴지 한 칸으로 정했을 때, 가장 많은 휴지 칸 수가 필요한 행성은 무엇입니까? ( )

① 수성   ② 금성
③ 화성   ④ 천왕성
⑤ 해왕성

11 태양에서 행성까지의 거리를 비교한 것으로 바른 것은 무엇입니까? ( )

① 태양에서 가장 먼 행성은 해왕성이다.
② 태양에서 가장 가까운 행성은 금성이다.
③ 태양에서 가장 가까운 행성은 화성이다.
④ 지구에서 가장 멀리 있는 행성은 토성이다.
⑤ 목성, 토성, 천왕성, 해왕성은 수성, 금성, 지구, 화성에 비하면 상대적으로 태양 가까이에 있다.

서술형

12 태양에서 행성까지의 거리를 비교할 때 위의 표처럼 상대적인 거리로 비교하는 까닭은 무엇인지 한 가지 쓰시오.

_____

_____

13 다음을 읽고 알맞은 말을 쓰시오.

> 태양처럼 스스로 빛을 내는 천체를 (㉠)이라고 하고, 별의 무리를 구분해 이름을 붙인 것을 (㉡)라고 한다.

㉠: (   )

㉡: (   )

14 별에 대한 설명으로 바르지 <u>않은</u> 것은 어느 것입니까? (   )

① 스스로 빛을 낸다.
② 하늘에는 수많은 별이 있다.
③ 태양 빛을 반사하여 빛을 낸다.
④ 낮에는 태양 빛 때문에 별을 보기 어렵다.
⑤ 별은 항상 같은 위치에서 움직이지 않는 것처럼 보인다.

15 북쪽 하늘에서 항상 볼 수 있는 별자리를 모두 고르시오. (,   ,   )

① 북두칠성
② 사자자리
③ 백조자리
④ 작은곰자리
⑤ 카시오페이아자리

16 북두칠성과 카시오페이아자리의 모양을 각각 골라 기호를 쓰시오.

> ㉠ M자나 W자 모양
> ㉡ 국자 모양

(1) 북두칠성: (   )

(2) 카시오페이아자리: (   )

17 다음과 같이 찾을 수 있는 것은 무엇인지 쓰시오.

> 북두칠성의 국자 모양 끝부분의 별 두 개를 일직선으로 연결하고, 그 거리의 다섯 배만큼 떨어진 곳에 있는 별을 찾는다.

(   )

서술형

18 밤하늘에서 북극성이 중요한 까닭을 한 가지 쓰시오.

_____

3
단원

19 여러 날 동안 밤하늘을 관측해 천체의 위치를 유성 펜으로 표시하고, 천체의 위치를 표시한 투명 필름 세 장을 순서에 맞게 겹쳐 보는 활동을 통해 알 수 있는 것은 무엇입니까? (   )

▲ 첫째 날 초저녁   ▲ 7일 뒤 초저녁   ▲ 15일 뒤 초저녁

① 별이 밝게 빛난다.
② 밤하늘에는 많은 별이 있다.
③ 천체 하나의 위치가 달라졌다.
④ 별들이 태양 주위를 돌고 있다.
⑤ 행성은 스스로 빛을 낼 수 없다.

20 행성과 별에 대한 설명으로 바르지 <u>않은</u> 것은 무엇입니까? (   )

① 행성은 위치가 서서히 변한다.
② 행성은 스스로 빛을 낼 수 없다.
③ 별은 움직이지 않은 것처럼 보인다.
④ 별이 행성에 비해 지구에서 먼 거리에 있다.
⑤ 금성, 화성, 목성, 토성보다 별이 밝게 보인다.

1 표면의 특징에 따라 행성을 분류하였습니다. 표면을 비교하여 다른 점을 쓰시오.

구분	표면의 특징
수성, 금성, 지구, 화성	
목성, 토성, 천왕성, 해왕성	

행성 분류하기 ⑩

분류 기준: 위성이 있는가?	
위성이 있는 행성	지구, 화성, 목성, 토성, 천왕성, 해왕성
위성이 없는 행성	수성, 금성

분류 기준: 고리가 있는가?	
고리가 있는 것	목성, 토성, 천왕성, 해왕성
고리가 없는 것	수성, 금성, 지구, 화성

2 행성의 상대적인 크기를 다음과 같은 물체에 빗대어 표현하는 까닭은 무엇인지 한 가지 쓰시오.

물체	행성	물체	행성
	목성		토성
	천왕성, 해왕성		지구, 금성
	화성, 수성		

행성의 크기 비교

행성의 실제 반지름은 지구가 6378 km, 목성이 71492 km, 토성이 60268 km입니다. 너무 큰 숫자는 비교가 어려우므로 상대적인 크기를 물체에 빗대어 비교하면 좋습니다.

3 태양에서 지구까지의 거리를 1로 보았을 때 태양에서 행성까지의 상대적인 거리와 행성과 행성 사이의 거리를 나타낸 표입니다. 표를 보고 알 수 있는 특징을 두 가지 쓰시오.

행성	수성	금성	지구	화성	목성	토성	천왕성	해왕성
상대적인 거리	0.4	0.7	1.0	1.5	5.2	9.6	19.1	30.0
행성과 행성 사이의 거리		0.3	0.3	0.5	3.7	4.4	9.5	10.9

_____

_____

_____

태양에서 행성까지의 상대적인 거리

· 태양에서 행성까지의 거리가 너무 멀어 km로 표현하기에는 복잡하기 때문에 상대적인 거리로 나타냅니다.
· 실제 거리를 나타내면 거리를 쉽게 비교하기 어렵기 때문에 상대적인 거리로 나타냅니다.
· 수성, 금성, 지구, 화성은 목성, 토성, 천왕성, 해왕성에 비하면 상대적으로 태양 가까이에 있습니다.

3
단원

4 북쪽 밤하늘의 별자리입니다. 북두칠성과 카시오페이아자리를 찾아 표시하고, 북극성도 표시하시오.

(1) 위에서 카시오페이아자리를 찾아 그림에 선으로 연결하시오.
(2) 위에서 북두칠성을 찾아 그림에 선으로 연결하시오.
(3) 위에서 북극성은 어느 것인지 ○ 표 하시오.

북두칠성과 카시오페이아자리의 모양과 북극성 찾기

· 북두칠성: 국자 모양입니다.
· 카시오페이아자리: M자나 W자 모양입니다.
· 북두칠성의 국자 모양 끝부분의 두 별을 연결하고, 그 거리의 다섯 배만큼 떨어진 곳에서 북극성을 찾을 수 있습니다.
· 카시오페이아자리의 바깥쪽 두 선을 연장해 만나는 점과 중앙의 별을 연결하고, 그 거리의 다섯 배 만큼 떨어진 곳에서 북극성을 찾을 수 있습니다.

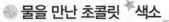
물을 만난 초콜릿 ★색소

▶준비물: 페트리 접시, 흰 종이, 물, 비커, 색깔 초콜릿

(1) 물에 퍼져 나가는 <u>초콜릿 색소 관찰하기</u> 실험1

　① 페트리 접시를 흰 종이 위에 올려놓고 물을 채웁니다.

　② 원하는 색깔의 초콜릿을 골라 물이 담긴 페트리 접시에 다양한 모양으로 올려놓습니다. └─▶ $\frac{1}{3}$ 정도의 높이까지 채웁니다.

　　┌─▶ 물에 초콜릿의 성분이 녹아 나와 끈적끈적해졌고, 물이 불투명해졌습니다.

(2) <u>물을 만난 초콜릿 색소의 변화</u>: 처음에는 물에 아무런 색깔이 없었는데, 초콜릿을 올렸을 때에는 겉에 ★<u>코팅된 색깔과 같은 색으로 물의</u> <u>색깔이 변했습니다.</u> └─▶ 초콜릿 겉면에 코팅된 색소가 물에 녹아 나왔기 때문입니다.

여러 가지 물질을 물에 넣으면 어떻게 될까요?

(1) 물에 여러 가지 가루 물질을 넣었을 때의 변화 관찰하기

　① 실험 방법

　　• 비커 세 개에 물을 각각 50 mL씩 넣습니다.

　　• 물을 넣은 각 비커에 소금, 설탕, 멸치 가루를 각각 두 숟가락씩 넣고 유리 막대로 저으면서 일어나는 변화를 관찰하여 비교합니다.

　　• 각 비커를 10분 동안 그대로 두고 일어나는 변화를 관찰하여 비교합니다.

　② 실험 결과

　　• 소금과 설탕은 뜨거나 가라앉는 것이 없습니다.

　　• 뿌옇게 흐려졌던 멸치 가루는 시간이 지날수록 물과 ★분리되어 물 위에 뜨거나 바닥에 가라앉습니다.

▲ 소금

▲ 설탕

▲ 멸치 가루

(2) 용해와 용액 탐구1

　① 용해: 소금과 설탕이 물에 녹는 것처럼 어떤 물질이 다른 물질에 녹아 골고루 섞이는 현상입니다.

　② 용액: 소금물이나 설탕물처럼 녹는 물질이 녹이는 물질에 골고루 섞여 있는 물질입니다.

　③ 용질: 소금이나 설탕처럼 녹는 물질입니다.

　④ 용매: 물처럼 녹이는 물질입니다.

실험1 물에 퍼져 나가는 초콜릿 색소 관찰하기

탐구1 **일상생활에서 볼 수 있는 용액** ┌─▶ 코코아차 등은 가라앉는 물질이 없이 모두 용해되었을 때만 용액이 됩니다.

분말주스 용액, 식초, 유리 세정제, 손 세정제, ★구강 청정제, 이온 음료 등이 있습니다.

소금이 물에 녹아 소금물이 만들어지는 현상

소금(용질)

+

물(용매)

용해

소금물(용액)

1 초콜릿을 물이 담긴 페트리 접시에 올려놓으면 초콜릿 겉면에 코팅된 색소가 ☐ 에 녹아 나옵니다.

2 초콜릿을 물이 담긴 페트리 접시에 올려놓으면 초콜릿 겉에 코팅된 색깔과 ☐☐ 색으로 물의 색깔이 변합니다.

3 소금, 설탕, 멸치 가루를 각각 물에 넣고 10분 동안 그대로 두면 ☐☐ 과 ☐☐ 은 뜨거나 가라앉는 것이 없습니다.

4 소금, 설탕, 멸치 가루를 각각 물에 넣으면 ☐ ☐☐☐ 는 물 위에 뜨거나 바닥에 가라앉습니다.

5 어떤 물질이 다른 물질에 녹아 골고루 섞이는 현상을 ☐☐ 라고 합니다.

6 녹는 물질이 녹이는 물질에 골고루 섞여 있는 물질을 ☐☐ 이라고 합니다.

7 소금이나 설탕처럼 녹는 물질을 ☐☐ 이라고 하고, 물처럼 녹이는 물질을 ☐☐ 라고 합니다.

8 이온 음료, 구강 청정제, 손 세정제, 식초 등은 ☐☐ 입니다.

용어풀이

★ **색소** 물체의 색깔을 나타나게 하는 것
★ **코팅** 물체의 겉면을 얇은 막으로 입히는 것
★ **분리** 서로 나뉘어 떨어짐.
★ **구강** 입 안

4
단원

💭 **물에 용해된 설탕은 어떻게 되었을까요?**

(1) ⭐각설탕을 물에 넣었을 때 시간에 따른 변화 (실험1)

① 각설탕을 물에 넣으면 부스러지면서 크기가 작아집니다.

② 작아진 설탕은 더 작은 크기의 설탕으로 나뉘어 물에 골고루 섞이고, 완전히 용해되어 눈에 보이지 않게 됩니다.

(2) 각설탕이 물에 용해되기 전과 용해된 후의 무게 비교하기

① 실험 방법

• 비커에 물을 80 mL 정도 넣습니다.

┌ 무게를 측정하기 전에 영점 단추를 눌러 영점을 맞춥니다.

• 물이 담긴 비커와 ⭐시약포지, 각설탕을 전자저울에 함께 올려놓고 무게를 측정합니다.

• 각설탕을 물에 넣은 뒤 용해되는 모습을 관찰하고, 각설탕이 부스러져 바닥에 깔리면 완전히 용해될 때까지 유리 막대로 젓습니다.

• 각설탕이 다 용해되면 설탕 용액이 담긴 비커와 빈 시약포지를 전자저울에 올려놓고 무게를 측정합니다.

• 각설탕이 물에 용해되기 전과 용해된 후의 무게를 비교해 봅니다.

② 각설탕이 물에 용해되기 전과 용해된 후의 무게 비교: 각설탕이 물에 용해되기 전과 용해된 후의 무게는 같습니다.

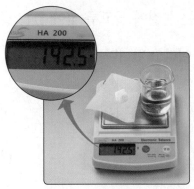

▲ 용해되기 전의 무게

▲ 용해된 후의 무게

③ 각설탕이 물에 용해되기 전과 용해된 후의 무게가 같은 까닭

• 물에 완전히 용해된 각설탕이 눈에 보이지는 않지만, 없어진 것이 아니라 매우 작게 변하여 물속에 골고루 섞여 있기 때문입니다.

• 용질이 물에 용해되면 없어지는 것이 아니라 물과 골고루 섞여 용액이 됩니다. ─ 용질이 물에 용해되기 전과 용해된 후의 무게가 같은 까닭입니다.

실험1 각설탕을 물에 넣었을 때

설탕물 증발시키기

① 실험 방법
- 100 mL 비커에 물을 20 mL 정도 담고 설탕을 되도록 많이 녹여 진한 설탕물을 만듭니다.
- 설탕물을 페트리 접시에 조금 붓고 햇빛이 잘 드는 곳에 두어 물을 ✸증발시킵니다.

② 실험 결과

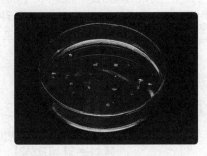

- 투명하고 끈적이는 설탕 막이 생깁니다.
- 설탕 알갱이가 일부 나타납니다.

③ 알 수 있는 사실: 설탕물을 증발시키면 끈적이는 설탕 막이 생기는 것을 통해 처음의 알갱이와 생김새는 다르더라도 물속에 용해된 설탕이 녹아 사라지지 않고 용액 속에 남아 있음을 확인할 수 있습니다.

1 각설탕을 물에 넣으면 부스러지면서 크기가 ☐☐ 아집니다.

2 각설탕이 물에 용해되기 전과 용해된 후의 무게를 측정하기 위해서는 ☐ ☐ ☐ ☐ 이 필요합니다.

3 전자저울로 무게를 측정하기 전에는 ☐ ☐ 단추를 눌러 영점을 맞춥니다.

4 각설탕이 물에 용해되기 전과 용해된 후의 무게는 ☐ ☐ ☐ ☐ .

5 각설탕이 물에 용해되기 전과 용해된 후의 무게가 같은 까닭은 물에 용해된 각설탕이 없어진 것이 아니라 매우 작게 변하여 ☐ ☐ 에 골고루 섞여 있기 때문입니다.

6 용질이 물에 용해되면 없어지는 것이 아니라 물과 골고루 섞여 ☐ ☐ 이 됩니다.

7 용질이 물에 ☐ ☐ 되기 전과 ☐ ☐ 된 후의 무게는 같습니다.

8 용질이 용해되기 전의 무게와 물을 합한 무게가 142 g이면, 용해된 후 용액의 무게는 ☐ g 입니다.

용어풀이

✸각설탕 직육면체 모양으로 만든 설탕
✸시약포지 약을 싸는 종이
✸증발 어떤 물질이 액체 상태에서 기체 상태로 변함.

4
단원

용질마다 물에 용해되는 양이 같을까요?

(1) 여러 가지 용질이 물에 용해되는 양 비교하기

① 실험 방법
- 비커 세 개에 물을 각각 50 mL씩 넣습니다.
- 각 비커에 소금, 설탕, ★베이킹 소다를 각각 한 숟가락씩 넣고 유리 막대로 저은 뒤에, 변화를 관찰하여 비교합니다.

  > • 비커의 바닥에 검정 도화지를 깔면 용질이 얼마나 녹았는지 쉽게 비교할 수 있습니다.
  > 유리 막대로 저어 용질을 다 용해한 뒤 한 숟가락씩 더 넣습니다.

- 위의 비커에 소금, 설탕, 베이킹 소다를 각각 한 숟가락씩 더 넣으면서 유리 막대로 저은 뒤에, 용해되는 양을 비교합니다.

② 물 50 mL가 든 비커 세 개에 각각 소금, 설탕, 베이킹 소다를 각각 한 숟가락씩 넣고 유리 막대로 저었을 때: 소금, 설탕, 베이킹 소다가 모두 용해되었습니다.

▲ 소금   ▲ 설탕   ▲ 베이킹 소다

(2) 물 50 mL가 든 비커 세 개에 각각 소금, 설탕, 베이킹 소다를 각각 한 숟가락씩 더 넣으면서 유리 막대로 저었을 때

① 두 숟가락을 넣었을 때: 베이킹 소다만 바닥에 가라앉았습니다.

▲ 소금   ▲ 설탕   ▲ 베이킹 소다

② 여덟 숟가락을 넣었을 때: 소금은 여덟 숟가락 넣었을 때부터 바닥에 가라앉고, 설탕은 여덟 숟가락 이상 넣었을 때에도 다 용해되었습니다.

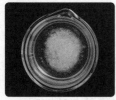

▲ 소금   ▲ 설탕

(3) 온도와 양이 같은 물에 여러 가지 용질을 넣었을 때 각 용질이 용해되는 양: 물의 온도와 양이 같아도 용질마다 용해되는 양은 서로 다릅니다. 같은 양의 여러 가지 용질을 온도와 양이 같은 물에 넣고 저었을 때, 어떤 용질은 모두 용해되고, 어떤 용질은 모두 용해되지 않고 바닥에 가라앉습니다.

탐구1 온도가 같은 물 100 mL에 소금, 설탕, 베이킹 소다를 각각 넣었을 때 각 용질이 용해되는 양

- 세 용질 모두 50 mL의 물에서보다 많은 양의 용질이 녹습니다.
- 물 100 mL에서도 물 50 mL와 같이 설탕>소금>베이킹 소다 순으로 많이 녹습니다.

탐구2 물의 양에 따라 ★백반이 물에 녹는 양 비교하기

〈실험 방법〉
- 같은 온도의 물을 비커 한 개에는 50 mL를 담고 다른 비커에는 100 mL를 담습니다.
- 백반을 약숟가락으로 각각 두 숟가락씩 넣고 유리 막대로 저은 뒤에 얼마나 녹았는지 관찰합니다.

〈실험 결과〉
물의 양이 많을수록 백반이 물에 녹는 양이 많아집니다.

〈실험을 통해 알 수 있는 사실〉
- 물의 양에 따라 물질이 물에 녹는 양은 달라집니다.
- 용질이 물에 다 녹지 않고 남아 있는 경우에는 물의 양을 조절하면 남은 용질을 모두 녹일 수 있습니다.

백반 용액을 페트리 접시에 담아 햇빛이 잘 드는 창가에 두고 며칠 동안 나타나는 변화 관찰하기

- 물이 증발하고 하얀색 알갱이가 생겼습니다.
- 물이 증발하여 물의 양이 줄어들어서 많이 녹아 있을 수 없게 된 백반이 다시 생긴 것입니다.

★포화 용액

- 용질이 어떤 온도에서 최대한 녹아 있는 상태를 '포화 상태'라고 합니다.
- 물에 소금을 넣고 계속 용해시키다 보면 처음에 빠르게 용해되다가 어느 정도 용해되면 그 빠르기가 느려집니다. 그러다가 아무리 저어도 더 이상 용해되지 않게 됩니다.
- 용질이 더 이상 용해되지 않는 가장 진한 용액을 '포화 용액'이라고 합니다.

개념을 확인해요

1 물 50 mL에 소금, 설탕, 베이킹 소다를 각각 한 숟가락씩 넣으면 소금, 설탕, 베이킹 소다가 모두 ☐☐ 됩니다.

2 물 50 mL에 소금, 설탕, 베이킹 소다를 각각 한 숟가락씩 계속 넣으면 가장 먼저 ☐☐ ☐☐☐ 가 용해되지 않고 바닥에 가라앉습니다.

3 온도가 같은 물에 소금, 설탕, 베이킹 소다를 각각 계속 넣으면 ☐☐, ☐☐, 베이킹 소다 순서로 많이 용해됩니다.

4 물 50 mL에 소금, 설탕, 베이킹 소다가 용해되는 ☐ 은 다릅니다.

5 온도가 같은 물 100 mL에 소금, 설탕, 베이킹 소다를 각각 넣으면 ☐☐ 이 가장 많이 용해됩니다.

6 온도가 같은 물 100 mL에 소금, 설탕, 베이킹 소다를 각각 넣었을 때, 각 용질이 용해되는 양은 50 mL 물에서보다 ☐☐☐☐.

7 물의 온도와 양이 같아도 ☐☐ 마다 물에 용해되는 양은 서로 다릅니다.

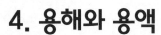

4. 용해와 용액

물의 온도가 달라지면 용질이 용해되는 양은 어떻게 될까요?

(1) 물의 온도에 따라 백반이 용해되는 양을 비교하는 실험 ★설계하기

① 실험에서 다르게 해야 할 조건

다르게 할 조건	실험 방법
물의 온도	10 ℃, 40 ℃의 물에 백반을 각각 넣는다.

② 실험에서 같게 해야 할 조건 →•물 온도 이외의 조건은 같게 해야 합니다.

같게 할 조건	실험 방법
┌•크기가 같은 약숟가락을 사용하여 백반 한 숟가락 양을 같게 합니다. 백반의 양, 물의 양	•눈금실린더로 10 ℃의 물과 40 ℃의 물을 50 mL씩 측정해 두 비커에 각각 담는다. •물에 같은 양의 백반을 넣는다.

③ 필요한 준비물: 백반 가루, 페트리 접시, 따뜻한 물, 차가운 물, 비커(100 mL) 두 개, 눈금실린더(100 mL), 온도계, 약숟가락, 유리 막대 두 개, ★보안경, 실험용 장갑 등이 필요합니다.

④ 위의 과정을 생각하며 모둠별로 실험 과정을 토의합니다. 실험1

⑤ 실험을 통해 물의 온도에 따라 백반이 용해되는 양을 알아봅니다.

(2) 물의 온도에 따라 용질이 용해되는 양 →•물의 온도에 따라 용질이 물에 용해되는 양이 달라집니다.

① 물의 온도와 용질이 용해되는 양 사이의 관계

• 일반적으로 물의 온도가 높을수록 용질이 많이 용해됩니다.

• 용질이 다 용해되지 않고 남아 있을 때 물의 온도를 높이면 용해되지 않고 남아 있던 용질을 더 많이 용해할 수 있습니다.

② 물을 붓지 않고 바닥에 가라앉아 있던 코코아 가루를 더 용해하기

• 컵에 담긴 코코아차를 전자레인지에 넣고 데워 코코아차의 온도를 높입니다.

• 물을 데워 온도를 높이면 같은 양의 물에 용해할 수 있는 코코아 가루의 양이 많아져 물에 용해되지 않고 바닥에 남아 있던 코코아 가루가 더 많이 용해됩니다.

(3) 따뜻한 물에서 모두 용해된 백반 용액이 든 비커를 얼음물에 넣기

① 온도가 낮아져 다 용해되지 못한 백반 알갱이가 다시 생겨 바닥에 가라앉습니다.

② 따뜻한 물의 온도를 낮춰 생긴 백반 알갱이는 백반 용액의 온도를 높이면 다시 용해됩니다.

물의 온도가 올라가면 물질이 잘 용해되는 까닭

- 액체의 온도란 액체를 구성하는 입자의 운동 에너지 정도를 의미합니다. 액체의 온도가 높아진다는 것은 액체 입자의 운동 에너지가 더 커진다는 의미입니다.
- 고체를 온도가 높은 액체에 넣었을 때에 액체 입자의 큰 운동 에너지 때문에 낮은 온도에서보다 액체 속에 더 많은 양의 고체가 더욱 활발히 섞입니다. 따라서 온도가 높아지면 고체의 용해도가 증가합니다.
- 용해도는 용매 100 g에 녹을 수 있는 최대의 양이며, 고체의 용해도는 고체의 종류와 온도에 따라 차이가 있습니다. 대부분의 고체는 온도가 높아질수록 용해도도 증가합니다.

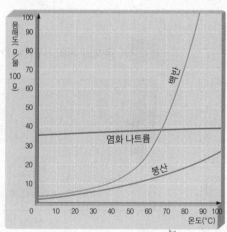

▲ 고체의 용해도 곡선

개념을 확인해요

1 물의 온도에 따라 백반이 용해되는 양을 알아보는 실험을 할 때 다르게 할 조건은 물의 ☐☐ 입니다.

2 물의 온도에 따라 백반이 용해되는 양을 알아보는 실험을 할 때 같게 할 조건은 물의 양과 ☐☐ 의 양입니다.

3 따뜻한 물과 차가운 물에 백반을 두 숟가락씩 넣었을 때 ☐☐☐ 물에서 백반이 모두 용해되었습니다.

4 물의 ☐☐ 에 따라 용질이 물에 용해되는 양이 달라집니다.

5 일반적으로 물의 온도가 ☐ 을수록 용질이 많이 용해됩니다.

6 용질이 다 용해되지 않고 남아 있을 때 물의 온도를 ☐☐☐ 용해되지 않고 남아 있던 용질을 더 많이 용해할 수 있습니다.

7 코코아 가루가 가라앉아 있는 코코아차의 온도를 ☐☐☐ 용해되지 않고 바닥에 남아 있던 코코아 가루가 더 많이 용해됩니다.

8 따뜻한 물에서 모두 용해된 백반 용액이 든 비커를 얼음물에 넣으면 온도가 낮아져 ☐☐ 알갱이가 다시 생겨 바닥에 가라앉습니다.

4

단원

4. 용해와 용액

용액의 진하기를 어떻게 비교할까요? ❶

(1) 용액의 진하기 탐구1

① 같은 양의 용매에 용해된 용질의 많고 적은 정도로 나타냅니다.

② 용매의 양이 같을 때 용해된 용질의 양이 많을수록 진한 용액입니다.

(2) 황설탕 용액의 진하기 비교하기

① 황설탕 용액의 진하기를 비교할 수 있는 방법

- 황설탕 용액은 색깔이 있으므로 용질의 양에 따라 색깔이 어떻게 다른지 비교합니다.

- 설탕 용액은 먹을 수 있는 용액이기 때문에 맛으로 비교할 수 있습니다.

- 용질이 물에 들어가면 용질의 무게만큼 무게가 늘어나므로 진하기가 다른 용액의 무게를 비교합니다.

- 용질이 더 많이 포함되므로 용액의 높이를 측정해 비교합니다.

② 실험 방법

- 비커 두 개에 각각 물을 80 mL씩 넣고, 한 비커에는 황색 각설탕 한 개, 다른 비커에는 황색 각설탕 열 개를 용해하여 진하기가 다른 용액을 만듭니다.

- 색깔, 맛, 무게, 용액의 높이 등으로 두 용액의 진하기를 비교합니다.

▲ 황색 각설탕 한 개

▲ 황색 각설탕 열 개

③ 용액의 진하기 비교하기 실험1

- **색깔로 용액의 진하기 비교하기**: 물에 포함된 용질의 양이 많을수록 색깔이 더 진합니다. → 용액이 진할수록 황설탕 용액의 색깔이 진합니다.

- **맛으로 용액의 진하기 비교하기**: 설탕 용액과 같이 맛을 볼 수 있는 경우 용액이 진할수록 단맛이 강한 특성을 이용해 용액의 진하기를 비교할 수 있습니다.

- **무게로 용액의 진하기 비교하기**: 용액이 진할수록 용액이 더 무겁습니다. → 용액이 진할수록 용질이 더 많이 포함되어 용액의 무게가 더 무겁습니다.

- **높이로 용액의 진하기 비교하기**: 용액이 진할수록 용액의 높이가 더 높습니다. → 용액이 진할수록 용질이 더 많이 포함되어 용액의 높이가 더 높아집니다.

탐구1 **사해**

- 이스라엘과 요르단에 걸쳐 있는 바다인 사해에서는 바닷물 위에 둥둥 떠서 신문을 읽는 사람을 볼 수 있습니다.

- 사해에서는 사람들이 수영을 못해도 몸이 물 위에 둥둥 뜹니다.

- 사해의 바닷물은 우리나라의 바닷물에 비해 소금이 많이 포함되어 있어 다른 바닷물에 비해 더 짜기 때문에 사람의 몸이 바닷물 위에 둥둥 뜰 수 있습니다. 사해의 경우 수면의 농도는 200‰ (퍼밀)로 일반 해수의 약 여섯 배 정도입니다.

실험1 **용액의 진하기 비교하기**

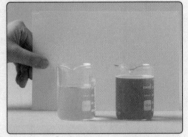

▲ 색깔로 비교하기

▲ 무게로 비교하기

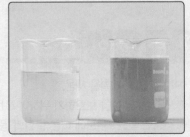

▲ 높이로 비교하기

설탕물을 이용하여 탑 쌓기

- 설탕의 양을 다르게 녹인 세 가지 설탕물을 시험관에 설탕을 많이 녹인 것부터 순서대로 천천히 넣어 탑을 쌓아 봅니다.
- 설탕물을 시험관에 넣을 때는 설탕을 많이 넣은 설탕물부터 시험관 벽을 따라 흘려 넣습니다.
- 설탕물의 진하기가 다르면 서로 쉽게 섞이지 않고, 진한 설탕물은 연한 설탕물보다 아래로 가라앉는 성질이 있습니다.
- 시험관에 설탕물을 넣는 순서

| 초록색 물감 + 물 100 mL + 설탕 마흔 숟가락 |

↓

| 노란색 물감 + 물 100 mL + 설탕 스무 숟가락 |

↓

| 빨간색 물감 + 물 100 mL + 설탕 한 숟가락 |

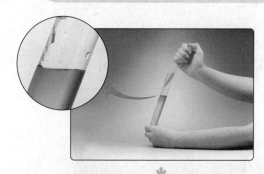

↓

개념을 확인해요

1 ☐☐ 는 염도가 매우 높아 사람들이 수영을 못해도 몸이 물 위로 둥둥 뜹니다.

2 같은 양의 용매에 용해된 용질의 많고 적은 정도를 나타낸 것이 용액의 ☐☐☐ 입니다.

3 물 80 mL에 황색 각설탕 한 개를 용해했을 때보다 황색 각설탕 열 개를 용해했을 때가 색깔이 더 ☐☐☐☐.

4 용액이 진할수록 색깔이 더 ☐ 합니다.

5 용액이 진할수록 무게가 더 ☐☐☐ ☐☐.

6 용액이 진할수록 용액의 높이가 더 ☐ 습니다.

7 황설탕 용액은 물의 온도와 양이 같을 때 물에 포함된 ☐☐ 의 양이 많을수록 색깔이 더 진합니다.

8 황설탕 용액은 단맛이 강할수록 ☐☐ 용액입니다.

4
단원

4. 용해와 용액

🔅 **용액의 진하기를 어떻게 비교할까요? ➋**

(1) 물체가 뜨는 정도로 용액의 진하기 비교하기

① 진하기가 다른 두 설탕물에 방울토마토를 넣었을 때, 용액의 진하기 와 물체가 뜨는 정도의 관계 실험1

구분	각설탕 한 개를 용해한 용액	각설탕 열 개를 용해한 용액
방울토마토의 위치	방울토마토가 바닥에 가라앉 는다.	방울토마토가 물 위로 뜬다.
용액의 진하기와 물체가 뜨는 정도	용액이 진하면 물체가 높이 뜬다.	

┌─▶ 무게로 인해 뜨는 정도에 차이가 생길 수 있기 때문입니다.
• 방울토마토는 같은 것을 이용합니다.
┌─▶ 방울토마토의 물기를 휴지로 닦아내고 다시 사용합니다.
• 방울토마토를 건져 낼 때 나무젓가락을 이용합니다.

② 생활에서 물체가 뜨는 정도로 용액의 진하기를 확인하는 예: 장을 담글 때 달걀을 띄워 달걀이 떠오르는 정도를 확인하여 진하기가 적당한 소금물을 만듭니다.

(2) 설탕물 위쪽에 떠 있는 방울토마토를 가라앉게 하는 방법: 물을 더 넣 어 용액을 묽게 만듭니다.

🔅 **용액의 진하기를 비교할 수 있는 도구 만들기** 실험2

(1) 플라스틱 스포이트를 이용하여 용액의 진하기를 비교하는 도구 만들기

① 용액의 진하기를 비교하기에 적당한 모양으로 플라스틱 ✱스포이트를 자릅 니다.

② 진하기가 다른 용액에서 플라스틱 스포 이트가 뜨거나 가라앉는 정도를 쉽게 비교하기 위해 일정한 간격으로 눈금을 표시합니다.

③ 플라스틱 스포이트의 무게와 ✱균형을 맞추기에 적당한 재료를 찾 아 진하기를 비교하는 도구를 완성합니다.

④ 만든 도구로 진하기가 다른 여러 가지 용액의 진하기를 비교합 니다.

(2) 만든 도구로 용액의 진하기 비교하기: 진한 용액일수록 진하기를 비교 하는 도구가 높이 떠오릅니다.

실험1 **진하기가 다른 두 설탕물에 방울토마토 넣기**

▲ 각설탕 한 개

▲ 각설탕 열 개

 실험2 **용액의 진하기를 비교하는 도구 만들기**

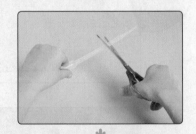

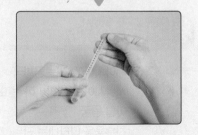

주름 빨대를 이용하여 용액의 진하기를 비교하는 도구 만들기

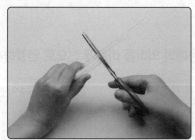

▲ 주름 빨대를 구부려 길이에 맞게 자릅니다.

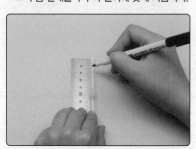

▲ 자른 주름 빨대에 눈금을 그립니다.

▲ 주름 빨대를 구부려 한쪽 끝을 고무줄로 묶습니다.

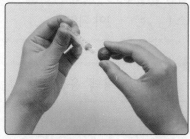

▲ 주름 빨대 끝에 고무찰흙을 붙입니다.

용어풀이

★ 스포이트   액체를 옮겨 넣을 때 쓰는 위쪽에 고무주머니가 달린 유리관
★ 균형   어느 한쪽으로 기울거나 치우치지 않은 상태

개념을 확인해요

1 물체가 뜨는 정도로 두 용액의 ☐☐☐ 를 비교할 수 있습니다.

2 각설탕 한 개와 열 개를 각각 용해한 비커에 방울토마토를 넣었을 때, 각설탕 ☐ 개를 용해한 비커에서 방울토마토가 높이 떠오릅니다.

3 색깔로 용액의 진하기를 비교할 수 없을 때 메추리알을 띄워 보면 용액이 ☐ 할수록 높이 떠오릅니다.

4 투명한 용액의 ☐☐☐ 는 물체가 그 용액에 뜨고 가라앉는 정도로 비교할 수 있습니다.

5 장을 담글 때 소금물에 달걀을 띄워 달걀이 떠오르는 정도를 확인하여 ☐☐☐ 가 적당한 소금물을 만듭니다.

6 용액의 진하기를 비교하는 도구를 만들 때 도구가 용액 속에서 기울어지지 않고 똑바로 설 수 있도록 ☐☐ 을 맞춰야 합니다.

7 용액의 진하기를 비교하는 도구를 만들 때 용액의 진하기를 쉽게 비교하기 위해 일정한 간격으로 ☐☐ 을 표시해야 합니다.

8 용액의 진하기를 비교하는 도구를 만들어 용액에 넣었을 때 ☐☐ 용액일수록 도구가 높이 떠오릅니다.

4

단원

핵심 1

물에 여러 가지 가루 물질을 넣으면 어떤 물질은 녹고, 어떤 물질은 녹지 않습니다.

1 비커 세 개에 물을 각각 50 mL씩 넣으려고 합니다. 알맞은 실험 기구는 어느 것입니까? (   )

① 수조　　　　　　② 스포이트
③ 약숟가락　　　　④ 눈금실린더
⑤ 유리 막대

2 물 50 mL에 소금과 설탕을 각각 두 숟가락씩 넣고 유리 막대로 저은 뒤 10분 동안 그대로 두었을 때의 변화로 바른 것은 어느 것입니까? (   )

① 소금이 물 위에 뜬다.
② 설탕이 바닥에 가라앉는다.
③ 소금과 설탕 모두 물에 녹는다.
④ 소금을 넣은 물이 뿌옇게 변한다.
⑤ 설탕을 넣은 물의 색깔이 변한다.

3 물 50 mL에 멸치 가루를 두 숟가락 넣고 유리 막대로 저은 뒤 10분 동안 그대로 두었을 때의 변화로 바른 것은 어느 것입니까? (   )

① 모두 물에 녹는다.
② 멸치 가루가 모두 물 위에 뜬다.
③ 멸치 가루가 사라져 보이지 않는다.
④ 물 위에 뜨거나 바닥에 가라앉는다.
⑤ 멸치 가루가 모두 바닥에 가라앉는다.

4 물에 용해되는 물질이 아닌 것은 무엇인지 보기 에서 골라 쓰시오.

보기
소금, 설탕, 멸치 가루

(   )

핵심 2

어떤 물질이 다른 물질에 녹아 골고루 섞이는 현상을 용해, 녹는 물질이 녹이는 물질에 골고루 섞여 있는 물질을 용액이라고 합니다.

5 용질, 용매의 의미를 바르게 선으로 연결하시오.

(1) 용질 •　　　• ㉠ 녹이는 물질

(2) 용매 •　　　• ㉡ 녹는 물질

6 (   ) 안에 알맞은 말을 쓰시오.

용질 + 용매 → (   )

(   )

7 분말주스를 물에 넣었더니 뜨거나 가라앉는 물질이 없었습니다. (   ) 안에 알맞은 말을 보기 에서 골라 쓰시오.

용질인 분말주스가 물에 (㉠)되어 분말주스 (㉡)이 되었다.

보기
용해 용액 용질 용매

㉠: (   )
㉡: (   )

8 다음 중 용액이 아닌 것은 무엇입니까? (   )

① 식초　　　　　　② 유리 세정제
③ 이온 음료　　　④ 미숫가루 물
⑤ 구강 청정제

각설탕이 물에 용해되기 전과 용해된 후의 무게는 같습니다.

9 각설탕을 물에 넣었을 때의 변화로 바른 것은 어느 것입니까? (   )

① 아무 변화가 없다.
② 물이 뿌옇게 변한다.
③ 부글부글 끓어오른다.
④ 각설탕의 크기가 커진다.
⑤ 각설탕의 크기가 작아지고 용해된다.

10 각설탕이 물에 용해되기 전과 용해된 후의 무게를 <, =, >로 표시하시오.

▲ 용해되기 전 무게   ▲ 용해된 후 무게

11 각설탕이 물에 용해되기 전 무게가 142 g이었습니다. 물에 용해된 후의 무게는 얼마입니까? (   )

① 120 g   ② 130 g
③ 142 g   ④ 145 g
⑤ 150 g

12 각설탕이 물에 용해되기 전과 용해된 후의 무게가 위 11번 정답과 같은 까닭은 무엇인지 쓰시오.

_____

_____

물의 온도와 양이 같아도 용질마다 물에 용해되는 양은 서로 다릅니다.

13 여러 가지 용질이 물에 용해되는 양을 비교할 때, 같게 해야 하는 조건이 아닌 것을 쓰시오.

- 용매의 양   · 용매의 온도
- 용매의 종류   · 용질의 종류

(   )

[14~15] 온도가 같은 물 50 mL에 소금, 설탕, 베이킹 소다를 넣었을 때의 결과입니다.

용질	약숟가락으로 넣은 횟수							
	1	2	3	4	5	6	7	8
소금	○	○	○	○	○	○	○	△
설탕	○	○	○	○	○	○	○	○
베이킹 소다	○	△						

※ 다 용해되면 ○표, 다 용해되지 않고 바닥에 남으면 △표

14 한 숟가락씩 넣었을 때의 변화로 바른 것은 무엇입니까? (   )

① 모두 용해되었다.
② 모두 용해되지 않았다.
③ 설탕만 용해되지 않았다.
④ 소금만 용해되지 않았다.
⑤ 베이킹 소다만 용해되지 않았다.

15 위 표를 보고 알 수 있는 점입니다. 알맞은 것에 ○표 하시오.

용질마다 물에 용해되는 양은 (같다, 다르다).

4
단원

핵심 5

물의 온도에 따라 용질이 물에 용해되는 양이 달라집니다. 일반적으로 물의 온도가 높을수록 용질이 많이 용해됩니다.

16 물의 온도에 따라 백반이 용해되는 양을 비교할 때, 다르게 해야 할 조건은 무엇인지 쓰시오.

> 물의 온도, 물의 양, 백반의 양

( )

17 따뜻한 물과 차가운 물이 담긴 비커에 같은 양의 백반을 넣고 용해된 양을 비교했을 때 백반이 더 많이 용해되는 것은 어느 것인지 쓰시오.

▲ 따뜻한 물　　　　▲ 차가운 물

( )

18 위 **17**번 정답을 통해 알 수 있는 사실은 무엇입니까?
( )

① 백반의 크기가 클수록 백반이 더 빨리 녹는다.
② 물의 양이 적을수록 백반이 더 많이 용해된다.
③ 물의 양이 많을수록 백반이 더 많이 용해된다.
④ 물의 온도가 낮을수록 백반이 더 많이 용해된다.
⑤ 물의 온도가 높을수록 백반이 더 많이 용해된다.

19 코코아 가루가 모두 용해되지 않고 컵 바닥에 가라앉았을 때, 코코아차를 데우면 코코아 가루가 물에 모두 용해되는 까닭은 무엇인지 쓰시오.

_____

핵심 6

같은 양의 용매에 용해된 용질의 많고 적은 정도를 용액의 진하기라고 합니다.

20 비커 두 개에 각각 물을 80 mL씩 넣고 한 비커에는 황색 각설탕 한 개, 다른 비커에는 황색 각설탕 열 개를 용해하였을 때, 용액의 진하기가 진한 용액은 어느 것인지 쓰시오.

> ㉠ 황색 각설탕 한 개를 용해한 용액
> ㉡ 황색 각설탕 열 개를 용해한 용액

( )

21 용액의 진하기를 눈으로 비교하였을 때, 황색 각설탕을 더 많이 용해한 용액은 어느 것인지 기호를 쓰시오.

㉠ 　㉡

( )

22 위 **21**번 황설탕 용액의 진하기를 무게로 비교하였을 때, 무게가 더 가벼운 것은 어느 것인지 기호를 쓰시오.

( )

23 황설탕 용액의 진하기를 비교할 수 있는 방법이 <u>아닌</u> 것은 무엇입니까? ( )

① 맛　　　　　　　② 색깔
③ 무게　　　　　　④ 용액의 높이
⑤ 용질의 종류

핵심 7

투명한 용액의 진하기는 용액에 어떤 물체를 넣었을 때 그 물체가 뜨고 가라앉는 정도로 비교할 수 있습니다.

24 용액에 방울토마토를 넣은 모습입니다. 더 진한 용액은 어느 것인지 기호를 쓰시오.

ⓐ

ⓑ

(   )

25 오른쪽과 같은 설탕 용액에서 메추리알을 가라앉게 하려면 어떻게 해야 하는지 한 가지 쓰시오.

_____

26 사해와 우리나라 바닷물 중 바닷물의 진하기가 더 진한 것은 어느 것인지 쓰시오.

(   )

27 장을 담글 때 소금물에 달걀을 띄우는 까닭은 무엇입니까? (   )

① 달걀의 무게를 확인하기 위해서
② 소금물의 무게를 확인하기 위해서
③ 소금물의 온도를 확인하기 위해서
④ 소금물의 진하기를 확인하기 위해서
⑤ 달걀의 익은 정도를 확인하기 위해서

핵심 8

플라스틱 스포이트에 일정한 간격으로 눈금을 표시하여 용액의 진하기를 비교합니다.

28 용액의 진하기를 비교하는 도구를 만드는 과정입니다. (   ) 안에 들어갈 말을 쓰시오.

> ㉠ 적당한 모양으로 플라스틱 스포이트를 자른다.
> ㉡ 플라스틱 스포이트에 일정한 간격으로 (   )을 표시한다.
> ㉢ 플라스틱 스포이트의 무게와 균형을 맞추기에 적당한 재료를 찾는다.

(   )

4
단원

29 플라스틱 스포이트로 만든 도구로 용액의 진하기를 비교할 때 용액의 진하기가 더 진한 것은 어느 것인지 기호를 쓰시오.

> ㉠ 도구가 비커 바닥에 닿는 경우
> ㉡ 도구가 높이 떠오른 경우

(   )

30 다음처럼 용액의 진하기를 비교할 수 있는 도구의 한쪽 끝에 고무찰흙을 붙인 까닭은 무엇인지 쓰시오.

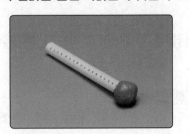

_____

1 원하는 색깔의 초콜릿을 골라 물이 담긴 페트리 접시에 다양한 모양으로 올려놓은 것입니다. (   ) 안에 알맞은 말을 쓰시오.

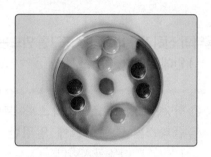

> 처음에는 물에 아무런 색깔이 없었는데, 초콜릿을 올렸을 때 겉에 코팅된 색깔과 (   ) 색으로 물의 색깔이 변한다.

(   )

2 같은 양의 소금, 설탕, 멸치 가루를 물에 넣고 저었을 때의 변화입니다. 멸치 가루를 넣은 것은 어느 것인지 기호를 쓰시오.

(   )

3 소금물을 무엇이라고 하는지 보기 에서 골라 쓰시오.

> 보기
>
> 용질, 용매, 용해, 용액

(   )

4 ^{서술형} 각설탕을 물에 넣었을 때, 각설탕의 크기는 어떻게 변하는지 쓰시오.

_____

5 각설탕이 물에 모두 용해된 후의 모습은 어느 것인지 기호를 쓰시오.

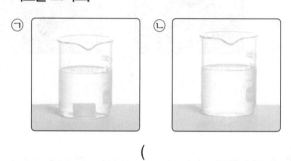

㉠   ㉡

(   )

6 각설탕이 물에 용해되기 전과 용해된 후의 무게를 측정할 때 필요한 준비물은 무엇입니까? (   )

① 자   ② 비커
③ 온도계   ④ 각설탕
⑤ 전자저울

7 ^{응용} 각설탕이 물에 용해되기 전의 무게가 다음과 같을 때 용해된 후의 무게를 짐작하여 쓰시오.

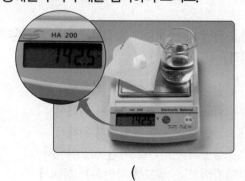

(   )

8 온도가 같은 물 50 mL에 설탕, 베이킹 소다를 두 숟가락씩 용해시켜 보았습니다. 물에 모두 용해되지 <u>않은</u> 것은 어느 것인지 쓰시오.

▲ 설탕

▲ 베이킹 소다

( )

9 위 **8**번의 실험에서 한 숟가락씩 더 넣으면서 비교했더니 설탕이 더 많이 용해되었습니다. 물 100 mL일 때 더 많이 용해되는 용질은 무엇인지 쓰시오.

( )

10 설탕이 용해되는 양이 더 많은 경우는 어느 것인지 기호를 쓰시오.

> ㉠ 온도가 같은 물 50 mL에 설탕이 용해되는 양
> ㉡ 온도가 같은 물 100 mL에 설탕이 용해되는 양

( )

11 물의 온도에 따라 백반이 용해되는 양을 비교할 때, 다르게 해야 할 조건은 무엇입니까? ( )

① 물의 양
② 물의 온도
③ 백반의 양
④ 백반의 온도
⑤ 실험을 하는 장소

12 물의 양이 같을 때 백반을 가장 많이 용해할 수 있는 물의 온도는 어느 것입니까? ( )

① 0 ℃
② 10 ℃
③ 20 ℃
④ 40 ℃
⑤ 90 ℃

중요

13 물의 온도에 따라 백반이 용해되는 양의 차이를 정리한 것입니다. ( ) 안에 알맞은 말을 쓰시오.

구분	따뜻한 물	차가운 물
같은 양의 백반을 넣고 저었을 때 용해되는 양	다 용해된다.	어느 정도 용해되다가 용해되지 않은 백반이 바닥에 남아 있다.

> 물의 온도가 ( ) 백반이 더 많이 용해된다.

( )

14 용액의 진하기가 더 진한 것은 어느 것인지 기호를 쓰시오.

> ㉠ 물 80 mL에 황색 각설탕 한 개를 용해한 것
> ㉡ 물 80 mL에 황색 각설탕 열 개를 용해한 것

( )

4단원

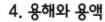
15 황색 각설탕의 개수를 다르게 용해한 것입니다. 진하기가 진한 용액은 어느 것인지 기호를 쓰시오.

㉠ ㉡

( )

18 장을 담글 때 소금물에 달걀을 띄워 달걀이 떠오르는 정도를 확인하는 까닭은 무엇인지 쓰시오.

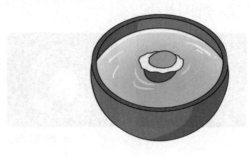

_____

_____

주의

16 위 15번 용액의 진하기를 용액의 높이로 비교하였을 때, 설명이 바른 것은 어느 것입니까? ( )

① ㉠의 높이가 더 높다.
② ㉡의 높이가 더 높다.
③ ㉠과 ㉡의 높이가 같다.
④ 용액의 높이로는 용액의 진하기를 비교할 수 없다.
⑤ 용액이 진할수록 물에 포함된 용질의 양이 적기 때문에 높이가 낮아진다.

19 다음과 같이 만든 도구로 비교하려고 하는 것은 무엇입니까? ( )

① 용액의 색깔   ② 용액의 무게
③ 용액의 부피   ④ 용액의 온도
⑤ 용액의 진하기

17 투명한 각설탕 용액에 메추리알이 뜨거나 가라앉는 정도로 무엇을 알 수 있습니까? ( )

① 용액의 색깔   ② 용액의 무게
③ 용액의 부피   ④ 용액의 온도
⑤ 용액의 진하기

20 굵은 빨대와 고무찰흙으로 만든 도구로 용액의 진하기를 비교할 때, 용액의 진하기가 더 진한 것은 어느 것인지 기호를 쓰시오.

㉠ ㉡

( )

1 원하는 색깔의 초콜릿을 골라 물이 담긴 페트리 접시에 다양한 모양으로 올려놓았을 때의 변화로 바르지 않은 것은 무엇입니까? (   )

① 물이 불투명해진다.
② 물이 끈적끈적해진다.
③ 색소가 모두 섞여 한 가지 색깔로 변한다.
④ 초콜릿 겉면에 코팅된 색소가 물에 녹아 나온다.
⑤ 초콜릿 겉면에 코팅된 색깔과 같은 색으로 물의 색깔이 변한다.

2 50 mL의 물에 소금, 설탕, 멸치 가루를 두 숟가락씩 넣었을 때의 변화를 골라 기호를 쓰시오.

┌─────────────────────────────────┐
│ ㉠ 물에 녹아 투명하다.   │
│ ㉡ 물 위에 뜨거나 가라앉고 물이 뿌옇게 변한다. │
└─────────────────────────────────┘

(1) 소금: (   )
(2) 설탕: (   )
(3) 멸치 가루: (   )

3 위 **2**번의 가루 물질 중 용액을 만들 수 없는 것은 무엇인지 쓰시오.

(   )

4 다음을 읽고 알맞은 말을 보기 에서 골라 쓰시오.

┌─ 보기 ──────────────────────────┐
│   용질, 용매, 용해, 용액   │
└─────────────────────────────────┘

(1) 소금이나 설탕처럼 녹는 물질: (   )
(2) 물처럼 녹이는 물질: (   )
(3) 어떤 물질이 다른 물질에 녹아 골고루 섞이는 현상: (   )
(4) 녹는 물질이 녹이는 물질에 골고루 섞여 있는 물질: (   )

5 용액이 아닌 것은 무엇입니까? (   )

① 식초   ② 이온 음료
③ 손 세정제   ④ 구강 청정제
⑤ 미숫가루 물

6 각설탕을 물에 넣었을 때 설탕이 완전히 용해된 모습은 어느 것인지 기호를 쓰시오.

┌─────────────────────────────────┐
│ ㉠ 설탕이 눈에 보이지 않고 투명한 설탕물만 │
│   보인다.   │
│ ㉡ 큰 각설탕이 작은 설탕으로 부스러진다.   │
│ ㉢ 작아진 설탕이 더 작은 크기의 설탕으로 나 │
│   뉜다.   │
└─────────────────────────────────┘

(   )

7 물 100 g에 소금 10 g이 완전히 용해되었을 때 소금물의 무게는 얼마입니까? (   )

① 90 g   ② 100 g
③ 110 g   ④ 120 g
⑤ 130 g

단원 **4**

서술형

8 각설탕이 물에 용해되기 전과 용해된 후의 무게를 비교하여 쓰시오.

_____

_____

[9~11] 온도가 같은 50 mL의 물에 소금, 설탕, 베이킹 소다를 한 숟가락씩 넣으면서 다 용해되면 ○표, 다 용해되지 않고 바닥에 남으면 △표를 한 것입니다.

용질	약숟가락으로 넣은 횟수							
	1	2	3	4	5	6	7	8
소금	○	○	○	○	○	○	○	△
설탕	○	○	○	○	○	○	○	○
베이킹 소다	○	△						

9 위 실험 결과 가장 많이 용해된 용질은 무엇인지 쓰시오.

(   )

10 물에 가장 적게 용해된 용질은 무엇인지 쓰시오.

(   )

11 위 실험 결과 알 수 있는 사실을 적은 것입니다. ( ) 안에 들어갈 말을 차례대로 쓰시오.

> 물의 온도와 양이 같아도 (   )마다
> (   )되는 양이 다르다.

(   )

12 물의 온도에 따라 백반이 용해되는 양을 비교하는 실험을 하는 모습으로 바르지 않은 것은 어느 것인지 기호를 쓰시오.

> ㉠ 40 ℃의 물을 준비한다.
> ㉡ 눈금실린더로 같은 양의 물을 두 비커에 각각 담는다.
> ㉢ 두 비커에 각각 백반을 두 숟가락씩 넣고 유리 막대로 젓는다.
> ㉣ 각 비커에 넣은 백반이 녹은 양을 비교한다.

(   )

13 물의 온도에 따라 백반이 용해되는 양을 비교한 실험 모습입니다. 차가운 물에 넣은 백반은 어느 것인지 기호를 쓰시오.

㉠    ㉡

(   )

중요

14 백반이 물에 다 용해되지 못하고 비커 바닥에 가라앉아 있을 때, 백반을 모두 용해하는 방법은 무엇입니까? (   )

① 비커의 물을 데운다.
③ 비커에 얼음을 넣는다.
② 비커를 냉장고에 넣는다.
④ 비커에 백반을 더 넣는다.
⑤ 비커에 식용 색소를 넣는다.

15 바닥에 가라앉아 있는 코코아 가루를 다 용해할 수 있는 방법은 무엇입니까? ( )

① 코코아차에 얼음을 넣는다.
② 코코아차를 냉장고에 넣는다.
③ 코코아차를 다른 그릇에 담는다.
④ 코코아차를 전자레인지로 데운다.
⑤ 코코아차를 유리 막대로 저어 준다.

16 비커 두 개에 물 80 mL를 붓고 한 비커에는 황색 각설탕 한 개, 다른 비커에는 황색 각설탕 열 개를 용해하였습니다. 황색 각설탕 열 개를 넣은 것은 어느 것인지 기호를 쓰시오.

⊙

ⓛ

( )

서술형
17 위 **16**번 정답은 어떻게 알 수 있는지 쓰시오.

_____

_____

18 진하기가 다른 설탕물에 방울토마토를 넣었을 때 모습입니다. 용액의 진하기가 더 진한 것은 어느 것인지 기호를 쓰시오.

⊙  ⓛ

( )

4
단원

19 위 **18**번 실험에서 비커 ⊙의 방울토마토를 가라앉게 하려면 어떻게 해야 합니까? ( )

① 물을 더 넣는다.
② 설탕을 더 넣는다.
③ 유리 막대로 젓는다.
④ 물의 온도를 높인다.
⑤ 물의 온도를 낮춘다.

응용
20 오른쪽과 같이 플라스틱 스포이트를 이용하여 용액의 진하기를 비교할 수 있는 도구를 만드는 모습으로 바르지 않은 것은 어느 것입니까?
( )

① 적당한 무게를 갖게 만든다.
② 항상 물에 잘 뜨도록 가볍게 만든다.
③ 기울어지지 않고 똑바로 설 수 있도록 균형을 맞춘다.
④ 스포이트 안에 물질을 넣을 수 있도록 입구를 적당히 자른다.
⑤ 용액의 진하기를 쉽게 비교할 수 있도록 일정한 간격으로 눈금을 표시한다.

1 소금, 설탕, 멸치 가루를 두 숟가락씩 물 50 mL에 넣고 저었을 때의 변화로 바르지 <u>않은</u> 것은 무엇입니까? (   )

① 소금 – 물에 녹는다.
② 설탕 – 물에 녹는다.
③ 멸치 가루 – 물과 섞여 뿌옇게 변한다.
④ 멸치 가루 – 시간이 지나면 물에 녹아 투명해진다.
⑤ 소금 – 시간이 지나도 뜨거나 가라앉는 것이 없다.

2 다음은 소금물이 만들어지는 과정입니다. ㉠~㉣에 용질, 용매, 용해, 용액을 바르게 쓰시오.

소금(㉠)   +   물(㉡)   ⬆㉢   소금물(㉣)

㉠: (   )
㉡: (   )
㉢: (   )
㉣: (   )

서술형

3 다음은 일상생활에서 볼 수 있는 용액입니다. 용액의 뜻을 쓰시오.

> 구강 청정제, 손 세정제, 이온 음료, 식초

_____

_____

4 각설탕이 물에 용해되기 전과 용해된 후의 무게를 측정하기 전에 해야 할 일은 무엇입니까? (   )

① 전자저울의 영점을 맞춘다.
② 각설탕의 무게를 측정한다.
③ 물이 담긴 비커의 무게를 측정한다.
④ 비커와 시약포지의 무게를 측정한다.
⑤ 설탕물이 담긴 비커의 무게를 측정한다.

5 물 100 g에 소금 20 g을 넣어서 완전히 녹이면 소금물의 무게는 얼마입니까? (   )

① 80 g   ② 100 g
③ 120 g   ④ 140 g
⑤ 160 g

6 설탕이 물에 용해된 후에 눈에 보이지 <u>않는</u> 까닭은 무엇입니까? (   )

① 설탕이 없어졌기 때문에
② 물이 증발하였기 때문에
③ 설탕의 성질이 변했기 때문에
④ 설탕의 알갱이가 커졌기 때문에
⑤ 설탕이 매우 작게 변해 물속에 골고루 섞여 있기 때문에

7 다음을 읽고 (   ) 안에 알맞은 말을 쓰시오.

> 용질이 물에 용해되면 없어지는 것이 아니라 물과 골고루 섞여서 (   )이 된다.

(   )

[8~10] 온도와 양이 같은 물 50 mL에 소금, 설탕, 베이킹 소다를 한 숟가락씩 더 넣으면서 유리 막대로 저어 다 용해되면 ○표, 다 용해되지 않으면 △표를 한 것입니다.

㉠	약숟가락으로 넣은 횟수							
	1	2	3	4	5	6	7	8
소금	○	○	○	○	○	○	○	△
설탕	○	○	○	○	○	○	○	○
베이킹 소다	○	△						

8 위 실험 결과를 나타낸 표에서 ㉠에 들어갈 말을 쓰시오.

( )

9 위 실험 결과를 나타낸 표를 보고 알 수 있는 사실은 무엇입니까? (   )

① 용질마다 용해되는 양이 같다.
② 용질마다 용해되는 양이 다르다.
③ 용매의 양에 따라 용해되는 용질의 양이 다르다.
④ 용매의 종류에 따라 용해되는 용질의 양이 다르다.
⑤ 용매의 온도에 따라 용해되는 용질의 양이 다르다.

10 위 실험과 같은 방법으로 온도와 양이 같은 물 100 mL에 소금, 설탕, 베이킹 소다를 넣었을 때, 용해되는 양이 가장 많은 용질은 무엇인지 쓰시오.

( )

11 코코아차를 데워 컵 바닥에 남아 있던 코코아 가루를 모두 용해하였을 때 용해에 이용한 방법은 무엇입니까? (   )

① 용매의 양을 늘렸다.
② 용질의 양을 늘렸다.
③ 용매의 종류를 바꿨다.
④ 용매의 온도를 높여 주었다.
⑤ 용질의 알갱이 크기를 작게 하였다.

12 다음 탐구 활동을 알아보기 위한 실험 방법으로 바르지 <u>않은</u> 것은 무엇인지 기호를 쓰시오.

탐구 활동: 물의 온도에 따라 백반이 용해되는 양

> ㉠ 10 ℃와 40 ℃의 물을 준비한다.
> ㉡ 눈금실린더로 50 mL씩 측정해 두 비커에 각각 담는다.
> ㉢ 10 ℃의 물에는 백반을 두 숟가락 넣고 40 ℃의 물에는 백반을 한 숟가락 넣은 뒤 유리 막대로 젓는다.
> ㉣ 각 비커에 넣은 백반이 녹은 양을 비교한다.

( )

4 단원

13 물이 담긴 비커에 백반을 넣고 충분히 저어 주어도 다 용해되지 않았을 때, 남은 백반을 모두 용해할 수 있는 방법은 어느 것입니까? (   )

① 백반 용액을 큰 비커에 담는다.
② 물을 덜어 내고 백반을 더 넣는다.
③ 알갱이의 크기가 큰 백반을 더 넣는다.
④ 백반 용액을 유리 막대로 더 빠르게 젓는다.
⑤ 백반 용액이 든 비커를 알코올램프로 가열한다.

14 따뜻한 물에서 모두 용해된 백반 용액이 든 비커에서 백반 알갱이가 다시 생기도록 하려면 어떻게 해야 합니까? (   )

① 비커를 흔든다.
② 비커를 얼음물에 넣는다.
③ 유리 막대로 천천히 저어 준다.
④ 알코올램프로 비커를 가열한다.
⑤ 크기가 작은 비커에 다시 담는다.

15 다음과 같은 황설탕 용액은 어떤 겉보기 특성을 이용해 용액의 진하기를 비교할 수 있는지 모두 고르시오.

(,)

① 맛   ② 색깔
③ 길이   ④ 촉감
⑤ 냄새

서술형

16 다음과 같이 사해에서 사람이 가만히 있어도 물에 뜨는 까닭을 용액의 진하기와 관련하여 쓰시오.

_____

17 물체가 물에 뜨는 정도로 두 용액의 진하기를 비교하는 실험 방법으로 바르지 <u>않은</u> 것을 골라 기호를 쓰시오.

> ㉠ 비커 두 개에 물을 200 mL씩 넣는다.
> ㉡ 각설탕 한 개를 넣은 비커와 각설탕 열 개를 넣은 비커에 각각 동시에 방울토마토를 넣는다.
> ㉢ 방울토마토가 용액에서 뜨는 정도를 비교한다.

( )

18 각설탕 한 개를 용해한 비커에 메추리알을 넣었을 때 모습입니다. 메추리알을 설탕물 위쪽으로 떠오르게 하려면 어떻게 해야 합니까? ( )

① 물을 더 넣는다.
② 물을 조금 버린다.
③ 각설탕을 더 넣는다.
④ 메추리알을 두 개 넣는다.
⑤ 뜨거운 물을 넣어 물의 온도를 높여 준다.

19 용액의 진하기는 같은 양의 물에 용질이 녹아 있는 정도로 5 %는 용액 100 g 속에 5 g의 용질이 녹아 있는 것입니다. 10 %는 용액 100 g 속에 몇 g의 용질이 녹아 있는 것입니까? ( )

① 2 g   ② 4 g
③ 6 g   ④ 8 g
⑤ 10 g

20 용액의 진하기를 비교하는 도구를 만들 때, 진하기가 서로 다른 용액에서 플라스틱 스포이트가 뜨거나 가라앉는 정도를 쉽게 비교하기 위해서는 어떻게 해야 합니까? ( )

① 가볍게 만든다.
② 길이를 길게 만든다.
③ 입구를 좁게 만든다.
④ 일정한 간격으로 눈금을 표시한다.
⑤ 스포이트 안에는 아무것도 넣지 않는다.

[1~3] 물에 소금, 설탕, 멸치 가루를 두 숟가락씩 넣고 유리 막대로 저었을 때 나타나는 변화입니다.

▲ 소금　　　▲ 설탕　　　▲ 멸치 가루

1 위 실험의 결과로 바른 것은 무엇입니까? (　　　)

① 모두 물에 녹는다.
② 소금과 설탕을 녹인 물은 뿌옇다.
③ 멸치 가루가 모두 녹는 데 시간이 오래 걸린다.
④ 멸치 가루를 넣은 물은 시간이 지날수록 멸치 가루와 물이 분리된다.
⑤ 소금과 설탕을 녹인 물을 가만히 두면 다시 알갱이가 생긴다.

2 위 실험 결과 용액이 아닌 것은 어느 것을 넣은 것인지 쓰시오.

(　　　　　　)

3 위 **2**번 정답 물질을 물에 넣었을 때, 용액이 아닌 까닭을 쓰시오.

_____

_____

4 다음과 같이 설탕이 변하는 모습은 무엇을 나타낸 것인지 쓰시오.

(　　　　　　)

5 물 100 g에 설탕 40 g을 녹이면 설탕물의 무게는 얼마입니까? (　　　)

① 135 g　　　② 140 g
③ 145 g　　　④ 150 g
⑤ 155 g

6 물에 각설탕을 넣고 용해되기 전과 용해된 후의 무게를 측정했을 때 알 수 있는 사실은 무엇입니까?

(　　　)

① 설탕물은 용액이 아니다.
② 각설탕이 물에 녹으면 없어진다.
③ 각설탕은 물에 녹아 물속에 골고루 섞여 있다.
④ 각설탕이 많이 용해될수록 물의 높이가 낮아진다.
⑤ 각설탕이 많이 용해될수록 각설탕이 없어져 단맛이 약해진다.

7 우리 생활에서 볼 수 있는 용해 현상으로 알맞지 않은 것은 무엇입니까? (　　　)

① 물에 각설탕을 다 녹인다.
② 소금으로 국의 간을 맞춘다.
③ 분말주스를 녹여 주스를 만든다.
④ 물과 딸기를 갈아 딸기 주스를 만든다.
⑤ 물에 코코아 가루를 넣어 코코아차를 만든다.

4
단원

8 온도와 양이 같은 물 50 mL에 소금, 설탕, 베이킹 소다를 한 숟가락씩 넣으면서 유리 막대로 저어 다 용해되면 ○표, 용해되지 않고 바닥에 남으면 △표를 한 것입니다. ㉠, ㉡, ㉢에 알맞은 용질을 쓰시오.

용질	약숟가락으로 넣은 횟수							
	1	2	3	4	5	6	7	8
㉠	○	○	○	○	○	○	○	△
㉡	○	○	○	○	○	○	○	○
㉢	○	△						

㉠: (　　　　　　　　　)

㉡: (　　　　　　　　　)

㉢: (　　　　　　　　　)

9 위 **8**번 실험을 물 100 mL에서 똑같이 하였을 때 물에 용해되는 양이 많은 용질부터 순서대로 쓰시오.

(　　　　　) > (　　　　　) > (　　　　　)

10 온도와 양이 같은 물에 여러 가지 용질을 넣었을 때 각 용질이 용해되는 양에 대해 바르게 말한 친구는 누구입니까? (　　　　)

① 지안: 용질마다 물에 용해되는 양이 같아.

② 아현: 용질마다 물에 용해되는 양은 달라.

③ 민성: 용질의 맛이 짤수록 물에 용해되는 양이 많아져.

④ 효준: 용질을 물에 빨리 넣을수록 물에 용해되는 양이 많아져.

⑤ 소은: 용질의 알갱이 크기가 클수록 물에 용해되는 양이 많아.

11 백반이 용해되는 양을 알아보는 실험 조건입니다. 실험 조건을 보고 실험에서 알고자 하는 것은 무엇인지 (　) 안에 알맞은 말을 고르시오. (　　　　)

실험에서 알고자 하는 것: (　　　　)에 따라 백반이 용해되는 양	
다르게 할 조건	같게 할 조건
물의 온도	백반의 양, 물의 양

① 물의 양　　　　② 실험 장소

③ 물의 색깔　　　④ 물의 온도

⑤ 백반의 양

12 물의 양이 같을 때 백반이 용해된 양이 가장 많은 것은 어느 경우인지 기호를 쓰시오.

㉠ 물 10 ℃에 백반을 넣었을 때

㉡ 물 40 ℃에 백반을 넣었을 때

㉢ 물 60 ℃에 백반을 넣었을 때

(　　　　　　　　　)

서술형

13 코코아차의 바닥에 가라앉아 있던 코코아 가루를 다 용해하기 위해서 전자레인지에 넣어 데웠더니 바닥에 남아 있던 코코아 가루가 모두 용해되었습니다. 이를 통해 알 수 있는 사실을 '용질', '용해'의 용어를 사용하여 쓰시오.

14 따뜻한 물에서 모두 용해된 백반 용액이 든 비커를 얼음물에 넣으면 어떻게 됩니까? (　　　　)

① 백반 용액이 언다.

② 백반 용액의 색깔이 변한다.

③ 백반 용액이 뿌옇게 흐려진다.

④ 백반 알갱이가 바닥에 가라앉는다.

⑤ 바닥에 가라앉아 있던 백반 알갱이가 모두 용해된다.

15 물 80 mL에 황색 각설탕 한 개와 황색 각설탕 열 개를 용해한 것입니다. 용액의 진하기가 더 진한 것은 어느 것인지 기호를 쓰시오.

⊙  ⓛ

( )

16 황색 각설탕 용액의 진하기를 비교할 수 있는 방법이 아닌 것은 무엇입니까? ( )

① 맛 ② 색깔
③ 무게 ④ 냄새
⑤ 용액의 높이

17 다음은 물체가 뜨는 정도로 두 용액의 진하기를 비교하는 실험입니다. ( ) 안에 들어갈 물체로 알맞지 않은 것은 무엇입니까? ( )

- 비커 두 개에 각각 물을 200 mL씩 넣는다.
- 한 비커에는 각설탕 한 개를 넣고, 다른 비커에는 각설탕 열 개를 넣는다.
- 각설탕 한 개를 용해한 비커에 ( )를 넣고 용액에서 뜨는 정도를 관찰한다.
- 나무젓가락으로 ( )를 꺼내 휴지로 잘 닦은 뒤, 각설탕 열 개를 용해한 비커에 넣고 용액에서 뜨는 정도를 관찰한다.

① 포도 ② 메추리알
③ 방울토마토 ④ 스타이로폼

18 용액의 진하기를 비교하기 위해 설탕물에 메추리알을 넣은 모습입니다. 설탕물의 위쪽에 있는 메추리알을 가라앉게 하기 위해서는 어떻게 해야 합니까?
( )

① 물을 더 넣는다.
② 냉동실에 넣는다.
③ 각설탕을 더 넣는다.
④ 전자레인지에 넣고 데운다.
⑤ 설탕물을 다른 그릇에 다시 옮겨 담는다.

19 다음처럼 만든 도구로 비교하려고 하는 것은 무엇입니까? ( )

① 용액의 맛 ② 용액의 색깔
③ 용액의 무게 ④ 용액의 높이
⑤ 용액의 진하기

서술형

20 위 **19**번 도구로 두 용액의 진하기를 비교할 때 두 용액에서 도구가 모두 떠올랐습니다. 보완할 점을 한 가지 쓰시오.

_____

_____

1 용질, 용매, 용해, 용액의 뜻을 쓰시오.

용질	
용매	
용해	
용액	

소금을 물에 녹여 소금물 만들기

2 각설탕이 물에 용해되기 전과 용해된 후의 무게를 측정하는 모습입니다. 각설탕이 물에 용해되기 전과 용해된 후의 무게를 비교하여 쓰고, 무게가 실험 결과와 같이 나타난 까닭을 쓰시오.

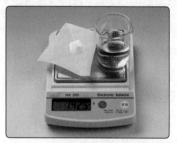

▲ 각설탕이 물에 용해되기 전

용해 →

▲ 각설탕이 물에 용해된 후

(1) 각설탕이 물에 용해되기 전과 물에 용해된 후의 무게 비교:

_____

(2) 각설탕이 물에 용해되기 전과 용해된 후의 무게가 실험 결과와 같이

나타난 까닭:

_____

각설탕을 물에 넣었을 때 시간에 따른 변화

- 각설탕을 물에 넣으면 부스러지면서 크기가 작아집니다.
- 작아진 설탕은 더 작은 크기의 설탕으로 나뉘어 물에 골고루 섞이고, 완전히 용해되어 눈에 보이지 않게 됩니다.

▲ 각설탕이 물에 용해되는 모습

3 온도와 양이 같은 물에 소금, 설탕, 베이킹 소다를 두 숟가락, 여덟 숟가락씩 넣은 모습입니다. 용질이 용해되는 양이 많은 것부터 순서대로 쓰고, 온도와 양이 같은 물에 여러 가지 용질을 넣었을 때 각 용질이 용해되는 양은 어떠한지 쓰시오.

두 숟가락

▲ 소금

▲ 설탕

▲ 베이킹 소다

여덟 숟가락

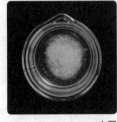
▲ 소금

▲ 설탕

(1) 용질이 용해되는 양: _____

(2) 온도와 양이 같은 물에서 각 용질이 용해되는 양 비교: _____

4 메추리알을 물에 띄워 용액의 진하기를 비교할 때, 메추리알의 위치를 뜨는 것과 가라앉은 것으로 그려서 표시하시오.

▲ 각설탕 한 개

▲ 각설탕 열 개

여러 가지 물질이 물에 용해되는 양 비교하기

• 온도와 양이 같은 물에 소금, 설탕, 베이킹 소다를 한 숟가락씩 넣으면 소금, 설탕, 베이킹 소다가 모두 용해되었습니다.
• 온도와 양이 같은 물에 소금, 설탕, 베이킹 소다를 한 숟가락씩 계속 넣으면 베이킹 소다는 두 숟가락 넣었을 때부터 가라앉고, 소금은 여덟 숟가락 넣었을 때부터 바닥에 가라앉습니다.
• 설탕은 여덟 숟가락 이상 넣었을 때에도 다 용해됩니다.

4
단원

물체가 뜨는 정도로 두 용액의 진하기 비교하기

• 색깔이나 맛으로 구별할 수 없는 투명한 용액의 진하기는 어떤 물체를 넣었을 때 그 물체가 용액에 뜨고 가라앉는 정도로 비교할 수 있습니다.
• 방울토마토나 메추리알을 띄워 보면 용액이 진할수록 물체가 높이 떠오릅니다.

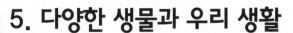

5. 다양한 생물과 우리 생활

우리 주변의 다양한 생물 알아보기

(1) 같은 생물 찾기 놀이의 규칙　→ 카드를 미리 보는 것은 반칙입니다.
　① 카드를 낼 때에는 반드시 바깥쪽으로 뒤집어야 합니다.
　② 종은 모든 학생들과 거리가 같게 가운데에 놓습니다.

(2) 같은 생물 찾기 놀이에서 생물 분류하기
　① 동물: 까치, 토끼, 붕어 등이 있습니다.
　② 식물: 검정말, 토끼풀, 강아지풀 등이 있습니다.
　③ 동물과 식물로 분류되지 않는 생물: 버섯, 곰팡이, 짚신벌레, 해캄,
　　세균 등이 있습니다.

(3) 같은 생물 찾기 놀이로 알게 된 점: 동물과 식물로 분류되지 않는 다른
　생물이 있다는 것을 알 수 있었습니다.

곰팡이와 버섯에는 어떤 특징이 있을까요?

(1) 곰팡이와 버섯을 맨눈과 돋보기로 관찰한 결과

구분		곰팡이	버섯
관찰 결과	모습		
	맨눈	푸른색, 하얀색, 검은색 등의 곰팡이가 보이지만 정확한 모습을 알 수 없다.	버섯의 윗부분은 갈색이고, 아랫부분은 하얗다. → 손으로 누르면 쉽게 들어갑니다.
	돋보기	가는 선이 보이고 작은 알갱이들이 있다.	버섯 윗부분의 안쪽에는 주름이 많다.

→ 곰팡이처럼 작은 생물은 돋보기나 실체 현미경을 사용하여 자세히 볼 수 있습니다.

(2) 실체 현미경으로 관찰한 결과　 탐구2

곰팡이	• 푸른색, 노란색, 검은색 등 여러 가지 색깔의 알갱이가 보인다. • 식빵 전체에 가느다란 실처럼 생긴 선이 퍼져 있다.
버섯	• 버섯 윗부분의 안쪽에 주름이 많고 깊게 파여 있다. • 버섯은 보통 식물에 있는 줄기와 잎 같은 모양을 볼 수 없다.

탐구1　실체 현미경의 각 부분 이름과 하는 일

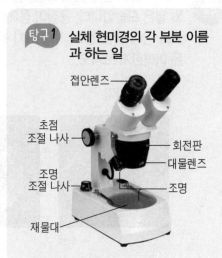

접안렌즈 —
초점 조절 나사 —
회전판
대물렌즈
조명 조절 나사
조명
재물대

• 접안렌즈: 눈으로 보는 렌즈
• 대물렌즈: 물체의 상을 확대해 주는 렌즈
• 재물대: 관찰 대상을 올려놓는 곳
• 회전판: 대물렌즈의 배율을 조절하는 나사
• 초점 조절 나사: 대상에 초점을 정확히 맞출 때 사용하는 나사
• 조명 조절 나사: 조명을 켜고 끄며 밝기를 조절하는 나사

탐구2　곰팡이와 버섯을 실체 현미경으로 관찰하기

① 곰팡이
• 회전판을 돌려 대물렌즈의 배율을 가장 낮게 하고, 곰팡이를 재물대 위에 올립니다.　→ 먼저 낮은 배율로 관찰하는 까닭은 물체의 전체 모습을 쉽게 찾을 수 있기 때문입니다.
• 전원을 켜고 조명 조정 나사로 빛의 양을 조절합니다.
• 초점 조절 나사로 대물렌즈를 곰팡이에 최대한 가깝게 내립니다.
• 접안렌즈로 곰팡이를 보면서 대물렌즈를 천천히 올려 초점을 맞추어 관찰합니다.
• 대물렌즈의 배율을 높이고 초점 조절 나사로 초점을 맞추어 관찰합니다.

② 버섯
• 버섯을 칼로 잘라 재물대에 올려놓습니다.
• 접안렌즈로 버섯을 보면서 초점 조절 나사로 초점을 맞춥니다.

균류와 식물의 공통점과 차이점

① 공통점
- 자라고 번식을 합니다.
- 생물입니다.
- 살아가는 데 물과 공기 등이 필요합니다.

② 차이점

균류	• 포자로 번식한다. • 균사로 이루어져 있다. • 다른 생물이나 죽은 생물, 물체 등에 붙어서 살아간다. • 햇빛을 좋아하지 않는다. • 색깔이 다양하다. • 줄기, 잎과 같은 모양이 없다. • 보통의 식물보다 작은 편이다.
식물	• 주로 꽃이 피고 씨로 번식한다. • 뿌리, 줄기, 잎 등이 있다. • 대부분 햇빛을 이용해 ★광합성을 하여 스스로 영양분을 만든다. • 균류에 비해 큰 편이다. • 주로 땅에 뿌리를 내리고 산다. • 잎의 색깔은 대부분 초록색이다.

용어풀이

★ 초점 렌즈에서 빛이 한곳으로 모이는 점
★ 균사 버섯과 곰팡이의 몸을 이루고 있는 가는 실
★ 광합성 식물이 빛을 이용하여 스스로 양분을 만드는 것

개념을 확인해요

1 같은 생물 찾기 놀이에서 까치, 토끼는 ☐☐, 토끼풀, 강아지풀은 ☐☐, 버섯, 곰팡이는 동물과 식물로 분류되지 않는 생물로 분류합니다.

2 곰팡이와 버섯을 맨눈으로 관찰하면 ☐☐☐는 푸른색, 검은색, 하얀색 등이 보이고, ☐☐의 윗부분은 갈색이고, 아랫부분은 하얗습니다.

3 곰팡이와 버섯을 더 자세히 관찰하기 위한 도구로 ☐☐☐☐☐이 필요합니다.

4 실체 현미경으로 곰팡이와 버섯을 관찰할 때는 ☐☐☐ 위에 올려놓고 관찰합니다.

5 곰팡이, 버섯과 같은 생물을 ☐☐라고 합니다.

6 균류는 거미줄처럼 가늘고 긴 모양의 ☐☐로 이루어져 있습니다.

7 균류는 ☐☐로 번식합니다.

8 곰팡이와 버섯은 주로 다른 생물이나 죽은 생물에서 ☐☐을 얻습니다.

5. 다양한 생물과 우리 생활

짚신벌레와 해캄에는 어떤 특징이 있을까요?

(1) 짚신벌레와 해캄 관찰하기

① 짚신벌레와 해캄을 맨눈과 돋보기로 관찰한 결과

짚신벌레	짚신벌레 ★영구 표본은 점으로 된 것이 보이는데 정확히 무엇인지 알 수 없다.
해캄	• 초록색이고, 가늘고 긴 실과 같은 모습이다. • 여러 가닥의 해캄이 서로 뭉쳐져 있다.

② 광학 현미경으로 관찰하기 **탐구1**

짚신벌레	• 회전판을 돌려 배율이 가장 낮은 대물렌즈가 중앙에 오도록 한다. • 전원을 켜고 조리개로 빛의 양을 조절한 뒤에 영구 표본을 재물대의 가운데 고정한다. • 옆에서 보면서 ★조동 나사로 재물대를 올려 영구 표본과 대물렌즈의 거리를 최대한 가깝게 한다. • 조동 나사로 재물대를 천천히 내리면서 접안렌즈로 짚신벌레를 찾고, 미동 나사로 짚신벌레가 뚜렷하게 보이도록 조절한다. • 대물렌즈의 배율을 높이고, 미동 나사로 초점을 맞추어 관찰한다.
해캄	• 해캄 표본을 만든다. **탐구2** • 해캄 표본을 재물대 위에 올려놓는다. • 접안렌즈로 보면서 조동 나사와 미동 나사로 초점을 맞춘다.

③ 짚신벌레 영구 표본과 해캄 표본을 관찰한 결과

짚신벌레	• 길쭉한 모양이고, 바깥쪽에 가는 털이 있다. • 안쪽에는 여러 가지 다른 모양이 보인다. • 짚신과 모양이 비슷하다.
해캄	┌─ 이 알갱이 때문에 해캄이 초록색으로 보입니다. • 선명한 초록색의 알갱이들이 사선 모양으로 연결되어 있다. • 한 줄로 늘어선 선명한 초록색 알갱이들이 보인다. • 원기둥 모양이고, 대나무와 같이 마디가 있다.

┌─ 해캄은 보통 식물이 가지고 있는 뿌리, 줄기, 잎 등의 특징, 짚신벌레는 동물이 갖고 있는 감각 기관을 가지고 있지 않습니다.

(2) **짚신벌레와 해캄의 공통점**

① 짚신벌레와 해캄은 동물, 식물, 균류, 세균에 속하지 않는 **원생생물**입니다.

② 주로 논, 연못과 같이 물이 고인 곳이나 도랑, 하천과 같이 물살이 느린 곳에서 삽니다.

③ 빠른 시간 안에 많은 수로 늘어납니다.

탐구1 광학 현미경

접안렌즈
회전판
재물대
조리개
조명
대물렌즈
조동 나사
미동 나사

• 광학 현미경: 생물이나 물체를 자세히 보기 위해서 표본을 만들어 관찰하는 현미경입니다.
• 현미경 배율은 접안렌즈 배율×대물렌즈 배율입니다.
• 접안렌즈가 10배, 대물렌즈가 4배라면 물체를 40배로 확대해 관찰할 수 있습니다.

탐구2 해캄 표본 만들기

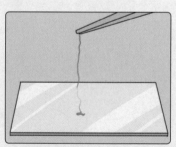

▲ 해캄을 겹치지 않게 잘 펴서 받침 유리 위에 올려놓습니다.

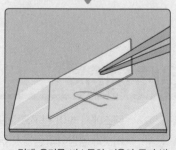

▲ 덮개 유리를 비스듬히 기울여 공기 방울이 생기지 않도록 천천히 덮습니다.

우리 주변에 살고 있는 원생 생물의 특징

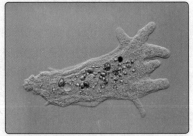

▲ 아메바: 일정한 모양이 없고 몸 안에는 여러 다른 소기관들이 보이지만 단순한 모양입니다.

▲ 종벌레: 종 모양으로 어디에 붙어서 사는 것 같고 단순한 모양입니다.

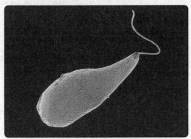

▲ 유글레나: 몸속은 해캄과 같이 초록색의 알갱이들이 가득 차 있고 단순한 모양을 하고 있으며, 짚신벌레와 같이 짧은 털은 없지만 긴 꼬리가 달려 있습니다.

개념을 확인해요

1 짚신벌레와 해캄 중 눈으로 보았을 때 점으로 보이는 것은 ☐☐☐☐ 입니다.

2 짚신벌레와 해캄 중 초록색이고 가늘고 긴 실과 같은 모습은 ☐☐ 입니다.

3 짚신벌레처럼 작은 생물은 표본을 만들어 ☐☐☐☐☐ 을 사용하여 자세히 관찰할 수 있습니다.

4 짚신벌레와 해캄을 광학 현미경으로 관찰할 때 표본은 ☐☐☐ 위에 올려놓습니다.

5 짚신벌레와 해캄을 광학 현미경으로 관찰할 때 먼저 ☐☐☐☐ 로 생물을 찾고, ☐☐☐☐ 로 생물이 뚜렷하게 보이도록 조절합니다.

6 동물, 식물, 균류에 속하지 않는 생물을 ☐ ☐☐☐ 이라고 합니다.

7 짚신벌레와 해캄은 ☐☐☐☐ 입니다.

8 종벌레, 유글레나, 아메바는 동물, 식물, 균류에 속하지 않는 ☐☐☐☐ 입니다.

5. 다양한 생물과 우리 생활

세균에는 어떤 특징이 있을까요?

(1) 세균의 특징 탐구1

① 세균: 균류나 원생생물보다 크기가 더 작고 생김새가 단순한 생물입니다. ┌→ 세균은 하나의 세포이고, 크기가 0.5 μm~5 μm로 매우 작아서 맨눈으로 관찰할 수 없습니다.

② 세균의 생김새

• 공 모양, 막대 모양, ✦나선 모양 등으로 구분하며, 꼬리가 있는 세균도 있습니다. ┌→ 세균의 종류는 무수히 많고, 돌연변이도 많습니다.

• 세균은 하나씩 따로 떨어져 있거나 여러 개가 서로 연결되어 있기도 합니다.

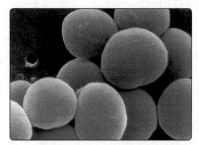

▲ 공 모양의 세균

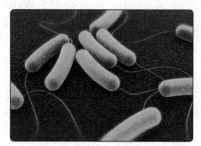

▲ 막대 모양의 세균

③ 세균이 사는 곳과 특징

세균(이름)	사는 곳	특징(생김새 등)
콜레라균	공기, 물	• 막대 모양으로 구부러져 있다. • 꼬리가 달려 있고, 이것을 이용하여 이동한다.
대장균	물, 큰창자	• 막대 모양이다.
포도상 구균	공기, 음식물, 피부	• 둥근 모양이다. • 여러 개가 연결되어 있다.
헬리코박터 파일로리	위	• 나선 모양이다. • 꼬리가 여러 개 있다.

(2) 세균의 공통점

① 맨눈으로 볼 수 없습니다.

② 땅이나 물, 다른 생물의 몸, 컴퓨터 자판이나 연필 같은 물체 등에도 삽니다. 탐구2

③ 세균은 살기에 알맞은 조건이 되면 짧은 시간 안에 많은 수로 늘어날 수 있습니다.

탐구1 세균

• 세균은 하나의 세포로 이루어진 생물로 지구상에 6만 종류 이상이 있습니다.

• 사람 몸뿐만 아니라 우리 주변에는 보이지 않지만 많은 세균이 살고 있고, 남극과 같이 추운 곳에서도 세균이 발견됩니다.

• 세균은 자신의 몸을 둘로 나누어 번식하는데, 이러한 과정이 20분 내에 이루어지기 때문에 매우 빠른 속도로 개체 수를 증가시킬 수 있습니다.

• 세균은 공기나 물, 음식 등을 통해 ✦전염되며, 사람의 몸속 어느 곳에 사는지에 따라 질병을 일으키기도 합니다.

탐구2 우리 주변에 세균이 있다는 것을 확인할 수 있는 방법

• 질병에 걸리거나 음식이 상하는 것을 보고 세균이 있다는 것을 알 수 있습니다.

• 배율이 높은 현미경으로 우리 주변의 물체나 생물의 몸을 관찰하면 세균이 있다는 것을 알 수 있습니다.

• 세균 수를 측정할 수 있는 장치를 이용하면 확인할 수 있습니다.

• 세균을 잘 자라게 하는 ✦배지를 사용하여 세균이 우리 주변에 있다는 것을 알 수 있습니다.

여러 가지 세균의 특징

- 콜레라균: 살짝 구부러진 모양이며, 한쪽 끝에 한 가닥의 편모가 있어 이를 통하여 이동할 수 있습니다. 콜레라 질병을 일으킵니다.
- 대장균: 주로 사람이나 동물의 창자에 살기 때문에 대변 등에서 발견됩니다. 여러 종류가 있으며 어떤 종류는 질병을 일으키기도 합니다.
- 살모넬라균: 사람이나 동물의 창자에 주로 살고 냉각되어도 쉽게 죽지 않습니다. 동물을 통하여 사람에게 식중독을 일으키거나, 동물에게 질병을 일으키는 등 여러 종류가 있습니다.
- 포도상 구균: 보통 음식에서 증식할 때에 독소를 생산하기 때문에 이 독소가 있는 음식을 통하여 식중독이나 여러 가지 질병을 일으킬 수 있습니다.

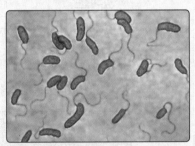

▲ 콜레라균

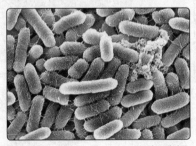

▲ 살모넬라균

용어풀이

- ✦ **나선** 물체의 겉모양이 소라 껍데기처럼 빙빙 비틀린 것
- ✦ **전염** 병이 남에게 옮음.
- ✦ **배지** 식물이나 세균 따위를 기르는 데 필요한 영양소가 들어 있는 액체나 고체

개념을 확인해요

1 균류나 원생생물보다 크기가 더 작고 생김새가 단순한 생물은 ☐☐ 입니다.

2 ☐☐ 은 주변에서 영양분을 얻고 자라며 번식합니다.

3 세균은 매우 작아서 맨눈으로 볼 수 ☐ 습니다.

4 세균은 크기가 매우 작기 때문에 배율이 매우 높은 ☐☐☐ 을 이용해야 관찰할 수 있습니다.

5 콜레라균과 대장균은 ☐☐ 모양입니다.

6 헬리코박터 파일로리는 ☐☐ 모양입니다.

7 ☐☐ 은 우리 주변의 어느 곳에서나 삽니다.

8 세균은 살기에 알맞은 조건이 되면 ☐☐ 시간 안에 많은 수로 늘어날 수 있습니다.

5. 다양한 생물과 우리 생활

다양한 생물은 우리 생활에 어떤 영향을 미칠까요?
└• 균류, 원생생물, 세균

(1) 다양한 생물이 우리 생활에 미치는 이로운 영향과 해로운 영향

① 이로운 영향 탐구1

- 균류나 세균은 된장, 치즈, 김치, 요구르트 등의 음식을 만드는 데 이용됩니다.
- 균류와 세균은 죽은 생물을 분해하여 지구의 환경을 유지하는 데 도움을 줍니다.
- 유산균과 같은 우리 몸에 이로운 세균은 해로운 세균으로부터 건강을 지켜 줍니다.
- 원생생물은 주로 다른 생물의 먹이가 되거나 생물이 사는 데 필요한 산소를 만들기도 한다. 탐구2

▲ 된장을 만드는 데 활용되는 균류　　▲ 요구르트를 만드는 데 활용되는 세균

② 해로운 영향 탐구3

- 일부 곰팡이와 세균은 음식을 상하게 합니다.
- 일부 곰팡이와 세균은 집과 가구 같은 물건을 못 쓰게 만듭니다.
- 일부 곰팡이와 세균은 다른 생물에게 여러 가지 질병을 일으킵니다.
- 일부 균류는 먹으면 생명이 위험할 수 있습니다.

(2) 곰팡이나 세균이 사라졌을 때 우리 생활의 변화

① 음식이나 물건 등이 상하지 않습니다.
② 우리 주변이 죽은 생물이나 배설물로 가득차게 됩니다.
③ 김치, 된장, 요구르트 등의 음식을 만들 수 없습니다.
④ 사람이나 동물은 먹은 음식을 잘 소화하지 못하게 되거나 면역력이 약해집니다.

탐구1 **다양한 생물이 음식에 끼치는 이로운 영향**

음식	영향을 끼치는 생물
맥주, 와인	★효모
된장, 간장	곰팡이, 효모, 세균
식초	곰팡이, 효모, 세균
빵	효모
젓갈류	세균
치즈	세균, 곰팡이
요구르트	세균
청국장	세균

탐구2 **산소를 만드는 원생생물**

탐구3 **발효와 부패의 차이**

- 일반적으로 발효와 부패는 ★미생물이 ★유기물을 분해시켜 다른 성질로 변하게 한다는 점이 같습니다.
- 발효로 만들어진 물질은 향이 좋고 사람이 먹을 수 있는 맛과 영양가를 지닙니다.
- 부패로 생긴 물질은 악취와 ★식중독을 일으켜 사람이 먹을 수 없습니다.

건강을 지키는 창자 속 세균

- 사람의 창자 속에는 1000가지가 넘는 세균이 있습니다. 이 중에는 질병을 일으키는 세균도 있지만 유산균과 같이 건강을 유지하는 데 도움을 주는 세균도 있습니다.
- 유산균은 창자 속에 살면서 우리 몸에 해로운 세균을 물리치는 성질이 있어 건강을 유지하는 데 도움을 주는 이로운 세균입니다.
- 유산균은 음식물의 소화를 도와 주고 변비를 예방합니다. 그리고 몸을 건강하게 유지하는 데 도움을 주어 다른 질병을 예방하는 효과도 있습니다.
- 건강에 도움을 주는 유산균이 창자 속에 많이 살도록 하기 위해서는 유산균의 먹이가 되는 과일이나 채소를 먹거나 운동을 합니다. 그리고 유산균이 들어 있는 김치나 요구르트를 먹습니다.

용어풀이

- ✹ **효모** 빵, 맥주, 포도주 등을 만드는 데 사용되는 미생물
- ✹ **미생물** 생물체 가운데 가장 작은 것
- ✹ **유기물** 동물, 식물 등의 생명체를 이루고 있는 물질
- ✹ **식중독** 오염된 음식을 섭취하여 발생하는 질병

개념을 확인해요

1 된장을 만드는 데 활용되는 균류는 생물이 우리 생활에 미치는 ☐☐☐ 영향입니다.

2 해캄과 같은 ☐☐☐☐ 은 생물이 사는 데 필요한 산소를 만듭니다.

3 균류와 세균은 죽은 생물을 ☐☐ 하여 지구의 환경을 유지하는 데 도움을 줍니다.

4 장염을 일으키는 세균은 생물이 우리 생활에 미치는 ☐☐☐ 영향입니다.

5 일부 ☐☐☐ 와 ☐☐ 은 음식을 상하게 합니다.

6 원생생물이 일으키는 적조는 생물이 우리 생활에 미치는 ☐☐☐ 영향 중 하나입니다.

7 곰팡이나 세균이 사라진다면 우리 주변이 죽은 생물이나 ☐☐☐ 로 가득 차게 됩니다.

8 곰팡이나 세균이 사라진다면 사람이나 동물은 먹은 음식을 잘 ☐☐ 하지 못하게 됩니다.

5. 다양한 생물과 우리 생활

교과서
110~113쪽

첨단 생명 과학은 우리 생활에 어떻게 활용될까요?

(1) 첨단 생명 과학이 생활에 활용되는 예를 조사하기 위한 계획 세우기

① 조사할 대상을 정합니다.

② 조사할 방법을 먼저 정해야 합니다.

③ 조사할 내용에 따라 각자 역할을 나눠야 합니다.

(2) 첨단 생명 과학이 우리 생활에 활용되는 예

① 번식이 빠른 세균의 특징: 약을 대량으로 빠르게 생산합니다.

② 여러 가지 영양소가 많은 원생생물: 건강식품으로 이용하거나 우주인의 식량으로 이용됩니다. ┗→ 클로렐라

③ 바다에 사는 일부 원생생물: 음식물 쓰레기를 분해하는 데 활용합니다.

④ 곰팡이나 세균이 해충을 없애는 특성: 생물 농약으로 활용하면 농작물의 피해를 줄이고, 환경 오염도 줄일 수 있습니다.

⑤ 사람에게 해로운 영향을 주는 세균을 죽이는 곰팡이의 특성: 질병을 치료하거나 ✱백신을 만드는 데 활용합니다.

⑥ 곰팡이와 세균이 오염된 물질을 분해하는 특성: 청소하는 데 활용할 수 있습니다. ─→ 하수 처리를 합니다.

⑦ 가스를 만드는 세균: 연료로 사용하거나 전기를 생산합니다.

⑧ 플라스틱의 원료를 가진 세균: 플라스틱 제품을 생산하는 데 활용합니다. ─→ 스키장에서 인공 눈을 만드는 데 세균을 활용합니다.

다양한 생물을 알리는 ✱홍보 자료 만들기

(1) 생물의 특징과 중요성을 알리는 홍보 자료 만들 계획 세우기

① 홍보 자료를 이용할 대상을 선정하여 내용의 수준을 조절해야 합니다.

② 홍보 자료에 어떤 내용을 넣을지를 먼저 정합니다.

③ 홍보 자료의 내용을 조사할 방법에 대해 알아봅니다.

④ 홍보 자료를 포스터, 신문, 손수 제작물(UCC) ✱명함 등 어떤 형태로 만들지를 결정해야 합니다.

⑤ 홍보 자료를 만드는 데 시간을 효율적으로 쓰기 위해 모둠별로 각자의 역할도 정합니다.

(2) 홍보 자료를 만드는 과정

① 다양한 생물의 특징과 중요성을 조사합니다.

② 홍보 자료에 넣을 사진이나 글 등을 정리합니다.

③ 모둠별로 각자 역할을 정하고 서로 ✱협력하여 홍보 자료를 만듭니다.

④ 모둠별로 제작한 홍보 자료를 발표합니다.

탐구 1 생명 과학과 첨단 생명 과학

• 생명 과학: 생물의 특성이나 생명 현상을 연구하거나 이를 통해 알게 된 사실을 우리 생활에 활용하는 모든 것을 말합니다.

• 첨단 생명 과학: 최신의 생명 과학 기술이나 연구 결과를 활용하여 일상생활에서 일어나는 다양한 문제를 해결하는 것입니다.

탐구 2 첨단 생명 과학을 활용한 예

• 독감을 예방하기 위해 예방 주사를 맞습니다.

• 건강 보조 식품이나 우주 식량을 개발합니다.

• 질병을 치료할 수 있는 약을 개발합니다.

• 식물에서 자동차 연료를 추출하여 화석 연료를 대체합니다.

• 오염된 물질을 분해하는 다양한 생물을 이용하여 환경을 오염하지 않는 세제를 개발합니다.

푸른곰팡이와 항생제

- 항생제는 질병을 일으키는 세균과 같은 미생물이 살아갈 수 없도록 막는 데 사용하는 약을 가리킵니다. 항생제는 세균뿐만 아니라 인체 세포에도 해로울 수 있습니다. 아무리 좋은 항생제라도 인체 세포에 나쁜 영향을 끼친다면 치료제로 사용할 수 없습니다. 따라서 항생제가 인체에 해로운 영향을 끼치지 않으면서 질병을 일으키는 미생물에게만 독성을 나타내야 하는데, 이러한 작용을 하는 대표적인 예가 페니실린입니다.

- 페니실린은 1928년에 알렉산더 플레밍(Sir Alexander Fleming: 1881~1955)이 발견하였습니다. 플레밍이 일하던 실험실의 아래층에서는 곰팡이를 연구하던 라투슈가 실험을 하고 있었습니다. 1928년 여름 플레밍이 포상 구균을 기르던 접시를 배양기 밖에 둔 것을 잊은 채로 휴가를 다녀왔을 때 푸른곰팡이가 페트리 접시 위에 자라 있고, 곰팡이 주변의 포도상 구균이 깨끗하게 녹아 있는 모습을 발견했습니다.

- 그는 평소 항균 작용에 관심을 가지고 있었기 때문에 곰팡이가 포도상 구균의 성장을 막고 있다는 것을 알아차렸습니다. 이 특별한 곰팡이는 아래층 라투슈의 연구실에서 우연히 올라와 플레밍의 페트리 접시에서 자리를 잡고 자란 것이었습니다. 플레밍은 문제의 곰팡이를 배양했고 배양된 곰팡이를 새로운 액체 배지에 옮기고, 다시 일주일이 지난 뒤 배양액을 $\frac{1}{1000}$ 까지 희석했는데도 포도상 구균의 발육이 억제됐습니다. 이로써 곰팡이가 생산해 내는 어떤 물질이 강력한 항균 작용을 한다는 점이 확실해졌습니다. 그 곰팡이는 페니실리움(Penicilium) 속에 속했으므로 그 이름을 따서 곰팡이가 만든 물질을 페니실린(penicilium)이라고 불렀습니다.

용어풀이

✦ **백신** 면역을 위해 쓰이는 것
✦ **홍보** 널리 알리는 것
✦ **명함** 이름, 주소, 직업, 신분 등을 적은 네모난 종이
✦ **협력** 힘을 합하여 서로 도움.

개념을 확인해요

1 최신의 생명 과학 기술이나 연구 결과를 활용하여 일상생활의 다양한 문제를 해결하는 것을 ☐☐☐☐☐☐ 이라고 합니다.

2 세균을 자라지 못하게 하는 ☐☐☐의 특성을 활용하여 질병을 치료합니다.

3 ☐☐☐☐ 중에서 영양소가 풍부한 것은 건강식품을 만드는 데 이용합니다.

4 물질을 ☐☐하는 세균의 특징을 이용하여 하수 처리를 합니다.

5 플라스틱의 원료를 가진 세균을 이용하여 ☐☐☐☐ 제품을 만들기도 합니다.

6 균류, 원생생물, 세균은 지구에서 없어서는 안 될 매우 중요한 ☐☐ 입니다.

7 균류, 원생생물, 세균의 특징과 중요성을 알리기 위해 ☐☐ 자료를 만듭니다.

8 홍보 자료를 만들 계획을 세울 때 가장 먼저 홍보 자료를 이용할 ☐☐ 을 선정하여 내용의 수준을 조절해야 합니다.

핵심 1

우리 주변에는 동물과 식물 이외에도 곰팡이, 버섯, 세균 등 다양한 생물이 삽니다. 생물 카드를 이용하여 같은 생물 찾기 놀이를 할 수 있습니다.

1 다음 생물은 무엇으로 분류할 수 있는지 쓰시오.

> 까치, 토끼, 붕어

( )

2 식물로 분류할 수 없는 것은 무엇입니까? ( )

① 붕어
② 검정말
③ 토끼풀
④ 강아지풀
⑤ 복숭아나무

3 다음 중 동물과 식물로 분류할 수 없는 생물은 무엇입니까? ( )

① 메기
② 버섯
③ 소나무
④ 민들레
⑤ 두더지

4 여러 가지 생물 카드 중 동물로 분류할 수 있으면 ○표, 식물로 분류할 수 있으면 ×표, 동물이나 식물이 아닌 것은 △표 하시오.

(1)
( )

(2)
( )

(3)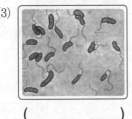
( )

(4)
( )

핵심 2

곰팡이처럼 작은 생물은 돋보기나 실체 현미경을 사용하여 자세히 볼 수 있습니다.

[5~7] 작은 생물을 자세히 볼 수 있는 현미경입니다.

5 위 현미경의 이름은 무엇인지 쓰시오.

( )

6 위 현미경의 각 부분의 이름이 바르지 않은 것은 무엇입니까? ( )

① ㉠-회전판
② ㉡-재물대
③ ㉣-접안렌즈
④ ㉢-조명 조절 나사
⑤ ㉣-초점 조절 나사

7 위 현미경의 ㉠ 부분이 하는 일은 무엇입니까?

( )

① 눈으로 보는 렌즈이다.
② 물체의 상을 확대해 준다.
③ 관찰 대상을 놓는 곳이다.
④ 대물렌즈의 배율을 조절한다.
⑤ 대상에 초점을 정확히 맞출 때 사용한다.

8 버섯을 실체 현미경으로 관찰할 때 버섯을 칼로 잘라 현미경의 어느 부분에 올려놓는지 쓰시오.

( )

곰팡이, 버섯과 같은 생물을 균류라고 합니다. 균류는 보통 거미줄처럼 가늘고 긴 모양의 균사로 이루어져 있고 포자로 번식합니다.

9 다음과 같은 생물을 무엇이라고 하는지 쓰시오.

▲ 벽면에 자란 곰팡이

▲ 버섯

(   )

10 위 9번 생물들이 번식하는 방법을 쓰시오.

_____

11 곰팡이와 버섯이 양분을 얻는 방법으로 바른 것은 무엇입니까? (   )

① 광합성을 한다.
② 뿌리로 흡수한다.
③ 물을 양분으로 바꾼다.
④ 작은 곤충을 잡아먹는다.
⑤ 다른 생물이나 죽은 생물에서 양분을 얻는다.

12 균류의 특징으로 바르지 <u>않은</u> 것은 무엇입니까?

(   )

① 뿌리, 줄기, 잎이 있다.
② 균사로 이루어져 있다.
③ 다른 생물, 물체에 붙어서 산다.
④ 살아가는 데 물과 공기가 필요하다.
⑤ 따뜻하고 축축한 환경에서 잘 자란다.

짚신벌레처럼 작은 생물은 광학 현미경을 사용하여 자세히 볼 수 있습니다.

13 짚신벌레를 오랫동안 보존하여 광학 현미경으로 관찰할 수 있게 만든 것은 무엇인지 쓰시오.

(   )

14 생물을 광학 현미경으로 관찰하는 모습으로 바르지 <u>않은</u> 것은 무엇입니까? (   )

① 조동 나사로 재물대의 높낮이를 조정한다.
② 영구 표본을 재물대의 가운데에 고정한다.
③ 미동 나사로 짚신벌레가 뚜렷하게 보이도록 한다.
④ 조동 나사로 영구 표본과 대물렌즈의 거리를 가깝게 한다.
⑤ 가장 먼저 회전판을 돌려 배율이 가장 높은 대물렌즈가 중앙에 오도록 한다.

15 광학 현미경으로 짚신벌레를 관찰한 모습은 어느 것인지 기호를 쓰시오.

> ㉠ 길쭉한 모양이고 바깥쪽에 가는 털이 있다.
> ㉡ 원기둥 모양이고 대나무와 같이 마디가 있다.

(   )

16 오른쪽은 광학 현미경으로 관찰한 생물입니다. 무엇인지 쓰시오.

(   )

5 단원

핵심 5

짚신벌레, 해캄과 같이 동물, 식물, 균류에 속하지 않는 생물을 원생생물이라고 합니다.

17 다음 생물의 이름을 쓰시오.

(1)

(   )

(2)
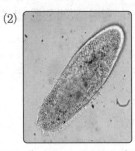
(   )

18 짚신벌레와 해캄의 특징으로 바르지 <u>않은</u> 것은 무엇입니까? (   )

① 균류이다.
② 원생생물이다.
③ 짚신벌레는 감각 기관이 없다.
④ 해캄은 뿌리, 줄기, 잎 등이 없다.
⑤ 주로 물이 고인 곳이나 물살이 느린 곳에서 산다.

19 다음 생물을 무엇이라고 하는지 쓰시오.

아메바, 종벌레, 유글레나

(   )

20 다음에서 설명하는 원생생물은 무엇입니까?

(   )

• 몸속은 초록색의 알갱이들이 가득 차 있다.
• 긴 꼬리가 달려 있고, 단순한 모양이다.

① 해캄   ② 종벌레
③ 아메바   ④ 유글레나
⑤ 짚신벌레

핵심 6

세균은 균류나 원생생물보다 크기가 더 작고 생김새가 단순한 생물로 공 모양, 막대 모양, 나선 모양 등으로 구분하며, 꼬리가 있는 것도 있습니다.

21 다음에서 설명하는 생물은 무엇인지 쓰시오.

• 균류나 원생생물보다 크기가 더 작고 생김새가 단순한 생물이다.
• 땅이나 물, 다른 생물의 몸, 컴퓨터 자판이나 연필 같은 물체 등에도 산다.

(   )

22 세균의 특징으로 바르지 <u>않은</u> 것은 무엇입니까?

(   )

① 생물이다.
② 모양이 모두 같다.
③ 맨눈으로 볼 수 없다.
④ 우리 주변의 어느 곳에서나 산다.
⑤ 크기가 작고 생김새가 단순한 생물이다.

23 세균은 살기에 알맞은 조건이 되면 어떻게 되는지 쓰시오.

24 세균이 있다는 것을 확인하기에 알맞은 현미경은 어느 것인지 기호를 쓰시오.

㉠ 배율이 낮은 현미경
㉡ 배율이 높은 현미경

(   )

핵심 7

주변에 살고 있는 균류, 원생생물, 세균 등 다양한 생물은 음식이나 주변의 물건을 상하게 하거나 질병을 일으키는 등 우리에게 해로운 영향을 미치기도 하고, 음식을 만들거나 죽은 생물을 분해하는 등 이로운 영향도 미칩니다.

25 다양한 생물이 우리 생활에 미치는 이로운 영향은 무엇입니까? (   )

① 된장을 만드는 균류
② 질병을 일으키는 세균
③ 음식을 상하게 하는 세균
④ 물건을 망가뜨리는 곰팡이
⑤ 동물의 생명을 위험하게 하는 독버섯

26 유산균과 같은 세균이 우리 생활에 미치는 이로운 영향은 무엇입니까? (   )

① 건강을 지켜 준다.
② 배설물을 분해한다.
③ 음식을 상하게 한다.
④ 식물에게 양분을 준다.
⑤ 동물의 생명이 위험할 수 있다.

27 다음은 원생생물이 우리 생활에 미치는 해로운 영향 중 무엇을 나타낸 것입니까? (   )

① 산소를 만든다.
② 적조를 일으킨다.
③ 장염을 일으킨다.
④ 죽은 생물을 분해한다.
⑤ 식물에게 병을 일으킨다.

핵심 8

첨단 생명 과학은 최신의 생명 과학 기술이나 연구 결과를 활용하여 일상생활의 다양한 문제를 해결하는 데 도움을 줍니다.

28 다음에서 설명하는 것은 무엇인지 쓰시오.

> 최신의 생명 과학 기술이나 연구 결과를 활용하여 일상생활의 다양한 문제를 해결하는 데 도움을 준다.

(   )

29 질병을 치료하는 약을 만드는 데 이용되는 생물의 특성은 무엇입니까? (   )

① 가스를 만드는 세균의 특성
② 영양소가 풍부한 원생생물의 특성
③ 세균을 자라지 못하게 하는 곰팡이의 특성
④ 오염 물질을 분해하는 곰팡이나 세균의 특성
⑤ 해충에게만 질병을 일으키는 곰팡이나 세균의 특성

30 (   ) 안에 공통으로 들어갈 생물의 종류를 쓰시오.

> • 영양소가 풍부한 (   )로 건강식품을 만든다.
> • 바다에서 사는 일부 (   )은 음식물 쓰레기를 분해하는 데 이용된다.

(   )

31 플라스틱의 원료를 가진 세균을 이용하여 만들 수 있는 것은 무엇입니까? (   )

① 고무줄   ② 망치
③ 나무 의자   ④ 공책
⑤ 플라스틱 컵

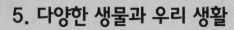

1 생물 카드 중 동물이나 식물이 아닌 것만 분류한 것입니다. 잘못 분류한 것은 어느 것인지 기호를 쓰시오.

ㄱ ▲ 버섯

ㄴ ▲ 곰팡이

ㄷ ▲ 해캄

ㄹ ▲ 세균

ㅁ ▲ 검정말

(   )

2 곰팡이를 맨눈이나 돋보기로 관찰할 때 주의할 점으로 바르지 않은 것은 어느 것입니까? (   )

① 마스크를 착용한다.
② 냄새를 맡지 않는다.
③ 손으로 만지지 않는다.
④ 관찰한 후에는 반드시 손을 깨끗이 씻는다.
⑤ 촉감을 느껴 보기 위해 실험용 장갑은 착용하지 않는다.

3 빵에 자란 곰팡이를 실체 현미경으로 관찰할 때, 현미경의 어느 부분에 올려놓고 관찰합니까? (   )

① 회전판
② 재물대
③ 대물렌즈
④ 접안렌즈
⑤ 초점 조절 나사

4 다음과 같은 모습을 볼 수 있는 생물은 곰팡이와 버섯 중 무엇인지 쓰시오.

(   )

5 곰팡이, 버섯과 같은 생물은 무엇입니까? (   )

① 식물
② 동물
③ 균류
④ 원생생물
⑤ 세균

 중요

6 곰팡이와 버섯이 사는 환경은 어떤 곳입니까?

(   )

① 추운 곳
② 따뜻하고 건조한 곳
③ 따뜻하고 축축한 곳
④ 바람이 많이 부는 곳
⑤ 햇빛이 많이 드는 곳

7 짚신벌레처럼 작은 생물을 자세히 보기 위해 영구 표본을 만들어 관찰하는 현미경은 어느 것인지 기호를 쓰시오.

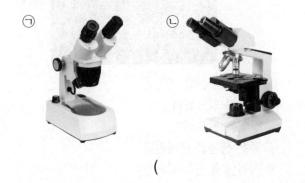
ㄱ   ㄴ

(   )

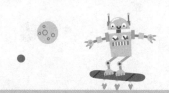

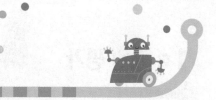

8 광학 현미경으로 짚신벌레 영구 표본을 관찰할 때, 회전판을 돌려 가장 먼저 중앙에 오도록 해야 하는 대물렌즈는 어느 것인지 기호를 쓰시오.

㉠ 배율이 가장 낮은 대물렌즈
㉡ 배율이 가장 높은 대물렌즈

(　　　　　)

9 광학 현미경으로 관찰한 다음 생물은 무엇인지 쓰시오.

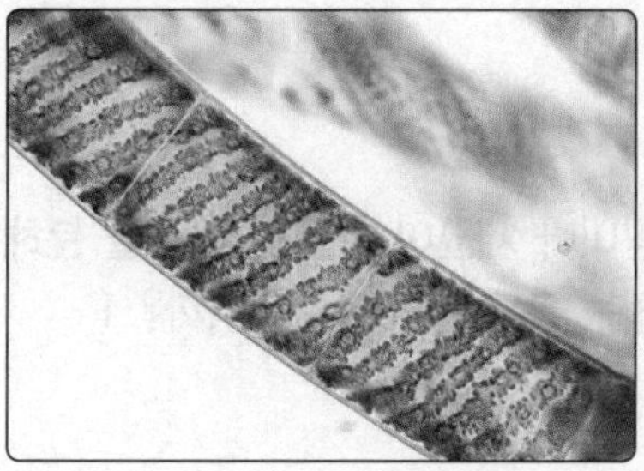

(　　　　　)

10 원생생물이 아닌 것은 어느 것입니까? (　　　)

① 해캄　② 붕어
③ 종벌레　④ 아메바
⑤ 유글레나

중요

11 원생생물의 특징으로 바르지 않은 것은 무엇입니까? (　　　)

① 생김새가 단순하다.
② 해캄을 맨눈으로 보면 가늘고 길다.
③ 연못이나 물살이 느린 하천에 산다.
④ 해캄은 식물이고, 짚신벌레는 동물이다.
⑤ 짚신벌레 영구 표본을 맨눈으로 보면 색깔이 있는 점이 보인다.

12 보기 의 작은 생물은 무엇입니까? (　　　)

보기
콜레라균, 대장균, 포도상 구균

① 세균　② 식물
③ 동물　④ 곰팡이
⑤ 원생생물

13 우리가 생활하는 곳 중 음식물과 수분이 많아 세균이 많이 사는 곳은 어디입니까? (　　　)

① 방　② 거실
③ 주방　④ 현관
⑤ 화장실

14 여러 가지 세균 중 꼬리가 있는 세균은 어느 것인지 기호를 쓰시오.

㉠
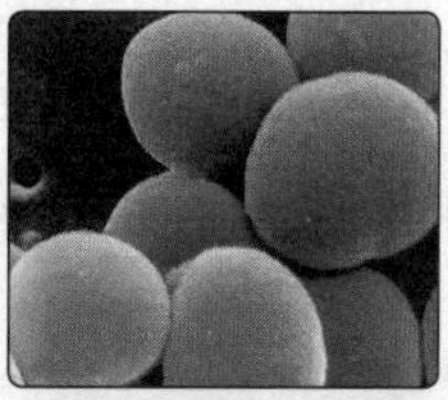
㉡
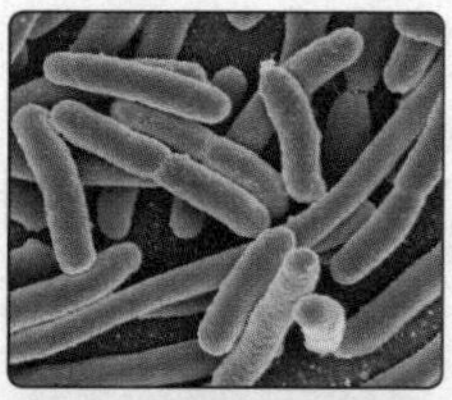
㉢
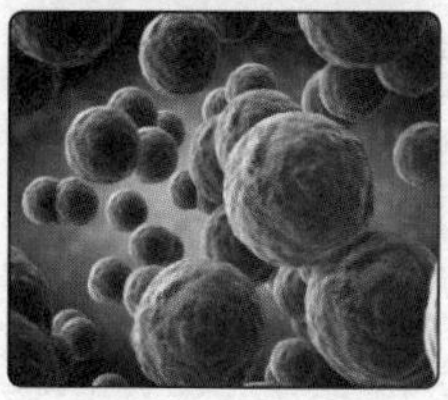
㉣
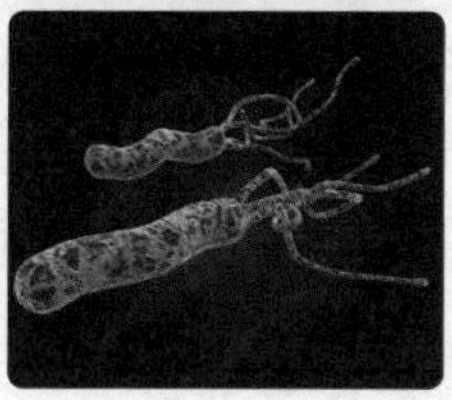

(　　　　　)

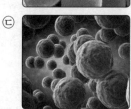

15 다음을 읽고 바르면 ○표, 바르지 <u>않으면</u> ×표를 하시오.

(1) 세균은 맨눈으로 볼 수 있습니다. ( )

(2) 세균은 우리 주변의 어느 곳에서나 삽니다.
( )

(3) 세균은 오랜 시간에 걸쳐 천천히 늘어납니다.
( )

서술형

16 다음은 균류가 무엇을 만드는 데 이용되는 경우를 나타낸 것인지 쓰시오.

_____

17 세균이 우리 생활에 이로운 영향을 미치는 경우를 나타낸 것은 어느 것인지 기호를 쓰시오.

⊙ 요구르트를 만드는 데 활용되는 세균
ⓒ 적조를 일으키는 원생생물
ⓒ 식물에게 병을 일으키는 균류
ⓔ 장염을 일으키는 세균

( )

18 세균을 자라지 못하게 하는 푸른곰팡이의 특성을 활용한 예는 무엇입니까? ( )

① 기름을 만든다.
② 건강식품을 만든다.
③ 오염 물질을 분해한다.
④ 플라스틱 제품을 생산한다.
⑤ 질병을 치료하는 약을 만든다.

주의

19 곰팡이나 세균이 오염된 물질을 분해하는 성질을 이용하는 경우는 어느 것입니까? ( )

① 백신을 만든다.
② 전기를 생산한다.
③ 인공 눈을 만든다.
④ 약을 대량으로 빠르게 생산한다.
⑤ 오염된 하천이나 토양을 깨끗이 한다.

응용

20 첨단 생명 과학을 우리 생활에 활용한 예가 <u>아닌</u> 것은 무엇입니까? ( )

① 화학 농약 사용
② 해캄을 이용한 생물 연료
③ 세균을 활용한 하수 처리
④ 푸른곰팡이를 이용한 질병 치료 약
⑤ 플라스틱 원료를 가진 세균을 이용한 플라스틱 제품 생산

1 생물 카드 중 식물로 분류할 수 <u>없는</u> 것은 어느 것입니까? (   )

①
▲ 해캄

②
▲ 강아지풀

③
▲ 토끼풀

④
▲ 검정말

⑤
▲ 복숭아나무

2 곰팡이와 버섯을 맨눈으로 관찰하였을 때 모습으로 바르지 <u>않은</u> 것은 무엇입니까? (   )

① 곰팡이가 뭉쳐져 보인다.
② 버섯의 윗부분이 둥글다.
③ 곰팡이의 색깔이 다양하다.
④ 버섯의 아랫부분은 하얗다.
⑤ 곰팡이는 가는 실 같은 것이 많고 크기가 작고 둥근 알갱이가 많이 보인다.

3 곰팡이를 자세히 관찰하기 위한 오른쪽 도구는 무엇인지 쓰시오.

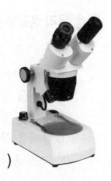

(   )

4 앞 3번 실험 도구로 버섯을 관찰하는 모습입니다. ㉠, ㉡, ㉢에 들어갈 각 부분의 이름을 쓰시오.

- 버섯을 칼로 잘라 (㉠   )에 올려놓는다.
- (㉡   )로 버섯을 보면서 (㉢   )로 초점을 맞추고, 버섯을 관찰한다.

㉠: (   )
㉡: (   )
㉢: (   )

5 곰팡이와 버섯이 번식하는 데 이용하는 것은 무엇인지 쓰시오.

(   )

6 광학 현미경에서 ㉠ 부분이 하는 일은 무엇입니까?

주의

(   )

① 빛의 양을 조절한다.
② 눈으로 보는 렌즈이다.
③ 대물렌즈의 배율을 조절한다.
④ 물체의 상을 확대해 주는 렌즈이다.
⑤ 표본의 상에 대한 대강의 초점을 맞출 때 사용하는 나사

5
단원

7 다음 생물은 무엇인지 쓰시오.

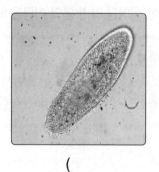

(   )

8 광학 현미경으로 해캄을 관찰한 모습으로 바르지 않은 것은 무엇입니까? (   )

① 원기둥 모양이다.
② 짚신과 모양이 비슷하다.
③ 여러 가닥이 뭉쳐져 있다.
④ 대나무와 같이 마디가 있다.
⑤ 초록색 알갱이들이 한 줄로 늘어서 있다.

9 다음에서 설명하는 것은 무엇인지 쓰시오.

- 짚신벌레, 해캄처럼 동물, 식물, 균류에 속하지 않는 생물이다.
- 주로 논, 연못과 같이 물이 고인 곳이나 도랑, 하천과 같이 물살이 느린 곳에서 산다.
- 아메바, 종벌레, 유글레나 등이 있다.

(   )

10 다음 생물의 이름을 쓰시오.

(1) 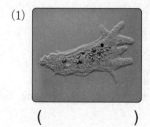 (2)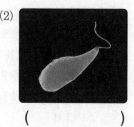

(   ) (   )

11 다음을 읽고, 세균의 특징으로 바르면 ○표, 바르지 않으면 ×표를 하시오.

(1) 세균은 사람의 맨눈으로 관찰할 수 없습니다.
(   )

(2) 세균은 생김새에 따라 네 가지 종류로만 나눌 수 있습니다. (   )

(3) 원생생물보다 단순한 생김새의 생물입니다.
(   )

12 세균의 종류 중 헬리코박터 파일로리가 사는 곳은 우리 몸의 어디입니까? (   )

① 입 ② 위
③ 귀 ④ 피부
⑤ 심장

서술형

13 세균이 있다는 것을 확인할 수 있는 방법을 한 가지 쓰시오.

_____

_____

_____

14 우리 생활에 이로운 세균은 어느 것입니까?
(   )

① 손에 있는 세균
② 질병을 일으키는 세균
③ 물건을 망가뜨리는 세균
④ 음식을 상하게 하는 세균
⑤ 죽은 생물을 분해하는 세균

15 균류나 세균을 이용하여 만든 음식이 <u>아닌</u> 것은 무엇입니까? ( )

① ▲ 된장 ② ▲ 김치

③ ▲ 우유 ④ ▲ 치즈

⑤ ▲ 요구르트

16 생물이 우리 생활에 미치는 해로운 영향이 <u>아닌</u> 것은 무엇입니까? ( )

① 세균은 눈병을 전염시킨다.
② 세균은 식중독을 일으킨다.
③ 곰팡이는 음식을 상하게 한다.
④ 독버섯을 먹으면 생명이 위험하다.
⑤ 곰팡이와 세균은 죽은 생물을 분해한다.

17 균류, 원생생물, 세균과 관련한 첨단 생명 과학이 우리 생활에 활용되는 예를 바르게 선으로 연결하시오.

(1) | 세균을 자라지 못하게 하는 곰팡이의 특성 | · | | · | ㉠ | 질병 치료 |

(2) | 영양소가 풍부한 원생생물 | · | | · | ㉡ | 건강식품 |

18 생물 농약이 우리 생활에 활용되는 경우를 모두 고르시오. (,)

① 과수원에서 사용한다.
② 푸른곰팡이와 관련이 있다.
③ 하수 처리장에서 사용한다.
④ 생물을 이용하여 기름을 만든다.
⑤ 해충에게만 질병을 일으키는 특성을 활용한다.

응용
19 기름을 만들어 생물 연료로 사용할 수 있는 생물은 어느 것입니까? ( )

① ▲ 유글레나 ② ▲ 세균

③ ▲ 해캄 ④ ▲ 짚신벌레

⑤ ▲ 푸른곰팡이

20 플라스틱 원료를 가진 세균으로 만들 수 있는 제품은 무엇입니까? ( )

① 단단한 클립
② 가벼운 종이컵
③ 색깔이 아름다운 실
④ 냄새가 좋은 나무 책상
⑤ 잘 깨지지 않는 플라스틱 컵

5. 다양한 생물과 우리 생활 **131**

1 곰팡이와 버섯을 관찰하는 모습으로 바르지 <u>않은</u> 것은 무엇입니까? (   )

① 곰팡이는 냄새를 맡아 본다.
② 마스크를 착용하고 관찰한다.
③ 실험용 장갑을 끼고 관찰한다.
④ 맨눈과 돋보기로 모습을 관찰한다.
⑤ 관찰한 후에는 반드시 손을 깨끗이 씻는다.

2 실체 현미경의 각 부분의 이름을 바르게 짝 지은 것은 어느 것입니까? (   )

① ㉤-회전판   ② ㉣-재물대
③ ㉢-접안렌즈   ④ ㉡-조명 조절 나사
⑤ ㉠-대물렌즈

3 곰팡이를 돋보기와 실체 현미경으로 관찰한 모습으로 바르지 <u>않은</u> 것은 무엇입니까? (   )

① 여러 가지 색깔이 보인다.
② 윗부분의 안쪽에 주름이 많다.
③ 크기가 작고 둥근 알갱이들이 많이 보인다.
④ 가늘 실 같은 것이 거미줄처럼 서로 엉켜 있다.
⑤ 식빵 전체에 가느다란 실처럼 생긴 선이 퍼져 있다.

4 표고버섯의 어느 부분을 관찰한 것인지 윗부분과 윗부분의 안쪽으로 구분해서 쓰시오.

5 곰팡이와 버섯의 공통점은 무엇입니까? (   )

① 포자로 번식한다.
② 꽃과 열매가 있다.
③ 잎이 대부분 초록색이다.
④ 뿌리, 줄기, 잎 등이 있다.
⑤ 주로 땅에 뿌리를 내리고 산다.

6 다음에서 설명하는 것은 무엇인지 쓰시오.

> 생물을 오랫동안 보존하여 광학 현미경으로 관찰할 수 있게 만든 것이다.

(   )

7 광학 현미경으로 생물을 관찰하는 모습으로 바르지 <u>않은</u> 것은 무엇입니까? (   )

① 조동 나사로 정확한 초점을 맞춘다.
② 영구 표본을 재물대의 가운데에 고정한다.
③ 대물렌즈는 낮은 배율에서 높은 배율의 순서로 조절한다.
④ 조동 나사로 영구 표본과 대물렌즈의 거리를 최대한 가깝게 한다.
⑤ 회전판을 돌려 배율이 가장 낮은 대물렌즈가 중앙에 오도록 한다.

서술형

8 해캄을 광학 현미경으로 관찰하기 위해서 가장 먼저 해야 할 일은 무엇인지 쓰시오.

_____

9 짚신벌레와 해캄의 공통점은 무엇입니까? ( )

① 식물이다.
② 동물이다.
③ 바다에서 산다.
④ 감각 기관을 가지고 있다.
⑤ 현미경을 사용해야 자세한 모습을 볼 수 있다.

10 다음 생물의 공통점은 무엇입니까? ( )

▲ 아메바   ▲ 유글레나

① 땅속에 산다.
② 균류로 분류한다.
③ 식물과 같이 광합성을 한다.
④ 복잡한 생김새를 가지고 있다.
⑤ 해캄, 짚신벌레와 같은 원생생물이다.

11 세균의 특징으로 바르지 않은 것은 무엇입니까?
( )

① 모양이 다양하다.
② 번식 속도가 빠르다.
③ 크기가 작고 단순한 생김새이다.
④ 생물이 살고 있는 모든 곳에서 산다.
⑤ 균류나 원생생물보다 크기가 매우 크다.

12 세균의 모양에 알맞게 선으로 연결하시오.

(1) 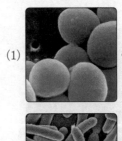   ·   · ㉠ 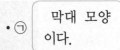 막대 모양 이다.

(2)    ·   · ㉡ 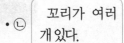 꼬리가 여러 개 있다.

(3) 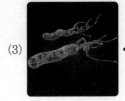   ·   · ㉢ 둥근 모양 이다.

13 세균이 사는 곳에 대한 설명으로 바른 것은 무엇입니까? ( )

① 대부분 물에서 산다.
② 공기 중에서는 살 수 없다.
③ 생물의 몸에서만 살아간다.
④ 바닷물에서는 살 수가 없다.
⑤ 컴퓨터 자판이나 연필 같은 물체에서도 산다.

14 다양한 생물이 우리 생활에 미치는 이로운 영향은 무엇입니까? ( )

① 세균이 음식물을 상하게 한다.
② 곰팡이는 가구를 못 쓰게 만든다.
③ 일부 균류는 먹으면 생명이 위험하다.
④ 균류는 된장이나 요구르트를 만드는 데 이용된다.
⑤ 다른 생물에게 여러 가지 질병을 일으키는 곰팡이와 세균이 있다.

5 단원

15 다음과 같이 적조를 일으키는 생물은 무엇인지 쓰시오.

( )

16 곰팡이나 세균이 사라진다면 우리 생활이 어떻게 변할지 바르게 예상한 것은 어느 것입니까? ( )

① 환경이 깨끗해진다.
② 면역력이 강해진다.
③ 동물들이 건강해진다.
④ 된장, 요구르트 등을 쉽게 만들 수 있다.
⑤ 우리 주변이 죽은 생물로 가득 차게 된다.

17 다음을 읽고 관계있는 것을 보기 에서 바르게 골라 쓰시오.

최신의 생명 과학 기술을 이용하여 생물의 특성을 연구하고, 생명 과학으로 밝혀진 최신의 내용을 우리 생활에 활용하는 과학

보기
생명 과학, 첨단 생명 과학

( )

18 다음 생물의 특징을 우리 생활에 활용한 예는 무엇입니까? ( )

클로렐라와 같은 원생생물은 여러 가지 영양소가 많다.

① 기름을 만든다.
② 인공 눈을 만든다.
③ 건강식품을 만든다.
④ 약을 대량으로 만든다.
⑤ 플라스틱 제품을 생산한다.

19 우리 생활에서 첨단 생명 과학을 활용한 예가 아닌 것은 무엇입니까? ( )

① 화석연료를 만든다.
② 독감 예방 주사를 맞는다.
③ 건강 보조 식품을 개발한다.
④ 질병을 치료하는 약을 개발한다.
⑤ 오염된 물질을 분해하는 생물을 이용하여 환경을 오염하지 않는 세제를 개발한다.

20 다양한 생물을 알리는 홍보 자료를 만들기 위한 계획 단계에서 고려해야 할 사항이 아닌 것은 무엇입니까?
( )

① 홍보 자료를 볼 대상을 정한다.
② 홍보 자료에 어떤 내용을 넣을지 정한다.
③ 홍보 자료를 만드는 데 각자의 역할을 정한다.
④ 홍보 자료에서 잘된 점과 개선할 점을 찾아본다.
⑤ 홍보 자료의 형태를 정하고 만드는 방법을 정한다.

1 곰팡이를 맨눈으로 관찰한 모습이 <u>아닌</u> 것을 모두 고르시오. (,   )

① 뭉쳐져 보인다.
② 색깔이 다양하다.
③ 정확한 모습을 알 수 없다.
④ 윗부분의 안쪽에 주름이 많다.
⑤ 가는 실 같은 것이 거미줄처럼 서로 엉켜 있다.

2 곰팡이를 실체 현미경으로 관찰하는 모습을 순서대로 기호를 쓰시오.

> ㉠ 회전판을 돌려 대물렌즈의 배율을 가장 낮게 하고, 곰팡이를 재물대 위에 올린다.
> ㉡ 대물렌즈의 배율을 높이고, 초점 조절 나사로 초점을 맞추어 관찰한다.
> ㉢ 전원을 켜고 조명 조절 나사로 빛의 양을 조절한다.
> ㉣ 초점 조절 나사를 조절하여 대물렌즈를 곰팡이에 최대한 가깝게 내린다.
> ㉤ 접안렌즈로 곰팡이를 보면서 대물렌즈를 천천히 올려 초점을 맞춘다.

(   )

3 버섯을 자세히 관찰한 모습입니다. ㉠과 같이 작고 가벼워서 멀리 이동할 수 있는 것은 무엇인지 쓰고, 하는 일을 쓰시오.

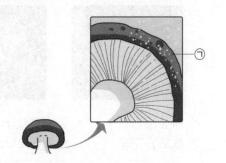

4 곰팡이와 버섯의 공통점은 무엇입니까? (   )

▲ 곰팡이   ▲ 버섯

① 생물이 아니다.
② 광합성을 한다.
③ 윗부분의 안쪽에 주름이 있다.
④ 포자를 맨눈으로 관찰할 수 있다.
⑤ 거미줄처럼 가늘고 긴 모양의 균사로 이루어져 있다.

5 보기 에서 균류와 식물의 특징을 알맞게 골라 기호를 쓰시오.

> **보기**
> ㉠ 다른 생물이나 죽은 생물 등에 붙어서 산다.
> ㉡ 뿌리, 줄기, 잎 등이 있다.
> ㉢ 햇빛을 이용해 광합성을 한다.
> ㉣ 주로 땅에 뿌리를 내리고 산다.
> ㉤ 포자로 번식한다.

(1) 균류: (   )
(2) 식물: (   )

6 짚신벌레를 가장 잘 관찰할 수 있는 방법은 어느 것입니까? (   )

① 돋보기로 관찰한다.
② 맨눈으로 관찰한다.
③ 페트리 접시에 담아서 손으로 만져본다.
④ 표본을 만들어 광학 현미경으로 관찰한다.
⑤ 실제 짚신벌레가 사는 곳에 가서 관찰한다.

5
단원

7 짚신벌레를 광학 현미경으로 관찰하기 위해 가장 먼저 해야 할 일은 무엇입니까? (　　　)

① 손으로 만져본다.
② 자로 길이를 잰다.
③ 영구 표본을 만든다.
④ 어두운 곳에 넣어 둔다.
⑤ 짚신벌레에 물을 뿌린다.

8 광학 현미경의 ㉠ 부분이 하는 일은 무엇입니까? (　　　)

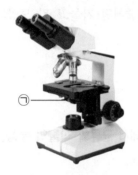

① 빛의 양을 조절한다.
② 관찰 대상을 올려놓는다.
③ 물체의 상을 확대해 준다.
④ 대물렌즈의 배율을 조절한다.
⑤ 표본의 상에 대한 정확한 초점을 맞춘다.

9 광학 현미경의 접안렌즈와 대물렌즈 배율을 다음과 같이 맞추면 물체를 몇 배로 확대하여 관찰할 수 있는지 쓰시오.

> • 접안렌즈: 10배　　　• 대물렌즈: 4배

(　　　　　　　)

서술형

10 짚신벌레와 해캄이 사는 곳을 한 곳 쓰시오.

_____

_____

11 오른쪽 원생생물의 이름을 쓰시오.

(　　　　　　　)

12 세균의 특징으로 바르지 않은 것은 무엇입니까? (　　　)

① 생김새가 다양하다.
② 맨눈으로 관찰할 수 없다.
③ 단순한 생김새의 생물이다.
④ 다른 생물의 몸에서만 볼 수 있다.
⑤ 짧은 시간 안에 많은 수로 늘어날 수 있다.

13 다음에서 설명하는 세균은 어느 것인지 모양과 이름을 **보기** 에서 골라 기호를 쓰시오.

> • 둥근 모양이고, 여러 개가 연결되어 있다.
> • 공기, 음식물, 피부에서 산다.

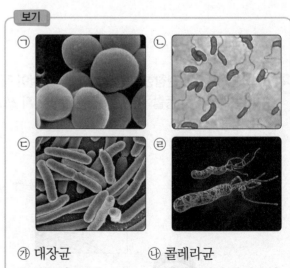

보기

㉠　　㉡
㉢　　㉣

㉮ 대장균　　　㉯ 콜레라균
㉰ 포도상 구균　　㉱ 헬리코박터 파일로리

(　　　　　　　)

14 앞 **13**번 세균 중 ㉣은 헬리코박터 파일로리입니다. 주로 사는 곳은 어디입니까? (   )

① 물   ② 위
③ 공기   ④ 큰창자
⑤ 피부

15 우리 생활에서 오른쪽과 같은 균류는 어디에 활용됩니까?
(   )

① 된장을 만드는 데
② 산소를 만드는 데
③ 적조를 일으키는 데
④ 장염을 일으키는 데
⑤ 요구르트를 만드는 데

▲ 누룩곰팡이

16 주로 다른 생물의 먹이가 되거나 생물이 사는 데 필요한 산소를 만드는 데 활용되는 생물은 어느 것인지 기호를 쓰시오.

▲ 해캄

▲ 유산균

▲ 곰팡이

▲ 세균

(   )

17 다음을 읽고, 생물이 우리 생활에 미치는 이로운 영향이면 '이', 해로운 영향이면 '해'라고 쓰시오.

⑴ 유산균은 해로운 세균으로부터 건강을 지켜 줍니다. (   )

⑵ 음식을 상하게 하는 곰팡이와 세균이 있습니다. (   )

⑶ 가구를 못 쓰게 만드는 곰팡이가 있습니다. (   )

서술형

18 곰팡이나 세균이 사라져 죽은 생물이나 배설물을 분해하지 못하면 우리 생활은 어떻게 되는지 한 가지 쓰시오.

_____

_____

5 단원

19 푸른곰팡이가 우리 생활에 활용된 예는 무엇입니까?
(   )

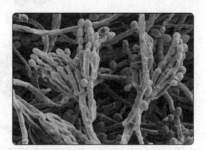

① 기름을 만든다.
② 음식 쓰레기를 분해한다.
③ 플라스틱 제품을 만든다.
④ 생물 농약으로 사용한다.
⑤ 질병을 치료하는 약을 만든다.

20 생물 연료의 원료가 되는 생물은 무엇입니까?
(   )

① 해캄   ② 누룩곰팡이
③ 클로렐라   ④ 푸른곰팡이
⑤ 플라스틱 원료를 가진 세균

1 표고버섯의 특징을 식물과 비교하여 공통점과 차이점을 한 가지 쓰시오.

▲ 표고버섯

▲ 토끼풀

(1) 공통점:

_____

_____

(2) 차이점:

_____

_____

식물의 특징

• 뿌리, 줄기, 잎 등이 있습니다.
• 주로 꽃이 피고 씨로 번식합니다.
• 균류에 비해 큰 편입니다.
• 주로 땅에 뿌리를 내리고 삽니다.
• 잎의 색깔은 대부분 초록색입니다.

2 광학 현미경의 각 부분의 이름과 하는 일을 쓰시오.

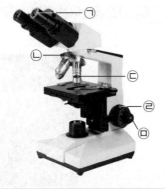

구분	각 부분 이름	하는 일
㉠		
㉡		
㉢		
㉣		
㉤		

짚신벌레 영구 표본을 광학 현미경으로 관찰하기

• 회전판을 돌려 배율이 가장 낮은 대물렌즈가 중앙에 오도록 합니다.
• 전원을 켜고 조리개로 빛의 양을 조절합니다.
• 영구 표본을 재물대의 가운데에 고정합니다.
• 현미경을 옆에서 보면서 조동 나사로 재물대를 올려 연구 표본과 대물렌즈의 거리를 최대한 가깝게 합니다.
• 조동 나사로 재물대를 천천히 내리면서 접안렌즈로 짚신벌레를 찾고, 미동 나사로 짚신벌레가 뚜렷하게 보이도록 조절합니다.
• 대물렌즈의 배율은 높이고, 미동 나사로 초점을 맞추어 관찰합니다.

3 다음 그림을 보고 생물이 우리 생활에 미치는 영향을 이로운 영향과 해로운 영향으로 구분하여 기호를 쓰시오.

ㄱ

▲ 요구르트를 만듭니다.

ㄴ

▲ 식물에게 병을 일으킵니다.

ㄷ

▲ 된장을 만듭니다.

ㄹ

▲ 적조를 일으킵니다.

이로운 영향	해로운 영향

다양한 생물이 우리 생활에 미치는 이로운 영향

• 곰팡이와 세균은 죽은 생물이나 배설물을 작게 분해하여 자연으로 되돌려 보냅니다.
• 일부 곰팡이와 세균은 여러 가지 음식을 만드는 데 도움을 줍니다.
• 우리 몸에 이로운 유산균과 같은 세균은 해로운 세균으로부터 건강을 지켜 줍니다.
• 다른 생물에게 양분을 제공합니다.

5
단원

4 첨단 생명 과학이 우리 생활에 활용되는 예 중에서 곰팡이나 세균이 오염된 물질을 분해하는 성질을 이용한 예를 한 가지 쓰시오.

_____

_____

첨단 생명 과학

최신의 생명 과학 기술을 이용하여 생물의 특성을 연구하고, 생명 과학으로 밝혀진 최신의 내용을 우리 생활에 활용하는 과학입니다.

100점
예상문제

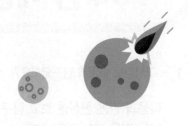

과학 5-1

5~6
학년군

1 과학자는 어떻게 탐구할까요?

1 다음과 같은 현상을 보고 탐구 문제를 정한 것으로 알맞은 것은 어느 것입니까? ( )

> 수성 사인펜으로 쓴 탐구 일지에 실수로 물을 떨어뜨렸더니 사인펜의 잉크가 번지면서 여러 가지 색깔이 나타났다.

① 사인펜은 얼마나 무거울까?
② 어떤 사인펜이 가장 예쁠까?
③ 사인펜 잉크는 무엇으로 만들까?
④ 가장 오랫동안 쓸 수 있는 사인펜은 무엇일까?
⑤ 사인펜의 색깔에 따라 잉크에 섞여 있는 색소는 같을까?

2 다음 탐구 문제로 실험을 계획할 때 다르게 해야 할 조건과 같게 해야 할 조건을 각각 구분하여 쓰시오.

탐구 문제	사인펜의 색깔에 따라 잉크에 섞여 있는 색소는 같을까?

	사인펜의 색깔
	사인펜의 종류, 종이의 종류, 종이의 크기, 점의 크기 등

서술형

3 탐구 문제를 정하고 실험을 계획한 후에 해야 하는 과정은 무엇인지 쓰시오.

_____

4 다음은 실험 결과를 표, 그래프 중 어떤 형태로 자료 변환한 것인지 쓰시오.

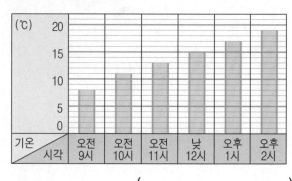

( )

서술형

5 사인펜의 색깔에 따라 잉크에 섞여 있는 색소가 같은지 탐구하고 얻은 결과입니다. 알 수 있는 사실을 한 가지 쓰시오.

분리된 색소 \ 사인펜의 색깔	검은색	빨간색	파란색
보라색	○	×	○
진분홍색	×	○	×
분홍색	○	○	○
하늘색	○	×	○
노란색	○	○	×

_____

_____

2 온도와 열

6 우리 생활에서 온도를 정확하게 측정해야 할 때는 언제인지 모두 고르시오. (,)

① 주스를 마실 때
② 노래를 부를 때
③ 새우튀김을 요리할 때
④ 체육관에서 운동을 할 때
⑤ 비닐 온실에서 배추를 재배할 때

7 알코올 온도계가 나타내는 온도를 쓰고, 바르게 읽으시오.

(1) 온도: (   )
(2) 읽기: (   )

8 얼음 위에 생선을 올려놓았을 때 열의 이동에 대한 설명으로 바른 것은 어느 것입니까? (   )

① 열은 이동하지 않는다.
② 생선의 온도는 점점 높아진다.
③ 얼음의 온도는 점점 낮아진다.
④ 열은 얼음에서 생선으로 이동한다.
⑤ 시간이 충분히 지나면 얼음과 생선의 온도는 같아진다.

9 (   ) 안에 알맞은 말을 쓰시오.

> 고체에서 열은 온도가 (㉠) 곳에서 온도가 (㉡) 곳으로 고체 물질을 따라 이동한다.

㉠: (   )
㉡: (   )

[10~11] 고체 물질의 종류에 따라 열이 이동하는 빠르기를 비교하여 보았습니다.

▲ 구리판   ▲ 유리판   ▲ 철판

10 위 실험에서 버터가 가장 빨리 녹는 것은 어디에 붙인 것인지 쓰시오.

(   )

11 앞 10번 실험을 할 때 주의할 점으로 바르지 <u>않은</u> 것은 어느 것입니까? (   )

① 같은 양의 버터를 붙인다.
② 비커에는 뜨거운 물을 붓는다.
③ 비커의 윗부분은 두꺼운 종이로 덮는다.
④ 버터를 붙일 때에는 같은 높이에 붙인다.
⑤ 구리판, 유리판, 철판의 중간에 버터를 붙인다.

12 물이 담긴 주전자를 가열했을 때 열의 이동 모습을 바르게 나타낸 것은 어느 것인지 ○표 하시오.

(1)   (2)

(   )   (   )

100점 예상 문제

13 다음은 무엇을 알아보기 위한 실험 과정입니까?

(   )

> • 삼발이 아래에 알코올램프를 놓는다.
> • 알코올램프에 불을 붙이지 않고, 삼발이의 위쪽에 비눗방울을 불어 비눗방울의 움직임을 관찰한다.
> • 알코올램프에 불을 붙인 다음, 삼발이의 위쪽에 비눗방울을 불어 비눗방울의 움직임을 관찰한다.

① 기체에서 열의 이동
② 기체 물질의 온도 변화
③ 비눗방울에서 열의 이동
④ 온도와 비눗방울의 크기 변화
⑤ 알코올램프의 가열 위치와 비눗방울의 크기 변화

3 태양계와 별

14 ( ) 안에 공통으로 알맞은 말을 쓰시오.

> • (   )은 지구를 따뜻하게 하여 생물이
> 살아가기에 알맞은 환경을 만들어 준다.
> • (   )에서 우리가 살아가는 데 필요한
> 대부분의 에너지를 얻는다.

( )

15 태양계에 대한 설명으로 바르지 <u>않은</u> 것은 어느 것입니까? ( )

① 지구는 태양계에 속해 있다.
② 달은 태양계에 속하지 않는다.
③ 태양은 스스로 빛을 내는 천체이다.
④ 태양계의 중심에 있는 것은 태양이다.
⑤ 태양계를 구성하는 행성은 여덟 개이다.

[16~17] 여러 가지 행성을 보고 물음에 답하시오.

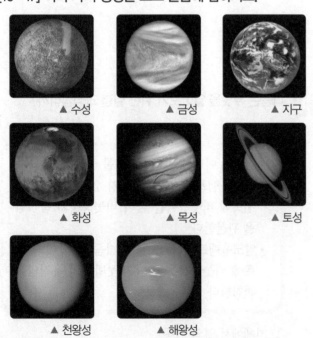

▲ 수성   ▲ 금성   ▲ 지구
▲ 화성   ▲ 목성   ▲ 토성
▲ 천왕성   ▲ 해왕성

16 행성 중 지구보다 작고 붉은색이며 표면에 땅이 있는 것은 어느 것인지 쓰시오.

( )

17 앞 16번 행성 중 지구의 반지름을 1로 보았을 때 크기가 가장 큰 행성은 어느 것인지 쓰고, 지구와 크기를 비교하여 쓰시오.

(1) 크기가 가장 큰 행성: ( )

(2) 지구와 크기 비교하기: _____

_____

18 다음 그림은 무엇을 나타낸 것입니까? ( )

한 시간에 4 km 이동 약 4300년
한 시간에 300 km 이동 약 57년
약 1억 5000만 km
한 시간에 900 km 이동 약 19년

① 지구와 태양의 크기 비교
② 지구에서 태양까지 가는 데 걸리는 시간
③ 지구에서 태양까지 가는 데 필요한 비용
④ 지구의 반지름을 1로 보았을 때 행성의 상대적인 크기
⑤ 태양에서 지구까지의 거리를 1로 보았을 때 태양에서 행성까지의 상대적인 거리

19 별을 관측할 때의 유의점으로 알맞지 <u>않은</u> 것은 어느 것입니까? ( )

① 어른과 함께 관측한다.
② 주변이 밝은 곳에서 관측한다.
③ 주변이 탁 트인 곳에서 관측한다.
④ 너무 늦은 시간까지 관측하지 않는다.
⑤ 별이 보일 만큼 하늘이 충분히 어두울 때 관측한다.

서술형

20 옛날 사람들이 북쪽 밤하늘의 별자리 중 특히 북극성을 중요하게 생각한 까닭을 한 가지 쓰시오.

_____

_____

1 과학자는 어떻게 탐구할까요?

1 탐구 문제를 정할 때 생각할 점 중 알맞지 <u>않은</u> 것의 기호를 쓰시오.

> ㉠ 스스로 탐구할 수 있어야 한다.
> ㉡ 탐구 범위가 넓고 구체적이어야 한다.
> ㉢ 탐구하고 싶은 내용이 분명하게 드러나야 한다.

(   )

2 실험 계획을 세우는 방법을 <u>잘못</u> 설명한 사람은 누구입니까? (   )

① 정근: 같게 해야 할 조건을 바르게 정해야 해.
② 대은: 다르게 해야 할 조건을 바르게 정해야 해.
③ 대한: 실험을 하면서 지켜야 할 안전 수칙도 생각해야 해.
④ 우리: 실험 과정은 순서에 관계없이 생각나는 대로 정리해도 돼.
⑤ 민국: 탐구 문제를 해결할 수 있는 적절한 실험 방법을 생각해야 해.

3 사인펜 잉크의 색소를 분리하는 실험을 할 때 다르게 해야 할 조건은 무엇입니까? (   )

① 점의 크기   ② 종이의 크기
③ 사인펜의 색깔   ④ 종이의 종류
⑤ 사인펜의 종류

4 실험 결과를 표, 그래프 등 여러 가지 형태로 바꾸어 나타내는 까닭을 한 가지 쓰시오.

_____

_____

5 탐구 과정을 나타낸 것입니다. (   ) 안에 알맞은 말을 보기 에서 찾아 쓰시오.

탐구 문제	문제 인식 → 변인 통제 → 자료 변환 → 자료 해석 → ( )

> 보기
>
> 실험 결과, 결론 도출, 결론 변환

(   )

2 온도와 열

6 온도에 대한 설명으로 바른 것은 어느 것입니까?
(   )

① 단위는 kg을 사용한다.
② 온도는 저울로 측정한다.
③ 물의 온도는 기온이라고 한다.
④ 공기의 온도는 수온이라고 한다.
⑤ 물질의 차갑거나 따뜻한 정도이다.

7 알코올 온도계에서 볼 수 <u>없는</u> 것은 무엇입니까?
(   )

① 고리   ② 몸체
③ 액체샘   ④ 눈금
⑤ 온도 표시 창

[8~9] 여러 장소에서 물질의 온도를 측정하여 보았습니다.

구분	온도(℃)	구분	온도(℃)
교실에 있는 책상	13.2	운동장에 있는 철봉	18.3
교실의 벽	13.1	나무 그늘의 흙	17.1
교실의 기온	13.5	운동장의 기온	18.0

8 온도가 가장 높은 곳은 어디인지 쓰시오.

( )

9 위 표에 대한 설명으로 바른 것은 어느 것입니까?

( )

① 운동장의 온도가 가장 낮다.
② 같은 물질은 온도가 항상 같다.
③ 물질이 다르면 온도는 항상 다르다.
④ 나무 그늘의 흙보다 운동장의 온도가 더 낮다.
⑤ 물질의 온도는 물질이 놓인 장소에 따라 다르다.

10 차가운 물이 담긴 음료수 캔을 따뜻한 물이 담긴 비커에 넣고 각각 물의 온도를 측정해 표로 만든 것입니다. ( ) 안에 알맞은 말을 쓰시오.

시간(분) 온도(℃)	0	1	2	3	4	5	6
음료수 캔에 담긴 물	14.5	16.0	17.0	18.0	19.0	20.0	21.0
비커에 담긴 물	67.0	55.0	48.0	42.0	37.0	33.0	30.0

> 음료수 캔에 담긴 물의 온도는 시간이 지날수록 점점 (㉠), 비커에 담긴 물의 온도는 점점 (㉡).

㉠: ( )
㉡: ( )

11 구리판 윗면에 열 변색 붙임딱지를 붙이고 한쪽 끝부분을 가열했을 때, 열의 이동을 바르게 나타낸 것에 ○표 하시오.

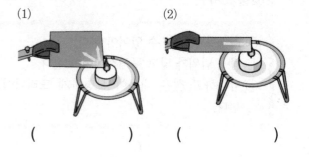

(1) ( )　　　　(2) ( )

12 난로에 손을 가까이 가져갔을 때 따뜻한 부분은 어디인지 기호를 쓰시오.

( )

3　태양계와 별

13 태양계에 대한 설명으로 바른 것에 ○표 하시오.

(1) 태양계의 중심에는 태양이 있습니다. ( )
(2) 혜성은 태양계에 속하지 않습니다. ( )
(3) 태양계는 태양의 다른 말입니다. ( )

[14~15] 지구의 반지름을 1로 보았을 때, 태양계의 다른 행성을 상대적인 크기로 나타낸 것입니다.

행성	수성	금성	지구	화성
상대적인 크기	0.4	0.9	1.0	0.5
행성	목성	토성	천왕성	해왕성
상대적인 크기	11.2	9.4	4.0	3.9

14 위 표를 보고 크기가 가장 큰 행성과 가장 작은 행성을 차례대로 쓰시오.

( )

15 앞 **14**번 표로 알 수 있는 사실을 바르게 나타낸 것은 어느 것입니까? ( )

① 토성은 목성보다 크다.
② 지구는 가장 작은 행성이다.
③ 수성과 금성은 크기가 비슷하다.
④ 천왕성과 해왕성은 크기가 비슷하다.
⑤ 태양에서 가장 멀리 있는 행성은 해왕성이다.

16 다음 그림을 보고 바르게 설명한 사람은 누구인지 쓰시오.

> • 성군: 한 시간에 900 km를 이동하는 비행기를 타고 태양에 가려면 약 9년이 걸릴 거야.
> • 민선: 지구에서 태양까지의 거리는 약 10억 5000만 km야.
> • 강은: 한 시간에 4 km를 걸어서 이동하면 태양까지 약 4300년이 걸린대.

( )

17 태양에서 지구까지의 거리를 1로 보았을 때 태양에서 행성까지의 상대적인 거리를 나타낸 것입니다. ㉠에 알맞은 숫자는 무엇입니까? ( )

행성	상대적인 거리	행성	상대적인 거리
지구	1.0	목성	㉠
화성	1.5	토성	9.6

① 1.4　　　　② 1.5
③ 5.2　　　　④ 10.2
⑤ 25.0

18 다음은 무엇에 대한 설명입니까? ( )

> • 스스로 빛을 내는 천체이다.
> • 옛날 사람들은 무리 지어 있는 이것을 연결해 사람이나 동물 또는 물건의 모습으로 떠올리고 이름을 붙였다.

① 위성　　　　② 별
③ 혜성　　　　④ 소행성
⑤ 행성

19 북극성을 포함하는 별자리에 ○표 하시오.

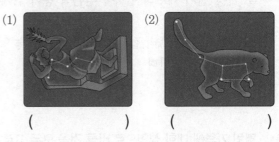

(1) ( )　　　　(2) ( )

100점 예상 문제

20 다음 그림을 보고 설명한 것으로 바르지 <u>않은</u> 것은 어느 것입니까? ( )

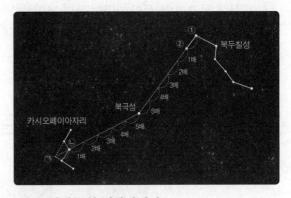

① 동쪽 밤하늘의 별자리이다.
② 북두칠성을 이용해 북극성을 찾을 수 있다.
③ 카시오페이아자리는 M자나 W자 모양이다.
④ 카시오페이아자리를 이용해 북극성을 찾을 수 있다.
⑤ 북두칠성 ①과 ②를 연결하고, 그 거리의 다섯 배만큼 떨어진 곳에 북극성이 있다.

4 용해와 용액

1 물에 퍼져 나가는 초콜릿 색소를 관찰하는 실험을 할 때 바르지 <u>않은</u> 것은 어느 것입니까? (   )

① 처음에는 물에 아무런 색깔이 없다.
② 초콜릿 겉면에 코팅된 색소가 물에 녹아 나온다.
③ 페트리 접시의 $\frac{1}{3}$ 정도의 높이까지 물을 채운다.
④ 가장 먼저 페트리 접시를 검은색 종이 위에 올려 놓는다.
⑤ 물을 채운 페트리 접시에 초콜릿을 올려놓으면 물의 색깔이 변한다.

2 멸치 가루에 대한 설명으로 바른 것을 모두 고르시오.
(,   )

① 물에 녹는다.
② 물에 녹지 않는다.
③ 물에 넣으면 물과 섞여 뿌옇게 변한다.
④ 물에 넣고 10분 동안 가만히 두면 투명하다.
⑤ 물에 넣으면 알갱이가 뭉쳐 하나의 큰 덩어리가 되어 바닥에 가라앉는다.

3 소금을 물에 녹여 소금물을 만들었을 때 용질과 용매는 무엇인지 쓰시오.

소금   물   소금물

(1) 용질: (   )
(2) 용매: (   )

[4~5] 각설탕이 물에 용해되기 전과 용해된 후의 무게를 비교하여 보았습니다.

4 위 실험을 할 때 필요하지 <u>않은</u> 실험 기구는 어느 것입니까? (   )

① 각설탕   ② 비커
③ 온도계   ④ 시약포지
⑤ 전자저울

5 위 실험에서 설탕물 ㉠에 대한 설명으로 바른 것은 어느 것입니까? (   )

① 뿌옇다.
② 투명하다.
③ 설탕이 물 위에 떠 있다.
④ 설탕이 바닥에 가라앉아 있다.
⑤ 색깔이 변한 설탕 알갱이가 보인다.

6 여러 가지 용질이 물에 용해되는 양을 비교할 때 같게 해야 할 조건을 모두 고르시오. (,   )

① 용매의 양
② 용매의 온도
③ 용질의 종류
④ 유리 막대의 길이
⑤ 페트리 접시의 크기

7 서술형 온도와 양이 같은 물에 소금, 설탕을 한 숟가락씩 더 넣으면서 다 용해되면 ○표, 다 용해되지 않고 바닥에 남으면 △표를 한 것입니다. 여덟 숟가락 넣었을 때 용해되는 모습을 설명하시오.

용질	약숟가락으로 넣은 횟수(회)							
	1	2	3	4	5	6	7	8
소금	○	○	○	○	○	○	○	△
설탕	○	○	○	○	○	○	○	○

_____

_____

[8~9] 물의 온도에 따라 백반이 용해되는 양을 비교하기 위한 실험 계획입니다.

같게 할 조건	백반의 양, 물의 양
다르게 할 조건	㉠
측정해야 할 것	백반이 녹는 양

8 위 실험 계획에서 ㉠에 들어갈 알맞은 조건을 쓰시오.

( )

9 위 **8**번 실험의 결과입니다. 알 수 있는 사실로 바른 것은 어느 것입니까? ( )

- 차가운 물에서는 어느 정도 용해되다가 용해되지 않은 백반이 바닥에 남아 있다.
- 따뜻한 물에서는 모두 용해된다.

① 물의 양이 적을수록 백반이 많이 용해된다.
② 물의 온도가 높을수록 백반이 많이 용해된다.
③ 물의 온도가 낮을수록 백반이 많이 용해된다.
④ 백반 알갱이의 크기가 클수록 많이 용해된다.
⑤ 백반이 용해되는 양과 물의 온도는 관계가 없다.

10 색깔이나 맛으로 구별할 수 없는 투명한 용액의 진하기는 어떤 물체를 넣어 비교할 수 있는지 모두 고르시오. (,)

① 단추
② 클립
③ 메추리알
④ 바둑알
⑤ 방울토마토

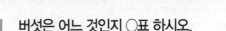

5 다양한 생물과 우리 생활

11 버섯은 어느 것인지 ○표 하시오.

(1)

(2)

( ) ( )

12 실체 현미경의 각 부분을 나타낸 것입니다. 대상의 초점을 맞출 때 사용하는 나사는 어느 것인지 기호와 이름을 쓰시오.

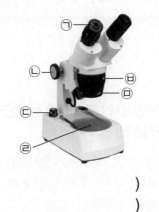

(1) 기호: ( )
(2) 이름: ( )

13 해캄을 관찰한 모습으로 바른 것은 ○표, 바르지 **않은** 것은 ×표를 하시오.

(1) 색깔은 붉은색입니다. ( )
(2) 물속에서 삽니다. ( )
(3) 여러 가닥이 뭉쳐 있습니다. ( )

14 다음은 어떤 원생생물을 관찰하고 기록한 관찰 기록 장입니까? ( )

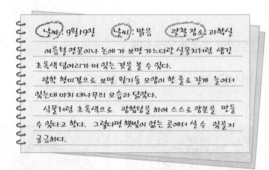

날짜: 9월19일 날씨: 맑음 관찰 장소: 과학실

여름철 연못이나 논에 가 보면 가느다란 실물처럼 생긴 초록색 덩어리가 떠 있는 것을 볼 수 있다.
광학 현미경으로 보면 원기둥 모양이 한 줄로 길게 늘어서 있는데 마치 대나무의 모습과 닮았다.
식물처럼 초록색으로 광합성을 하여 스스로 양분을 만들 수 있다고 한다. 그렇다면 햇빛이 없는 곳에서 살 수 있을지 궁금하다.

① 해캄 ② 종벌레
③ 아메바 ④ 유글레나
⑤ 짚신벌레

15 다음 글을 읽고 짚신벌레의 특징으로 알맞은 것에 ○표 하시오.

짚신벌레는 맨눈으로 볼 수 없을 정도로 작으며 바깥쪽에 가는 털이 있고 끝이 (둥근 원통 , 머리카락) 모양이다.

16 우리 주변에서 대소변에 있는 세균이 많이 살고 있을 만한 곳은 어디입니까? ( )

① 안방 ② 거실
③ 공부방 ④ 주방
⑤ 화장실

17 세균의 특징을 정리한 것입니다. 바르지 **않은** 것은 어느 것인지 기호를 쓰시오.

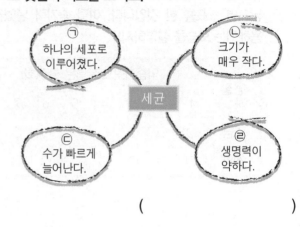

ㄱ 하나의 세포로 이루어졌다.
ㄴ 크기가 매우 작다.
세균
ㄷ 수가 빠르게 늘어난다.
ㄹ 생명력이 약하다.

( )

[18~19] 우리 생활에 영향을 끼치는 생물입니다.

ㄱ 된장을 만드는 데 활용되는 균류
ㄴ 요구르트를 만드는 데 활용되는 세균
ㄷ 산소를 만드는 원생생물
ㄹ 장염을 일으키는 세균

18 생물이 음식물 만드는 데 이용되는 경우를 모두 골라 기호를 쓰시오.

( )

19 위 18번에서 ㄷ과 관련이 있는 생물은 무엇인지 쓰시오.

( )

20 세균을 자라지 못하게 하는 특성을 활용하여 질병을 치료하는 약을 만드는 생물은 무엇입니까? ( )

① 해캄
② 푸른곰팡이
③ 바다에 사는 원생생물
④ 오염 물질을 분해하는 세균
⑤ 플라스틱의 원료를 가진 세균

[1~3] 소금, 설탕, 멸치 가루가 50 mL의 물에 녹는 정도를 비교해 보았습니다.

1 각 비커에 각각 두 숟가락씩 넣고 유리 막대로 저었을 때, 실험에 대한 설명으로 바르지 <u>않은</u> 것은 어느 것입니까? (   )

① 멸치 가루는 모두 녹는다.
② 설탕은 물에 모두 녹는다.
③ 물은 온도와 양이 같아야 한다.
④ 소금은 뜨거나 가라앉는 것이 없다.
⑤ 소금, 설탕, 멸치 가루는 같은 양을 넣어야 한다.

2 소금, 설탕, 멸치 가루를 두 숟가락씩 물에 넣고 저었을 때의 결과를 나타낸 표입니다. ㉠에 들어갈 말을 바르게 설명한 사람은 누구인지 쓰시오.

가루 물질	물에 넣고 저었을 때
소금	물에 녹는다.
설탕	㉠
멸치 가루	㉡

- 성욱: 잘 녹고, 물의 색깔은 투명해.
- 상근: 전혀 녹지 않고 바닥에 가라앉아.
- 재경: 잘 녹지만 용액이 노란색으로 변해.

(   )

3 위 ㉡에 들어갈 알맞은 말을 쓰시오.

_____

4 각설탕이 물에 용해되기 전과 용해된 후의 무게를 비교하여 볼 때, 전자저울을 사용하는 방법이 바르지 <u>않은</u> 것은 어느 것입니까? (   )

㉠  ㉡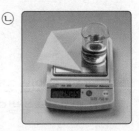

① 수평한 곳에 놓고 사용한다.
② 물체를 올려놓고 영점을 맞춘다.
③ 물체는 저울의 중앙에 올려놓는다.
④ 화면에 표시된 숫자를 읽어 무게를 측정한다.
⑤ 공기 방울이 한가운데 오도록 해야 수평이 맞는다.

5 위 실험에서 ㉠과 ㉡의 무게를 바르게 비교한 것은 어느 것입니까? (   )

① ㉠이 더 무겁다.
② ㉡이 더 무겁다.
③ 측정할 때마다 다르다.
④ ㉠과 ㉡의 무게가 같다.
⑤ ㉠과 ㉡의 무게를 비교할 수 없다.

6 용질마다 물에 용해되는 양이 같은지 알아보는 실험을 할 때 준비한 세 가지 용질로 알맞은 것은 어느 것입니까? (   )

① 소금, 설탕, 식용유
② 소금, 설탕, 멸치 가루
③ 소금, 설탕, 나프탈렌
④ 소금, 설탕, 베이킹 소다
⑤ 소금, 멸치 가루, 나프탈렌

7 따뜻한 물에서 모두 용해된 백반 용액이 든 비커를 얼음물에 넣으면 백반 용액이 든 비커 바닥에 무엇이 생기는지 쓰시오.

( )

8 비커에 들어 있는 진하기가 다른 두 황설탕 용액의 색깔을 비교하는 방법으로 알맞은 것은 어느 것입니까?

( )

① 맛을 본다.
② 냄새를 맡아 본다.
③ 전자저울로 무게를 측정한다.
④ 비커 뒤에 흰 종이를 대고 비교한다.
⑤ 비커 뒤에 검은색 종이를 대고 비교한다.

9 두 용액 중 진한 것은 어느 것인지 쓰고, 그렇게 생각한 까닭을 한 가지 쓰시오.

(1) 진한 용액: ( )

(2) 그렇게 생각한 까닭: _____

_____

10 오른쪽과 같이 용액의 진하기를 비교하는 도구를 만들 때 필요한 준비물을 모두 고르시오. (,)

① 클립
② 납작못
③ 고무찰흙
④ 주름 빨대
⑤ 스타이로폼 수수깡

---

5 다양한 생물과 우리 생활

11 같은 생물 찾기 놀이의 규칙으로 바르지 않은 것은 어느 것입니까? ( )

① 가위바위보로 순서를 정한다.
② 자신이 내는 카드는 미리 보고 뒤집는다.
③ 모든 학생들과 종 사이의 거리는 같아야 한다.
④ 모둠원 중 카드를 모두 낸 사람이 있으면 놀이가 끝난다.
⑤ 카드를 낼 때에는 반드시 카드를 바깥쪽으로 뒤집어야 한다.

12 빵에 자란 곰팡이를 자세하게 관찰하는 데 가장 알맞은 실험 도구는 무엇입니까? ( )

① 거울　　　　　② 돋보기
③ 오목 렌즈　　　④ 망원경
⑤ 실체 현미경

13 곰팡이와 버섯에 대해 조사한 내용 중 바르지 않은 것끼리 짝지은 것은 어느 것입니까? ( )

> ㉠ 곰팡이와 버섯은 균류이다.
> ㉡ 모두 광합성을 한다.
> ㉢ 꽃이 화려하다.
> ㉣ 균사로 이루어져 있다.
> ㉤ 포자로 번식한다.
> ㉥ 따뜻하고 축축한 환경에서 잘 자란다.

① ㉡, ㉤　　　　　② ㉡, ㉢, ㉥
③ ㉡, ㉢　　　　　④ ㉣, ㉤, ㉥
⑤ ㉢, ㉣

14 짚신벌레 영구 표본을 만들 때 필요한 준비물이 아닌 것은 어느 것입니까? ( )

① 탈지면　　　　　② 스포이트
③ 알코올램프　　　④ 덮개 유리
⑤ 오목 받침 유리

15 광학 현미경에서 표시한 부분의 이름을 쓰시오.

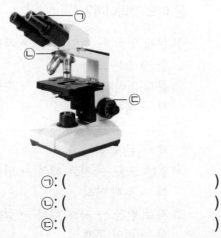

㉠: (   )
㉡: (   )
㉢: (   )

16 짚신벌레의 특징으로 바르지 않은 것은 어느 것입니까? (   )

① 스스로 움직인다.
② 물을 떠나서 살 수 없다.
③ 다른 작은 생물을 먹고 산다.
④ 크기가 커서 맨눈으로 볼 수 있다.
⑤ 빛과 같은 자극에 반응하여 움직인다.

17 생물의 종류가 다른 하나는 어느 것입니까?
(   )

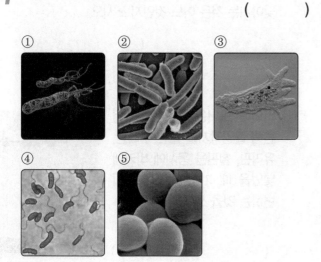

18 세균의 특징으로 바른 것은 어느 것입니까?
(   )

① 세균의 수는 매우 적다.
② 세균의 종류는 하나이다.
③ 세균의 크기는 한 가지이다.
④ 세균은 균류나 원생생물보다 크기가 크다.
⑤ 세균은 생김새에 따라 공 모양, 막대 모양, 나선 모양 등으로 구분할 수 있다.

19 다양한 생물이 우리 생활에 미치는 이로운 영향에 맞도록 알맞게 선으로 연결하시오.

(1) 세균 •   • ㉠ 다른 생물의 먹이가 된다.

(2) 균류 •   • ㉡ 된장을 만든다.

(3) 원생생물 •   • ㉢ 김치, 요구르트를 만든다.

20 첨단 생명 과학을 활용하여 생물 연료로 이용되는 생물을 보기 에서 찾아 기호를 쓰시오.

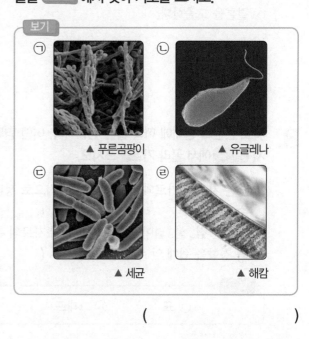

보기
㉠ ▲ 푸른곰팡이
㉡ ▲ 유글레나
㉢ ▲ 세균
㉣ ▲ 해캄

(   )

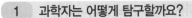

1 과학자는 어떻게 탐구할까요?

1 다음과 같은 탐구 문제가 좋은 탐구 문제가 <u>아닌</u> 까닭은 무엇입니까? (   )

탐구 문제	꽃은 얼마나 예쁠까?

① 탐구할 내용이 구체적이기 때문에
② 탐구하여 궁금증을 해결할 수 있기 때문에
③ 간단한 조사를 통해 쉽게 답을 찾을 수 있기 때문에
④ 관찰이나 실험을 하여 스스로 해결할 수 있기 때문에
⑤ 실험을 통해 무엇을 검증할지 분명하게 드러나 있지 않기 때문에

2 실험에서 다르게 해야 할 조건과 같게 해야 할 조건을 확인하고 통제하는 것을 무엇이라고 합니까?
(   )

① 문제를 인식한다.
② 변인을 통제한다.
③ 자료를 변환한다.
④ 자료를 해석한다.
⑤ 결론을 도출한다.

3 자료 변환의 형태에 따라 좋은 점입니다. 어떤 형태인지 보기 에서 골라 기호를 쓰시오.

(1) 많은 자료를 가로와 세로 칸에 체계적으로 정리할 수 있습니다. (   )
(2) 자료를 점, 선, 넓이 등으로 나타내어 자료의 분포와 경향을 쉽게 알 수 있습니다. (   )

보기
　⊙ 표　　　　　ⓛ 그래프

4 실험을 계획하고 탐구하는 순서를 바르게 나타낸 것은 어느 것입니까? (   )

① 문제 인식 → 변인 통제 → 자료 해석 → 자료 변환 → 결론 도출
② 문제 인식 → 변인 통제 → 자료 변환 → 자료 해석 → 결론 도출
③ 결론 도출 → 자료 해석 → 자료 변환 → 변인 통제 → 문제 인식
④ 결론 도출 → 자료 해석 → 변인 통제 → 자료 변환 → 문제 인식
⑤ 자료 변환 → 자료 해석 → 결론 도출 → 문제 인식 → 변인 통제

2 온도와 열

5 몸의 온도를 측정할 때 사용하는 다음과 같은 온도계는 무엇인지 쓰시오.

(   )

6 온도가 높은 삶은 면을 차가운 물에 헹굴 때 온도가 낮아지는 것은 어느 것인지 쓰시오.

(   )

7 비커에 뜨거운 물을 붓고 열 변색 붙임딱지를 붙인 구리판, 유리판, 철판을 동시에 비커에 넣었을 때 가장 빨리 색깔이 변하는 것을 쓰시오.

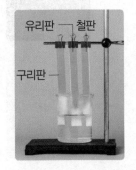
유리판 ─ 철판
구리판 ─

(   )

8 파란색 잉크의 아랫부분에 뜨거운 물이 담긴 종이컵을 놓았을 때 잉크의 움직임을 바르게 나타낸 것에 ○ 표 하시오.

(1)

(2)

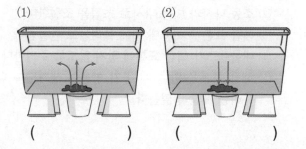

(   )   (   )

3 태양계와 별

9 태양계 카드 다섯 고개 퀴즈를 하면서 다음 카드를 마음속으로 정했을 때 친구들의 질문에 "예." 또는 "아니요."로 답하시오.

▲ 태양

(1) 둥근 모양입니까?   (   )
(2) 고리가 있습니까?   (   )
(3) 태양계의 중심에 있습니까?   (   )

10 태양이 우리에게 미치는 이로운 영향이 <u>아닌</u> 것은 어느 것입니까? (   )

① 전기를 만들어 생활에 이용한다.
② 바닷물을 증발시켜 소금을 만든다.
③ 햇빛 알레르기를 일으켜 생활을 불편하게 한다.
④ 초식 동물은 식물이 만든 양분을 먹고 살아간다.
⑤ 식물은 태양 빛이 있어야 양분을 만들어 살아갈 수 있다.

11 태양계 행성 중 목성은 어떤 특징을 가지고 있습니까? (   )

① 스스로 빛을 낸다.
② 지구 주위를 돌고 있다.
③ 표면에 가로 줄무늬가 있다.
④ 지구처럼 생명체가 살고 있다.
⑤ 지구에서 보면 가장 작게 보인다.

12 여러 날 동안 밤하늘을 관측해 행성이 움직인 것을 ○로 표시했습니다. 이것으로 알 수 있는 행성과 별의 차이점을 한 가지 쓰시오.

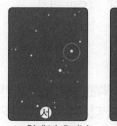  

▲ 첫째 날 초저녁   ▲ 7일 뒤 초저녁   ▲ 15일 뒤 초저녁

_____
_____

100점 예상 문제

4 용해와 용액

13 소금을 물에 넣어 녹이려고 합니다. 녹는 물질이 녹이는 물질에 골고루 섞여 있는 물질을 나타낸 것은 무엇인지 기호를 쓰시오.

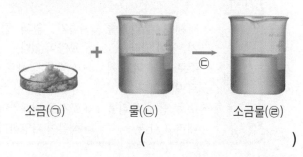

소금(㉠)   물(㉡)   소금물(㉢)

(   )

14 물 100 g에 각설탕 20 g을 모두 용해시킨 용액에 대한 설명으로 바른 것을 모두 고르시오. (,   )

① 각설탕 용액의 무게는 100 g이다.
② 각설탕은 물속에 골고루 섞여 있다.
③ 각설탕은 물에 용해되어 모두 없어졌다.
④ 각설탕이 물에 용해되면 물의 무게가 가벼워진다.
⑤ 각설탕 용액의 무게는 각설탕의 무게와 물의 무게를 합한 것과 같다.

15 여러 가지 용질이 물에 용해되는 양을 비교하기 위해 비커 세 개에 같은 양의 물을 담을 때 필요한 실험 기구는 무엇입니까? (   )

① 스포이트
② 약숟가락
③ 유리 막대
④ 페트리 접시
⑤ 눈금실린더

16 따뜻한 물에서 모두 용해된 백반 용액이 든 비커를 얼음물에 넣으면 백반 알갱이가 다시 생겨 바닥에 가라앉는 까닭은 무엇인지 모두 고르시오. (,   )

① 용액의 온도가 낮아져서
② 용액의 온도가 높아져서
③ 백반 용액의 색깔이 변해서
④ 백반이 용액 속에 많이 녹아 있을 수 없어서
⑤ 백반이 용액 속에 많이 녹아 있을 수 있어서

5 다양한 생물과 우리 생활

17 균류와 식물의 차이점입니다. 식물과 균류를 바르게 구분하여 빈칸에 쓰시오.

구분		
차이점	•대체로 뿌리, 줄기, 잎이 있다. •주로 꽃이 피고 씨로 번식한다. •주로 땅에 뿌리를 내리고 산다.	•줄기, 잎과 같은 모양이 없다. •전체가 균사로 이루어져 있다. •포자로 번식한다. •색깔이 다양하다.

18 해캄을 광학 현미경으로 관찰할 때 주의할 점으로 바르지 <u>않은</u> 것은 어느 것입니까? (   )

① 해캄 표본을 만들어 관찰한다.
② 조동 나사와 미동 나사로 초점을 조절한다.
③ 해캄 표본을 재물대 위에 올려놓고 관찰한다.
④ 대물렌즈가 해캄 표본에 닿지 않도록 주의한다.
⑤ 해캄 표본을 만들 때 공기 방울이 생기도록 덮개 유리를 재빨리 덮는다.

19 세균의 이름과 사는 곳, 특징을 바르게 선으로 연결하시오.

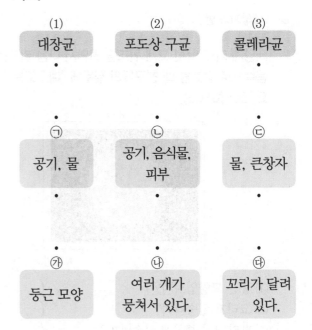

20 다양한 생물의 특징과 중요성을 알리는 홍보 자료를 만들 계획을 세울 때 생각해야 할 점이 <u>아닌</u> 것은 무엇입니까? (   )

① 홍보 자료는 어떤 형태로 만들까?
② 홍보 자료에는 어떤 내용들을 넣어야 할까?
③ 홍보 자료를 보게 될 대상은 누구로 정할까?
④ 내가 만든 홍보 자료에서 개선할 점은 무엇일까?
⑤ 홍보 자료를 만드는 데 활용할 수 있는 도구에는 어떤 것들이 있을까?

---

1 과학자는 어떻게 탐구할까요?

1 다음과 같은 탐구 문제로 실험 계획을 세울 때 실험 조건을 나타낸 것입니다. <u>잘못</u> 분류된 조건은 어느 것인지 쓰시오.

탐구 문제	사인펜의 색깔에 따라 잉크에 섞여 있는 색소는 같을까?

다르게 해야 할 조건	같게 해야 할 조건
사인펜의 색깔, 점의 크기	종이의 종류, 종이의 크기, 사인펜의 종류 등

( )

2 사인펜 잉크의 색소를 분리하는 실험의 결과로 바른 것은 어느 것입니까? ( )

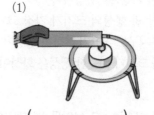

① 여러 개의 색소가 동시에 분리된다.
② 사인펜 잉크의 색소는 분리되지 않는다.
③ 파란색 사인펜은 한 가지 색으로만 분리된다.
④ 검은색 사인펜에서는 하늘색이 가장 먼저 분리된다.
⑤ 빨간색 사인펜에서는 진분홍색이 가장 먼저 분리된다.

3 자료 해석에 대한 설명입니다. ( ) 안에 알맞은 말을 쓰시오.

실험 결과를 표나 그래프로 나타낸 다음에는 실험 결과를 통해 알 수 있는 점을 생각하고, 자료 사이의 ( )나 ( )을 찾아낸다. 이러한 과정을 자료 해석이라고 한다.

( )

4 탐구 문제를 정하고 탐구할 때 가장 나중에 해야 하는 탐구 요소는 무엇입니까? ( )

① 문제 인식
② 변인 통제
③ 자료 변환
④ 자료 해석
⑤ 결론 도출

---

2 온도와 열

5 적외선 온도계로 온도를 측정할 수 있는 물질은 어느 것인지 모두 고르시오. (,)

① 교실의 벽
② 공기의 온도
④ 연못 속 물의 온도
③ 동생의 목욕물 온도
⑤ 교실에 있는 책상의 온도

6 길게 자른 구리판의 한쪽 끝부분을 가열할 때 열의 이동을 바르게 나타낸 것은 어느 것인지 ○표 하시오.

(1) 　(2)

( )　( )

7 물이 담긴 주전자를 가열하면 물 전체가 따뜻해집니다. 이와 관련된 열의 이동 방법에 ○표 하시오.

(전도, 대류)

8 알코올램프에 불을 붙인 다음, 삼발이의 위쪽에 비눗 방울을 불었을 때 비눗방울의 움직임을 쓰시오.

---

3 태양계와 별

9 태양계의 구성원을 나타낸 것입니다. 빈칸에 알맞은 것을 쓰시오.

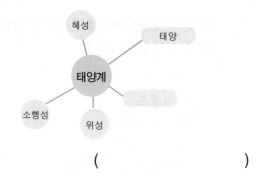

( )

10 행성에 대한 설명으로 바른 것은 어느 것입니까?
( )

① 지구는 크기가 큰 행성에 속한다.
② 토성은 태양계에서 가장 큰 행성이다.
③ 태양으로부터 가장 먼 행성의 크기가 가장 크다.
④ 수성, 금성, 화성은 지구보다 크기가 작은 행성이다.
⑤ 태양계에서 지구와 크기가 비슷한 행성은 화성이다.

11 태양에서 지구까지의 거리를 1로 보았을 때 태양에서 행성까지의 상대적인 거리입니다. 지구에서 가장 가까 운 행성을 쓰고, 그렇게 생각한 까닭을 쓰시오.

행성	상대적인 거리	행성	상대적인 거리
수성	0.4	지구	1.0
금성	0.7	화성	1.5

12 북극성을 찾을 때 이용할 수 있는 별자리를 모두 고르 시오. (,)

① 북두칠성
② 큰개자리
③ 오리온자리
④ 페가수스자리
⑤ 카시오페이아자리

---

4 용해와 용액

13 용해에 대한 설명으로 바르지 않은 것을 [보기]에서 골라 기호를 쓰시오.

[보기]

㉠ 용질이 용매에 용해되는 것은 없어지거나 양 이 변하는 것이다.
㉡ 용질이 용해되면 용질이 보이지 않지만, 용 액 속에 골고루 섞여 있다.
㉢ 용질이 용매에 용해되는 것은 용질이 용매에 가라앉거나 위로 뜨는 것이 없는 것이다.

( )

14 각설탕을 물에 넣었을 때 녹는 모습을 순서대로 기호 를 쓰시오.

㉠    ㉡    ㉢

( )

15 온도와 양이 같은 물에 소금, 설탕, 베이킹 소다를 같은 양만큼 넣고 유리 막대로 저었을 때의 결과를 바르게 해석한 것은 어느 것입니까? (   )

가루 물질	실험 결과
소금	다 용해되었다.
설탕	다 용해되었다.
베이킹 소다	바닥에 가라앉았다.

① 소금이 설탕보다 알갱이 크기가 더 작다.
② 베이킹 소다의 알갱이 크기가 가장 작다.
③ 설탕과 베이킹 소다의 알갱이 크기는 같다.
④ 물의 온도와 양이 같을 때 소금이 가장 빨리 녹는다.
⑤ 물의 온도와 양이 같을 때 용질마다 용해되는 양이 다르다.

16 10 ℃ 물과 40 ℃ 물 50 mL에 백반을 각각 넣었을 때 백반이 더 많이 용해되는 것을 쓰시오.

(   )

5   다양한 생물과 우리 생활

17 표고버섯과 토끼풀의 공통점과 차이점에 대한 설명으로 바르지 <u>않은</u> 것은 어느 것입니까? (   )

① 모두 생물이다.
② 모두 초록색이다.
③ 토끼풀은 줄기, 잎 등이 있다.
④ 표고버섯은 광합성을 하지 않는다.
⑤ 모두 살아가는 데 물과 공기가 필요하다.

18 광학 현미경으로 짚신벌레 영구 표본을 관찰하는 순서대로 기호를 쓰시오.

> ㉠ 전원을 켜고 조리개로 빛의 양을 조절한다.
> ㉡ 조동 나사로 재물대를 천천히 내리면서 접안렌즈로 짚신벌레를 찾고, 미동 나사로 짚신벌레가 뚜렷하게 보이도록 조절한다.
> ㉢ 회전판을 돌려 배율이 가장 낮은 대물렌즈가 중앙에 오도록 한다.
> ㉣ 영구 표본을 재물대의 가운데에 고정한다.
> ㉤ 대물렌즈의 배율을 높이고 미동 나사로 초점을 맞추어 관찰한다.
> ㉥ 조동 나사로 재물대를 올려 영구 표본과 대물렌즈의 거리를 최대한 가깝게 한다.

(   )

19 곰팡이나 세균이 사라진다면 우리 생활이 어떻게 달라질지 바르게 예상한 친구는 누구인지 쓰시오.

> • 재경: 곰팡이가 사라지면 우리 주변에는 깨끗한 곳만 있어서 좋을 것 같아.
> • 강은: 세균이 사라지면 아무도 병에 걸리지 않을 거야.
> • 민준: 김치, 요구르트, 된장 등의 음식을 만들 수 없을 거야.

(   )

20 첨단 생명 과학을 우리 생활에 활용한 예로 알맞지 <u>않</u>은 것은 어느 것입니까? (   )

① 버섯 요리-특별한 방법으로 요리한다.
② 생물 연료-생물을 이용하여 기름을 만든다.
③ 생물 농약-해충에게만 질병을 일으키는 특성을 활용한다.
④ 음식 쓰레기 처리-원생생물을 음식 쓰레기를 분해하는 데 활용한다.
⑤ 질병을 치료하는 약-푸른곰팡이가 세균을 자라지 못하게 하는 특성을 활용한다.

100점
예상
문제

100점 예상문제 **159**

MEMO

9종 검정 교과서

완벽 분석
종합평가

과학

5-1

1 가장 좋은 탐구 문제는 어느 것입니까? (   )

① 모든 색종이는 가벼울까?
② 반짝이는 종이는 좋을까?
③ 색종이는 어떻게 만들까?
④ 모든 종이는 물에 젖을까?
⑤ 색종이를 접어서 물 위에 띄우면 어떻게 될까?

2 학생들이 좋아하는 운동을 그래프로 나타낸 것입니다. 이와 같이 탐구 결과를 표나 그래프 등의 형태로 바꾸어 나타내는 것을 무엇이라고 합니까? (   )

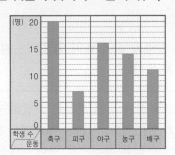

① 문제 인식   ② 변인 통제
③ 자료 변환   ④ 자료 해석
⑤ 결론 도출

3 차갑거나 따뜻한 정도를 표현하는 단어를 사용하지 않은 것은 어느 것입니까? (   )

① 밥솥에 뜨거운 밥이 있다.
② 감자를 냄비에 넣고 삶았다.
③ 얼음물에 담긴 채소가 차갑다.
④ 따뜻한 면이 접시에 담겨 있다.
⑤ 냉장고에서 꺼낸 음료수가 차갑다.

서술형

4 물체의 따뜻하거나 차가운 정도를 말로만 표현할 때 불편한 점은 무엇인지 한 가지 쓰시오.

_____

[5~6] 온도계를 사용하여 컵의 온도를 측정하여 보았습니다.

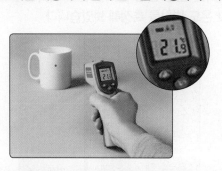

5 위에서 사용한 온도계의 이름을 쓰시오.

(   )

관련 교과서 **돋보기**

적외선 온도계
• 온도 표시 창에 측정한 온도가 나타납니다.
• 온도 측정 단추를 눌러 온도계를 켜고, 측정할 물체로부터 10~20 cm 떨어진 거리에서 온도를 측정합니다.
• 사람의 눈을 향해 겨누지 않도록 합니다.

6 위 **5**번 정답의 온도계를 사용하는 방법으로 바르지 않은 것은 어느 것입니까? (   )

① 온도 표시 창에 온도가 표시된다.
② 사람의 눈을 향해 온도계를 겨누지 않는다.
③ 온도를 읽을 때 수평으로 눈높이를 맞춰야 한다.
④ 컵의 표면에 온도계를 겨누고 측정 단추를 누른다.
⑤ 온도계에서 나온 레이저 빛이 컵의 표면에 있어야 한다.

7 알코올 온도계의 온도는 몇 ℃인지 쓰고, 바르게 읽으시오.

(1) 쓰기: (   ) ℃
(2) 읽기: (   )

[8~9] 차가운 물을 담은 음료수 캔을 따뜻한 물을 담은 비커에 넣고 온도 변화를 측정해 보았습니다.

차가운 물을 담은 음료수 캔

따뜻한 물

8 위 실험에서 충분한 시간이 지난 후에 두 물의 온도를 비교하여 <, =, >로 나타내시오.

음료수 캔에 담은 물의 온도

비커에 담은 물의 온도

9 위 실험을 통해 알 수 있는 사실입니다. 알맞은 말에 ○표 하시오.

온도가 다른 두 물체가 접촉한 채로 시간이 지나면 두 물체의 온도는 같아진다. 이것은 온도가 (높은, 낮은) 물체에서 온도가 (높은, 낮은) 물체로 열이 이동하기 때문이다.

10 길게 자른 구리판 윗면에 열 변색 붙임딱지를 붙이고 한쪽 끝부분을 가열할 때 열 변색 붙임딱지의 색깔이 먼저 변하는 부분의 기호를 쓰시오.

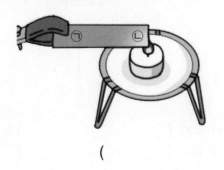

( )

11 고체에서 열이 이동하는 방법에 대한 설명으로 바른 것을 모두 고르시오. (,)

① 공기를 통해 열이 이동한다.
② 소리를 통해 열이 이동한다.
③ 고체 물체를 따라 열이 이동한다.
④ 온도가 낮은 부분에서 온도가 높은 부분으로 열이 이동한다.
⑤ 온도가 높은 부분에서 온도가 낮은 부분으로 열이 이동한다.

12 다음 설명과 같이 열이 이동하는 방법을 무엇이라고 하는지 쓰시오.

고체 물체의 한 부분을 가열하면 그 부분의 온도가 높아진다. 시간이 지나면서 온도가 높은 부분에서 낮은 부분으로 열이 이동하여 온도가 낮은 부분의 온도도 점차 높아진다.

( )

🔍 관련 교과서 돋보기

우리 생활에서 열의 전도가 일어나는 예
• 뜨거운 떡국에 국자를 넣어 두었을 때 국자의 손잡이가 뜨거워집니다.
• 뜨거운 철판 위에 고기를 올려놓았을 때 철판에 직접 닿지 않았던 고기의 속까지 익습니다.

[13~14] 구리판, 유리판, 철판에 열 변색 붙임딱지를 붙인 뒤 뜨거운 물이 담긴 비커에 넣었습니다.

유리판
구리판
철판

13 오른쪽 실험에서 열 변색 붙임딱지의 색깔이 가장 먼저 변하는 것을 쓰시오.

( )

14 앞 13번 실험으로 알 수 있는 사실입니다. ㉠, ㉡에 알 맞은 말을 쓰시오.

> 열 변색 붙임딱지의 (㉠) 변화로 고체 물질의 종류에 따라 (㉡)이 이동하는 빠 르기가 다르다는 것을 알 수 있다.

㉠: (   )

㉡: (   )

15 물체 사이에서 열의 이동을 막는 것을 무엇이라고 합 니까? (   )

① 온도   ② 전도
③ 대류   ④ 복사
⑤ 단열

[16~17] 차가운 물이 담긴 비커를 쇠그물 위에 올려놓고 비 커 바닥의 한쪽에 파란색 잉크를 넣은 다음 파란색 잉크의 아랫부분을 초로 가열하였습니다.

16 위 실험에서 파란색 잉크가 움직이는 모습을 바르게 나타낸 것은 어느 것인지 ○표 하시오.

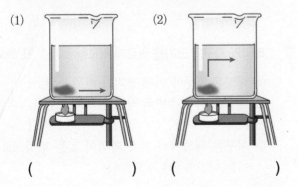

(1)   (2)

(   )   (   )

17 앞 16번 실험에서 파란색 잉크의 움직임을 보고 알 수 있는 사실은 무엇입니까? (   )

① 액체에서 열은 이동하지 않는다.
② 온도가 높아진 액체는 위로 올라간다.
③ 온도가 낮아진 액체는 위로 올라간다.
④ 온도가 높아진 액체는 아래로 내려간다.
⑤ 온도가 낮아진 액체는 움직이지 않는다.

18 물 아래쪽을 가열하면 따뜻해진 물이 위로 올라가면 서 열이 이동합니다. 이처럼 온도가 높아진 물질이 위 로 올라가면서 열이 이동하는 것을 무엇이라고 하는 지 쓰시오.

(   )

19 기체에서의 열의 이동을 설명한 것으로 바른 것을 모 두 고르시오. (,   )

① 액체에서의 열의 이동 방법과 같다.
② 공기를 가열해도 열은 이동하지 않는다.
③ 공기를 가열하면 모든 방향으로 열이 이동한다.
④ 온도가 높아진 공기는 아래로 내려가고, 차가운 공기는 위로 올라간다.
⑤ 온도가 높아진 공기는 위로 올라가고, 차가운 공 기는 아래로 내려온다.

20 난방기를 켰을 때 열의 이동을 화살표로 나타낸 것입 니다. 바른 것은 어느 것인지 ○표 하시오.

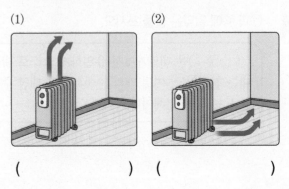

(1)   (2)

(   )   (   )

1 ( ) 안에 공통으로 알맞은 말을 쓰시오.

> • ( )은 지구의 모든 것에 영향을 미친다.
> • 우리는 살아가는 데 필요한 대부분의 에너지를 ( )에서 얻고 있다.

( )

🔍 관련 교과서 돋보기

태양이 우리에게 미치는 영향
• 지구를 따뜻하게 하여 생물이 살아가기에 알맞은 환경을 만들어 준다.
• 태양 빛을 이용하여 전기를 만들어 생활에 이용한다.
• 식물과 동물은 태양이 있어야 살아갈 수 있다.
• 물이 순환하는 데 필요한 에너지를 공급해 준다.

2 태양이 생물과 우리 생활에 미치는 영향으로 알맞지 <u>않은</u> 것은 어느 것입니까? ( )

① 지구를 따뜻하게 한다.
② 지구에서 물이 순환하도록 돕는다.
③ 태양 빛을 이용하여 전기를 만든다.
④ 식물은 태양에서 오는 에너지를 이용하여 살아간다.
⑤ 동물은 태양 빛으로 양분을 스스로 만들어 살아간다.

3 태양계의 구성원이 <u>아닌</u> 것은 어느 것입니까?

( )

① 태양   ② 은하
③ 위성   ④ 행성
⑤ 소행성

4 ㉠과 ㉡에 알맞은 말을 쓰시오.

> (㉠)은 태양계에서 유일하게 스스로 빛을 내는 천체이고, 여덟 개의 (㉡)은 태양 주위를 도는 둥근 천체이다.

㉠: ( )
㉡: ( )

5 물과 공기가 있어서 다른 행성과 달리 생명체가 살기에 적합한 행성은 어느 것입니까? ( )

① ▲ 금성   ② ▲ 화성   ③ ▲ 지구
④ ▲ 목성   ⑤ ▲ 천왕성

서술형

6 태양계의 행성 중 천왕성에 대하여 <u>잘못</u> 말한 친구의 이름을 쓰고, 잘못된 내용을 바르게 고쳐 쓰시오.

> • 원식: 청록색을 띠는 행성이야.
> • 호준: 표면이 기체로 이루어져 있어.
> • 민선: 고리가 없는 행성이야.

(1) 이름: ( )

(2) 고쳐 쓴 내용: _____

_____

7 태양과 지구의 크기를 바르게 비교한 것에 ○표 하시오.

(1) 태양은 지구에 비해 크기가 매우 크다. ( )
(2) 태양은 지구 주변의 작은 점으로 보인다.
                                 ( )
(3) 지구는 태양에서 가장 가까이 있는 행성으로, 크기는 태양의 2배 정도이다. ( )

8 행성의 크기를 비교한 것으로 바르지 <u>않은</u> 것은 어느 것입니까? (   )

① 금성은 수성보다 크다.
② 해왕성은 토성보다 작다.
③ 태양계 행성은 크기가 거의 비슷하다.
④ 수성, 금성, 지구, 화성은 상대적으로 크기가 작다.
⑤ 목성, 토성, 천왕성, 해왕성은 상대적으로 크기가 크다.

[9~10] 태양에서 지구까지의 거리를 1로 정하였을 때 태양에서 각 행성까지의 상대적인 거리입니다.

행성	상대적인 거리	행성	상대적인 거리
수성	0.4	목성	5.2
금성	0.7	토성	9.6
지구	1.0	천왕성	19.1
화성	1.5	해왕성	30.0

9 태양에서 가장 가까운 행성의 이름을 쓰시오.

(   )

서술형

10 위 9번 표와 같이 태양에서 행성까지의 거리를 상대적인 거리로 비교하는 까닭을 한 가지 쓰시오.

_____

_____

11 다음 행성들의 공통점은 무엇입니까? (   )

> 목성, 토성, 천왕성, 해왕성

① 생명체가 살고 있다.
② 지구 가까이에 있다.
③ 지구보다 크기가 작다.
④ 상대적으로 태양에서 멀리 떨어져 있다.
⑤ 행성과 행성 사이의 거리가 매우 가깝다.

12 밤하늘에서 행성은 별과 같이 빛을 내는 것처럼 보입니다. 그 까닭은 무엇입니까? (   )

① 태양에서 매우 멀기 때문에
② 지구에서 매우 멀기 때문에
③ 태양 빛을 반사하기 때문에
④ 밤하늘이 매우 어둡기 때문에
⑤ 밤이 되면 별로 변하기 때문에

13 여러 날 동안 같은 시각, 같은 장소에서 밤하늘을 관측하여 나타낸 것입니다. 표시한 것이 행성이라고 생각한 까닭은 무엇입니까? (   )

▲ 첫째 날 초저녁　　▲ 7일 뒤 초저녁　　▲ 15일 뒤 초저녁

① 천체의 크기가 변하기 때문에
② 천체의 밝기가 변하기 때문에
③ 천체의 위치가 변하기 때문에
④ 천체의 색깔이 변하기 때문에
⑤ 천체의 개수가 변하기 때문에

🔍 관련 교과서 돋보기

여러 날 동안 같은 시각, 같은 장소에서 밤하늘을 관측할 때 행성과 별의 차이점
• 별은 거의 움직이지 않는 것처럼 보이지만, 행성은 위치가 서서히 변합니다.
• 행성은 별보다 더 밝고 또렷하게 보이며 거의 반짝거리지 않습니다.

서술형

14 위 13번과 같이 여러 날 동안 같은 시각, 같은 장소에서 밤하늘을 관측했을 때 알 수 있는 행성과 별의 차이점을 한 가지 쓰시오.

_____

_____

15 ( ) 안에 알맞은 말을 쓰시오.

> 옛날 사람들은 별을 무리 지어 사람이나 동물 또는 물건의 이름을 붙여 ( )를 만들었다.

( )

16 다음 별자리들의 공통점은 무엇입니까? ( )

> 북두칠성, 작은곰자리, 카시오페이아자리

① 밝기가 밝은 별자리이다.
② 밤보다 낮에 잘 보이는 별자리이다.
③ 남쪽 밤하늘에서 볼 수 있는 별자리이다.
④ 북쪽 밤하늘에서 볼 수 있는 별자리이다.
⑤ 동물의 모습을 떠올려 이름을 붙인 별자리이다.

17 오른쪽 별자리에 대한 설명으로 바르지 않은 것은 어느 것입니까? ( )

① 국자 모양이다.
② 작은곰자리이다.
③ 일곱 개의 별로 이루어져 있다.
④ 큰곰자리의 일부분을 이루고 있다.
⑤ 북쪽 밤하늘의 대표적인 별자리이다.

🔍 관련 교과서 돋보기

큰곰자리의 북두칠성

18 항상 정확한 북쪽에 있기 때문에 예로부터 나침반 역할을 한 별은 무엇입니까? ( )

① 북극성
② 북두칠성
③ 사자자리
④ 작은곰자리
⑤ 카시오페이아자리

19 밤하늘에서 북극성을 바로 찾지 않고 다른 별자리를 이용해 찾는 까닭은 무엇입니까? ( )

① 북극성은 여러 개가 있기 때문에
② 북극성은 다른 별보다 밝기 때문에
③ 북극성은 가장 밝은 별이 아니기 때문에
④ 북극성을 찾는 재미를 느낄 수 있기 때문에
⑤ 북극성은 다른 별자리 사이에서 움직이기 때문에

20 별자리 ㉠을 이용하여 북극성을 찾는 방법을 설명한 것입니다. ( ) 안에 알맞은 말은 무엇입니까?

( )

> 국자 모양 끝부분에 있는 두 별을 연결하고, 그 거리의 ( )만큼 떨어진 곳에 북극성이 있다.

① 두 배   ② 세 배
③ 네 배   ④ 다섯 배
⑤ 열 배

[1~4] 온도와 양이 같은 물에 설탕, 소금, 밀가루를 각각 세 숟가락씩 넣고 저은 다음 5분 동안 놓아두었습니다.

▲ 설탕　　　▲ 소금　　　▲ 밀가루

1 위 실험을 할 때 필요한 실험 기구를 모두 고르시오.
(　, 　)

① 비커
② 깔때기
③ 약숟가락
④ 전자저울
⑤ 알코올램프

2 위 실험에 대한 설명으로 바른 것을 ◦보기◦에서 골라 기호를 쓰시오.

◦보기◦
㉠ 물의 양과 온도는 같아야 한다.
㉡ 물질은 서로 다른 양을 넣어도 관계없다.
㉢ 물질을 5분 동안 그대로 두었을 때의 결과는 모두 같다.

(　　)

3 위 실험 결과 설탕, 소금, 밀가루 중 물이 뿌옇게 흐려지고 물질이 바닥에 가라앉는 것을 쓰시오.

(　　)

4 위 실험을 통해 알 수 있는 사실로 바른 것에 ○표 하시오.

(1) 여러 가지 물질을 물에 넣으면 종류에 관계없이 모두 녹는다. (　　)
(2) 여러 가지 물질을 물에 넣으면 어떤 물질은 녹고, 어떤 물질은 녹지 않는다. (　　)

5 흰색 각설탕을 물에 넣었을 때 변하는 모습입니다. 마지막 과정은 어느 것인지 기호를 쓰시오.

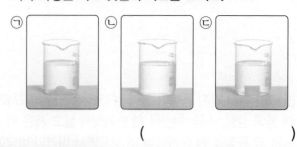

㉠　　㉡　　㉢

(　　)

관련 교과서 돋보기

각설탕이 물에 용해되는 과정
• 부스러지면서 크기가 작아지고, 작아진 각설탕은 더 작은 크기의 설탕으로 나뉘어 물에 골고루 섞입니다.
• 완전히 용해되면 눈에 보이지 않게 됩니다.

6 위 5번에서 각설탕이 물에 용해될 때의 변화에 대한 설명으로 바른 것을 ◦보기◦에서 골라 기호를 쓰시오.

◦보기◦
㉠ 각설탕이 부스러져 물 위에 뜬다.
㉡ 각설탕이 물에 녹아 보이지 않게 된다.
㉢ 각설탕이 물과 섞이면서 뿌옇게 흐려진다.

(　　)

[7~8] 설탕이 물에 용해되기 전과 용해된 후의 무게를 비교하여 보았습니다.

▲ 용해되기 전　　　▲ 용해된 후

7 위 실험을 할 때 필요하지 <u>않은</u> 실험 기구는 어느 것입니까? (　　)

① 비커
② 시약포지
③ 전자저울
④ 유리 막대
⑤ 스포이트

8 앞 7번에서 설탕이 물에 용해되기 전의 무게가 142.5 g 이었습니다. 설탕이 물에 용해된 후의 무게를 쓰시오.

(   ) g

[9~10] 여러 가지 용질이 물에 용해되는 양을 비교하기 위해 물에 설탕, 소금, 백반을 한 숟가락씩 넣고 저은 뒤 용해되면 각 용질을 한 숟가락씩 더 넣으면서 비커의 바닥에 각 용질이 가라앉을 때까지 반복하였습니다.

설탕   소금   백반

9 위 실험에서 같게 해야 하는 조건을 ●보기●에서 모두 골라 짝 지은 것은 어느 것입니까? (   )

┌─●보기●─────────────────┐
│ ㉠ 물의 양   ㉡ 물의 온도 │
│ ㉢ 넣는 용질의 양   ㉣ 용질의 종류 │
└───────────────────────┘

① ㉠, ㉡   ② ㉠, ㉢
③ ㉡, ㉣   ④ ㉠, ㉡, ㉢
⑤ ㉠, ㉢, ㉣

10 위 실험 결과를 표로 나타낸 것입니다. 표에 대한 설명이 바른 것은 어느 것입니까? (   )

용질	실험 결과
설탕	모두 용해되었다.
소금	모두 용해되었다.
백반	바닥에 가라앉은 것이 있다.

① 소금은 백반보다 용해되는 양이 적다.
② 설탕은 백반보다 용해되는 양이 많다.
③ 물에 용해되는 용질의 양은 모두 같다.
④ 알갱이의 크기가 클수록 물에 잘 용해된다.
⑤ 백반은 설탕과 소금보다 용해되는 양이 많다.

11 온도와 양이 일정한 물에 설탕을 계속 넣으면서 유리 막대로 저었습니다. 이때 나타나는 변화로 바른 것은 어느 것입니까? (   )

① 설탕이 계속 용해된다.
② 설탕물의 단맛이 점점 연해진다.
③ 설탕이 물에 섞여 뿌옇게 변한다.
④ 설탕이 처음에는 용해되지 않다가 어느 순간 용해된다.
⑤ 설탕이 어느 정도 용해되면 녹지 않고 바닥에 가라앉는다.

12 온도가 같은 50 mL의 물에 소금과 탄산수소 나트륨을 각각 두 숟가락씩 넣고 유리 막대로 저었더니 소금은 다 용해되었지만 탄산수소 나트륨은 바닥에 가라앉았습니다. 무엇을 알 수 있습니까? (   )

① 용질마다 물에 용해되는 양이 다르다.
② 모든 용질은 물에 용해되는 양이 같다.
③ 물의 양에 따라 용질이 용해되는 양이 다르다.
④ 물의 온도에 따라 용질이 용해되는 양이 다르다.
⑤ 물의 온도와 양은 용질이 용해되는 양에 영향을 주지 않는다.

[13~14] 실험 내용을 보고 물음에 답하시오.

실험에서 알고자 하는 것	물의 온도에 따른 백반이 용해되는 양
다르게 해야 할 조건	㉠
같게 해야 할 조건	백반의 양, 물의 양 등

13 위 ㉠에 들어갈 알맞은 조건을 쓰시오.

(   )

14 위 실험에서 같게 해야 할 조건에 따른 실험 방법으로 알맞은 것에 ○표 하시오.

(1) 눈금실린더로 차가운 물과 따뜻한 물을 같은 양만큼 측정해 각각 비커에 담는다. (   )
(2) 차가운 물과 따뜻한 물에 크기가 다른 약숟가락을 사용하여 백반을 두 숟가락씩 넣는다. (   )

[15~16] 같은 양의 차가운 물과 따뜻한 물이 들어 있는 비커에 백반을 넣고 유리 막대로 저은 다음 백반이 용해된 양을 비교하였습니다.

▲ 차가운 물

▲ 따뜻한 물

15 위 실험에서 ㉠, ㉡ 중 더 많은 양의 백반이 용해되는 것의 기호를 쓰시오.

( )

🔍 관련 교과서 **돋보기**

물의 온도에 따라 용해되는 용질의 양을 비교하는 실험
• 준비물: 따뜻한 물, 차가운 물, 비커, 눈금실린더, 백반, 페트리 접시, 약숟가락, 유리 막대, 온도계, 보안경, 면장갑, 실험용 장갑, 실험복 등
• 주의할 점
 – 뜨거운 물을 다룰 때에는 화상에 주의합니다.
 – 유리 기구를 다룰 때에는 깨지지 않도록 주의합니다.
 – 백반을 함부로 먹거나 만지지 않습니다.

16 위 **15**번 정답으로 알 수 있는 사실은 무엇입니까?

( )

① 물의 양이 많을수록 백반이 더 많이 용해된다.
② 물의 양이 적을수록 백반이 더 많이 용해된다.
③ 물의 온도가 낮을수록 백반이 더 많이 용해된다.
④ 물의 온도가 높을수록 백반이 더 많이 용해된다.
⑤ 물의 온도에 관계없이 백반이 용해되는 양은 항상 일정하다.

17 진하기가 다른 갈색 각설탕 용액의 진하기를 비교할 수 있는 방법으로 알맞지 않은 것을 모두 고르시오.

(,)

① 맛   ② 색깔
③ 냄새   ④ 무게
⑤ 만져본 느낌

18 200 mL의 물이 들어 있는 세 개의 비커에 서로 다른 개수의 갈색 각설탕을 넣어 녹인 용액입니다. 갈색 각설탕을 가장 많이 넣은 용액의 기호를 쓰시오.

( )

19 비커 두 개에 물을 200 mL씩 넣고 각설탕 한 개와 열 개를 각각 용해한 뒤 방울토마토를 넣었을 때의 모습을 알맞게 선으로 연결하시오.

(1) 각설탕 한 개를 용해한 것 •

• ㉠

(2) 각설탕 열 개를 용해한 것 •

• ㉡

20 주름 빨대와 고무찰흙으로 용액의 진하기를 재는 기구를 만든 것입니다. 어느 용액에서 가장 높이 떠오르는지 ●보기●에서 골라 기호를 쓰시오.

━●보기●━
㉠ 물 200 mL+소금 한 숟가락
㉡ 물 200 mL+소금 다섯 숟가락
㉢ 물 200 mL+소금 열 숟가락

( )

[1~2] 실체 현미경을 보고 물음에 답하시오.

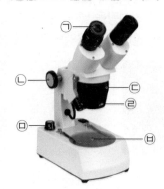

1 실체 현미경 각 부분의 이름이 바르지 않은 것은 어느 것입니까? ( )

① ㉠-접안렌즈
② ㉡-초점 조절 나사
③ ㉢-회전판
④ ㉣-조명 조절 나사
⑤ ㉥-재물대

2 위 실체 현미경에서 조명을 켜고 끄며 밝기를 조절하는 것은 어느 것인지 기호를 쓰시오.

( )

🔍 **관련 교과서 돋보기**

실체 현미경 사용법
• 회전판을 돌려 대물렌즈의 배율을 가장 낮게 맞춥니다.
• 관찰할 대상을 재물대에 올려놓고 전원을 켭니다.
• 옆에서 보면서 초점 조절 나사를 돌려 대물렌즈를 관찰 대상에 최대한 가깝게 내립니다.
• 접안렌즈를 보면서 대물렌즈를 천천히 올려 관찰 대상이 뚜렷하게 보이도록 초점을 맞춥니다.

3 실체 현미경으로 표고버섯을 관찰하여 알게 된 내용을 모두 고르시오. (,)

① 가느다란 실 같은 것이 엉켜 있다.
② 갓에 들어 있는 포자를 볼 수 있다.
③ 크기가 작고 둥근 알갱이가 보인다.
④ 윗부분의 안쪽에 주름이 많고 깊게 파여 있다.
⑤ 보통 식물에 있는 줄기와 잎 같은 모양을 볼 수 없다.

4 곰팡이에 대한 설명으로 바른 것을 모두 고르시오.

(,)

① 스스로 양분을 만든다.
② 꽃이 피고 씨를 퍼트린다.
③ 춥고 건조한 환경에서 잘 자란다.
④ 가는 실처럼 생긴 균사로 이루어져 있다.
⑤ 푸른색, 하얀색, 검은색 등 색깔이 다양하다.

5 광학 현미경에서 ㉠이 하는 일은 무엇입니까?

( )

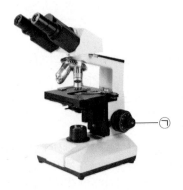

① 빛의 양을 조절한다.
② 관찰할 물체에 빛을 비춘다.
③ 대물렌즈의 배율을 조절한다.
④ 관찰할 물체를 올려놓는 곳이다.
⑤ 조동 나사로 조절한 상의 초점을 더 정확하게 맞춘다.

6 광학 현미경에 대한 설명으로 바르지 않은 것은 어느 것입니까? ( )

① 관찰할 물체는 재물대에 올려놓는다.
② 눈으로 보는 쪽의 렌즈는 대물렌즈이다.
③ 빛의 양을 조절할 때 조리개를 사용한다.
④ 현미경의 배율은 접안렌즈 배율×대물렌즈 배율이다.
⑤ 맨눈으로 관찰하기 어려운 생물을 자세히 관찰할 때 사용한다.

7 광학 현미경으로 관찰한 짚신벌레의 모습은 어느 것인지 ○표 하시오.

(1)

(2)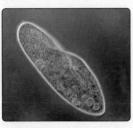

( ) ( )

8 짚신벌레에 대한 설명으로 바른 것을 모두 고르시오.
(,)

① 주로 땅속에서 산다.
② 짚신처럼 길쭉한 모양이다.
③ 맨눈으로 쉽게 관찰할 수 있다.
④ 가늘고 긴 모양이고 초록색이다.
⑤ 해캄과 같은 원생생물에 속한다.

9 해캄에 대해 바르게 설명한 것을 찾아 기호를 쓰시오.

> ㉠ 곰팡이, 버섯과 같은 균류이다.
> ㉡ 길쭉한 모양이고 겉에 가는 털이 많다.
> ㉢ 초록색이고 실처럼 가늘고 길게 생겼으며 여러 가닥이 뭉쳐 있다.

( )

10 다음 설명에 해당하는 생물은 무엇입니까? ( )

> • 균류나 원생생물보다 크기가 더 작고 생김새가 단순하다.
> • 종류가 매우 많고 공 모양, 막대 모양, 나선 모양 등 생김새가 다양하다.
> • 우리 주변 어느 곳에나 살고 있다.

① 동물　　　　② 식물
③ 균류　　　　④ 세균
⑤ 원생생물

[11~12] 세균의 모습을 나타낸 것입니다.

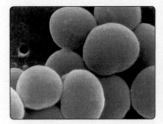 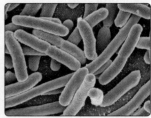

11 여러 가지 세균의 공통점을 바르게 설명한 것은 어느 것입니까? ( )

① 생물이 아니다.
② 맨눈으로 볼 수 있다.
③ 우리 주변 어느 곳에나 살고 있다.
④ 균류나 원생생물보다 크기가 매우 크다.
⑤ 동물이나 식물과 비교할 때 생김새가 매우 복잡하다.

🔍 관련 교과서 돋보기

세균이 생물인 까닭
• 일부 맨눈으로 볼 수 있는 균류, 원생생물, 동물, 식물과 다르게 맨눈으로 관찰할 수 없기 때문에 생물이 아니라고 생각할 수 있습니다.
• 세균은 균류, 원생생물, 동물, 식물과 같이 여러 가지 생명 활동을 하기 때문에 생물입니다.

서술형
12 세균의 생김새를 보고 다른 생물(동물, 식물 등)과 비교하여 다른 점을 한 가지 쓰시오.

_____

_____

13 세균이 사는 곳에 대한 설명으로 바른 것을 모두 고르시오. (,)

① 생물의 몸에서만 산다.
② 땅속에서는 살 수 없다.
③ 사람의 입안에서도 산다.
④ 주로 물속에서 살고, 공기 중에서는 살 수 없다.
⑤ 컴퓨터 자판이나 연필 같은 물체에서도 살 수 있다.

14 균류나 세균을 이용하여 만든 음식이 <u>아닌</u> 것은 어느 것입니까? (   )

① 쌀밥　　　　② 김치
③ 치즈　　　　④ 된장
⑤ 요구르트

15 다양한 생물이 우리 생활에 미치는 이로운 영향이 <u>아닌</u> 것은 어느 것입니까? (   )

① 균류를 이용해 음식을 만든다.
② 원생생물은 다른 생물의 먹이가 된다.
③ 균류는 집이나 가구 등을 못 쓰게 만든다.
④ 우리 몸에 사는 세균이 다른 세균의 침입을 막기도 한다.
⑤ 세균, 균류는 죽은 생물을 분해하여 지구 환경을 유지하는 데 도움을 준다.

16 원생생물이 우리 생활에 미치는 이로운 영향을 나타낸 것입니다. (   ) 안에 알맞은 말은 무엇입니까?

(   )

> 원생생물은 다른 동물의 먹이가 되거나 생물에게 필요한 (   )을/를 만든다.

① 물　　　　② 음식
③ 산소　　　④ 해충
⑤ 이산화 탄소

17 다양한 생물이 우리 생활에 이로운 영향을 미치는 경우와 해로운 영향을 미치는 경우로 나누어 각각 기호를 쓰시오.

> ㉠ 충치를 일으키는 세균
> ㉡ 산소를 만드는 원생생물
> ㉢ 음식을 상하게 하는 균류
> ㉣ 장염을 일으키는 원생생물
> ㉤ 청국장을 만드는 데 이용되는 세균

(1) 이로운 영향: (   )
(2) 해로운 영향: (   )

18 수가 빠르게 늘어나는 세균의 특징을 활용한 첨단 생명 과학의 예로 알맞은 것은 어느 것입니까? (   )

① 친환경 연료를 생산한다.
② 생물 농약으로 활용한다.
③ 농작물에 해로운 곤충을 없앤다.
④ 플라스틱 제품을 만드는 데 활용한다.
⑤ 짧은 시간 동안 많은 양의 약품을 생산한다.

19 우리 생활에 다음과 같이 첨단 생명 과학을 활용하는 생물을 ●보기● 에서 골라 기호를 쓰시오.

> • 기름 성분이 많은 특징을 활용하여 친환경 연료를 생산한다.
> • 영양분이 많은 종류는 식량이 부족한 나라의 식량 문제를 해결할 수 있다.

━ 보기 ━
㉠ 균류　　㉡ 세균　　㉢ 원생생물

(   )

20 우리 생활에서 첨단 생명 과학을 활용한 예로 알맞지 <u>않은</u> 것은 어느 것입니까? (   )

① 세균으로 인공 눈을 만든다.
② 원생생물로 녹조를 일으킨다.
③ 원생생물로 건강식품을 만든다.
④ 세균을 이용해 치료 물질을 만든다.
⑤ 세균과 곰팡이로 생물 농약을 만든다.

1 탐구 과정에서 실험할 때 주의할 점으로 바르지 <u>않은</u> 것은 어느 것입니까? (　)

① 변인 통제에 유의한다.
② 계획한 과정에 따라 실험한다.
③ 실험하는 동안에는 항상 안전 수칙을 잘 지킨다.
④ 관찰하거나 측정하려고 했던 것을 생각하면서 결과를 기록한다.
⑤ 실험 결과가 예상과 다른 경우 고치거나 빼서 결과를 기록한다.

2 탐구를 모두 마친 후에 더 알고 싶은 점이 있으면 어떻게 해야 합니까? (　)

① 책을 찾아본다.
② 실험은 하지 않는다.
③ 친구들에게 물어본다.
④ 실험 결과를 예상한다.
⑤ 새로운 탐구 문제를 정한다.

서술형
3 우리 생활에서 온도를 정확하게 측정해야 할 때는 언제인지 한 가지 쓰시오.

_____

_____

4 서로 관계있는 것끼리 선으로 연결하시오.

(1) 기온 ・　　・㉠ 물의 온도

(2) 수온 ・　　・㉡ 몸의 온도

(3) 체온 ・　　・㉢ 공기의 온도

5 온도를 측정하는 모습으로 바른 것은 ○표, 바르지 않은 것은 ×표 하시오.

(1) 운동장의 공기 온도는 귀 체온계로 측정한다.
(　)

(2) 필통 표면의 온도는 적외선 온도계로 측정한다.
(　)

(3) 음식이 잘 익었는지 확인하기 위해 내부 온도를 측정할 때 알코올 온도계로 측정한다. (　)

> 관련 교과서 돋보기
>
> **여러 가지 온도계 사용 방법**
> • 알코올 온도계: 액체샘 부분을 측정하고 싶은 물체에 충분히 넣고 액체 기둥의 높이가 변하지 않을 때까지 기다립니다.
> • 적외선 온도계: 측정할 물체의 표면으로부터 10~20 cm 떨어진 거리에서 온도 측정 단추를 누릅니다.
> • 귀 체온계: 체온 측정하는 부분을 귓구멍에 넣습니다.
> • 액와 체온계: 체온 측정하는 부분을 겨드랑이에 넣습니다.

6 알코올 온도계를 사용할 때 주의할 점을 바르게 말한 친구의 이름을 •보기•에서 골라 쓰시오.

> 보기
>
> • 경인: 온도계를 사용해 액체를 저으면 편리해.
> • 지은: 빨간색 액체가 움직일 때 빠르게 눈금을 읽어야 해.
> • 보연: 액체 기둥의 끝과 눈높이를 맞추어 눈금을 읽어야 해.

(　　　　　)

7 차가운 물을 담은 음료수 캔을 따뜻한 물을 담은 비커에 넣었습니다. 시간이 지날수록 온도가 낮아지는 것에 ○표 하시오.

(1) 음료수 캔에 담은 물: (　　　　)
(2) 비커에 담은 물: (　　　　)

8 온도가 다른 두 물체가 접촉했을 때 열의 이동 방법으로 바른 것은 어느 것인지 기호를 쓰시오.

> ㉠ 온도가 높은 물체에서 온도가 낮은 물체로 열이 이동한다.
> ㉡ 온도가 낮은 물체에서 온도가 높은 물체로 열이 이동한다.

(   )

9 온도가 다른 두 물체가 접촉했을 때 물체의 온도가 높아지는 경우는 어느 것입니까? (   )

① 핫 팩을 잡고 있는 손의 온도
② 얼음 위에 올려놓은 생선의 온도
③ 냉장고 안에 넣어 둔 음료수의 온도
④ 차가운 물이 든 컵을 들고 있는 손의 온도
⑤ 차가운 얼음물에 담근 뜨거운 삶은 달걀의 온도

[10~12] 비커에 뜨거운 물을 조금 붓고, 열 변색 붙임딱지를 붙인 구리판을 비커에 넣었습니다.

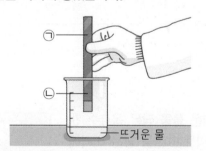

10 위 실험에서 구리판에 열 변색 붙임딱지를 붙이는 까닭은 무엇입니까? (   )

① 구리판의 두께를 두껍게 하려고
② 열에 의해 구리판이 녹게 하려고
③ 구리판이 빨리 뜨거워지도록 하려고
④ 열에 의해 구리판의 모양이 변하는 것을 보려고
⑤ 구리판에서 열이 이동하는 모습을 쉽게 관찰하려고

11 앞 10번 실험에서 열 변색 붙임딱지의 색깔이 더 늦게 변하는 부분의 기호를 쓰시오.

(   )

서술형
12 앞 10번 실험을 통해 고체에서 열이 어떻게 이동하는지 쓰시오.

_____

_____

13 스타이로폼 용기 뚜껑에 구멍을 세 개 뚫고 열 변색 붙임딱지를 붙인 세 가지 막대를 끼웠습니다. 열 변색 붙임딱지의 색깔이 먼저 변한 것부터 순서대로 기호를 쓰시오.

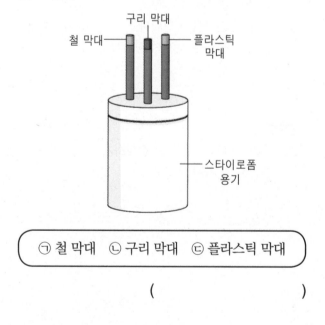

> ㉠ 철 막대   ㉡ 구리 막대   ㉢ 플라스틱 막대

(   )

14 두 물체 사이에서 열의 이동을 줄이는 경우가 <u>아닌</u> 것은 어느 것입니까? (   )

① 프라이팬 바닥을 금속으로 한다.
② 배달용 가방에 단열재를 이용한다.
③ 아이스박스를 스타이로폼으로 만든다.
④ 프라이팬 손잡이를 플라스틱으로 만든다.
⑤ 집을 지을 때 벽이나 바닥에 단열재를 사용한다.

15 액체에서 열의 이동을 관찰하기 위해 다음과 같이 꾸몄습니다. 수채화 물감이 이동하는 방향을 바르게 나타낸 것은 어느 것인지 기호를 쓰시오.

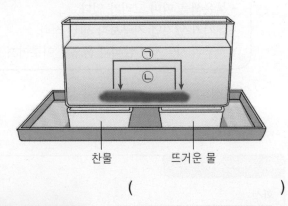

찬물   뜨거운 물

(   )

🔍 **관련 교과서 돋보기**

액체에서 열의 이동 관찰하기

• 사각 용기에 물을 $\frac{3}{4}$ 정도 넣습니다.

• 알루미늄 쟁반에 받침 용기 두 개를 놓고, 그 위에 사각 용기를 올려놓습니다.

• 사각 용기 바닥 면에 수채화 물감을 스포이트로 천천히 넣습니다.

• 한쪽 받침 용기에는 찬물을, 다른 쪽 받침 용기에는 뜨거운 물을 사각 용기의 아랫부분에 닿을 때까지 넣습니다.

16 액체에서의 열의 이동을 나타낸 것입니다. (   ) 안에 알맞은 말을 쓰시오.

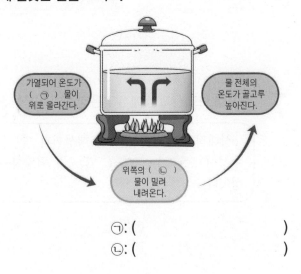

가열되어 온도가 (㉠) 물이 위로 올라간다.

물 전체의 온도가 골고루 높아진다.

위쪽의 (㉡) 물이 밀려 내려온다.

㉠: (   )

㉡: (   )

17 차가운 물이 담긴 비커 바닥의 한쪽에 파란색 잉크를 넣은 다음 파란색 잉크의 아랫부분을 가열했을 때의 파란색 잉크의 움직임입니다. 이와 관련된 열의 이동 방법에 ○표 하시오.

전도	대류

서술형

18 삼발이의 위쪽에 비눗방울을 불었을 때 비눗방울의 움직임을 쓰시오.

가열 장치에 불을 붙이지 않았을 때	
가열 장치에 불을 붙였을 때	

19 난방 기구로 집 안 전체의 공기가 따뜻해지게 하는 열의 이동 방법은 무엇입니까? (   )

① 전도   ② 대류

③ 복사   ④ 반사

⑤ 흡수

20 기체에서 열의 이동과 관련된 예로 알맞은 것은 어느 것입니까? (   )

① 냄비의 손잡이를 플라스틱이나 나무로 만든다.

② 뜨거운 음료가 든 컵을 컵 싸개를 이용하여 잡는다.

③ 전기 주전자에 물을 넣고 가열하면 물 전체가 뜨거워진다.

④ 집 안에 에어컨을 켜 놓으면 집 안 전체의 공기가 시원해진다.

⑤ 구리판의 한 부분을 가열하면 온도가 높아진 부분에서 주변의 온도가 낮은 부분으로 열이 이동한다.

1 태양이 생물에게 소중한 까닭으로 알맞지 <u>않은</u> 것은 어느 것입니까? (   )

① 밝은 낮에 활동할 수 있게 하기 때문에
② 태양 빛으로 전기를 만들 수 있기 때문에
③ 식물이 양분을 만드는 데 도움을 주기 때문에
④ 물이 순환하는 데 필요한 에너지를 공급하기 때문에
⑤ 태양이 없어도 지구는 생물이 살아가기에 적합한 환경이기 때문에

2 태양계의 구성원에 대한 설명으로 바른 것은 어느 것입니까? (   )

① 열 개의 행성이 있다.
② 크기가 매우 큰 소행성이 있다.
③ 위성의 주위를 도는 행성이 있다.
④ 빛나는 긴 꼬리를 가진 혜성이 있다.
⑤ 태양은 태양계를 이루고 있는 천체 중 유일하게 스스로 빛을 내지 못한다.

3 태양계 행성에 해당하지 <u>않는</u> 것은 어느 것입니까? (   )

① 달   ② 금성
③ 지구   ④ 목성
⑤ 천왕성

4 행성에 대한 설명으로 바른 것을 모두 고르시오. (,   )

① 태양계의 구성원이다.
② 크기와 색깔이 모두 같다.
③ 위성을 가진 행성은 지구뿐이다.
④ 지구는 태양계에서 유일하게 생물이 살고 있다.
⑤ 수성, 금성, 화성의 고리는 지구에서 잘 관측되지 않지만 실제로 고리가 있다.

5 다음과 같은 특징을 가진 행성은 무엇입니까? (   )

- 붉은색을 띠며 고리가 없다.
- 대기가 있지만 지구보다 훨씬 적다.
- 지구의 사막처럼 암석과 흙으로 이루어져 있다.

① 목성   ② 수성
③ 화성   ④ 지구
⑤ 천왕성

> **관련 교과서 돋보기**
>
> 화성
> - 붉은색이며, 고리는 없고 위성은 있습니다.
> - 암석으로 이루어져 표면이 단단합니다.
> - 표면에는 과거에 물이 흘렀던 흔적이 남아 있습니다.

[6~8] 지구의 반지름을 1로 정하였을 때 태양계 행성의 상대적인 크기를 나타낸 것입니다.

행성	상대적인 크기	행성	상대적인 크기
수성	0.4	목성	11.2
금성	0.9	토성	9.4
지구	1.0	천왕성	4.0
화성	0.5	해왕성	3.9

6 위 표를 보고 크기가 두 번째로 큰 행성의 이름을 쓰시오.

(   )

7 위 표를 보고 ㉠과 ㉡에 알맞은 행성의 이름을 쓰시오.

> 상대적인 크기가 비슷한 행성끼리 짝 지으면 수성-(㉠), 금성-(㉡), 천왕성-해왕성이다.

㉠: (   )
㉡: (   )

8 앞 **6**번 표를 보고 알 수 있는 사실에 ○표 하시오.

(1) 화성은 금성보다 크다. ( )
(2) 목성은 가장 큰 행성이다. ( )
(3) 지구보다 큰 행성은 세 개다. ( )

9 태양에서 지구까지의 거리를 1로 보았을 때 태양에서 각 행성까지의 상대적인 거리를 나타낸 표에 대한 설명으로 바르지 <u>않은</u> 것은 어느 것입니까? ( )

행성	상대적인 거리	행성	상대적인 거리
수성	0.4	목성	5.2
금성	0.7	토성	9.6
지구	1.0	천왕성	19.2
화성	1.5	해왕성	30.2

① 지구에서 가장 먼 행성은 수성이다.
② 태양에서 가장 먼 행성은 해왕성이다.
③ 지구에서 가장 가까운 행성은 금성이다.
④ 태양에서 가장 가까운 행성은 수성이다.
⑤ 태양에서 해왕성까지의 거리는 태양에서 지구까지의 거리의 약 30배이다.

10 태양에서 지구보다 가까이 있는 행성과 멀리 있는 행성으로 분류할 때, ㉠에 들어갈 행성을 모두 쓰시오.

태양에서 지구보다 가까이 있는 행성	태양에서 지구보다 멀리 있는 행성
㉠	㉡

( )

서술형
11 태양에서 행성까지의 거리가 멀어질수록 행성 사이의 거리는 어떻게 변하는지 쓰시오.

_____

_____

12 여러 날 동안 같은 시각, 같은 장소에서 관측한 밤하늘에서 위치가 변한 천체를 표시한 것입니다. 알맞게 선으로 연결하시오.

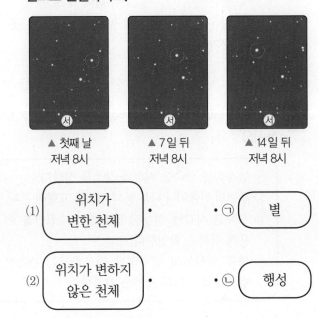

▲ 첫째 날   ▲ 7일 뒤   ▲ 14일 뒤
저녁 8시   저녁 8시   저녁 8시

(1) 위치가 변한 천체 •　　　• ㉠ 별

(2) 위치가 변하지 않은 천체 •　　　• ㉡ 행성

[13~14] 행성과 별의 차이점에 대한 설명입니다.

• 호준: 행성은 스스로 빛을 내지 못하지만, 별은 스스로 빛을 내.
• 재화: 금성, 화성, 목성과 같은 행성보다 별이 더 밝고 또렷하게 보여.
• 재경: 여러 날 동안 같은 밤하늘을 관측하면 행성은 움직이지만 별은 움직이지 않는 것처럼 보여.

13 행성과 별의 차이점을 잘못 설명한 친구의 이름을 쓰시오.

( )

서술형
14 위 **13**번 정답의 친구가 말한 내용을 바르게 고쳐 쓰시오.

_____

_____

15 북쪽 밤하늘에서 별자리를 관측하기 알맞은 장소를 모두 고르시오. (,)

① 아주 밝은 곳
② 주변이 탁 트인 곳
③ 밝지 않은 곳
④ 높은 건물이 많은 곳
⑤ 큰 나무가 많은 곳

16 북쪽 밤하늘에서 별자리를 관측하는 순서대로 기호를 쓰시오.

㉠ 별자리를 관측할 시각과 장소를 정한다.
㉡ 주변의 건물이나 나무 등의 위치를 표현해 본다.
㉢ 정해진 시각에 정해진 장소에서 나침반을 이용해 북쪽을 확인한다.
㉣ 북쪽 밤하늘의 별자리를 관측한 뒤, 관측한 별자리의 위치와 모양을 기록한다.

( )

17 다음 별자리의 이름은 무엇입니까? ( )

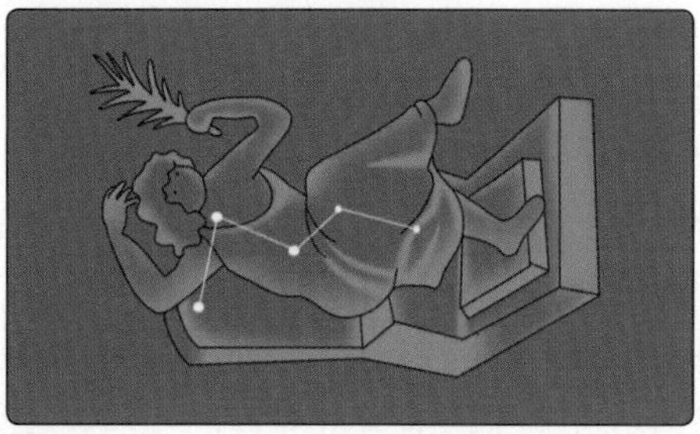

① 북극성
② 북두칠성
③ 작은곰자리
④ 큰곰자리
⑤ 카시오페이아자리

18 북극성을 찾을 때 이용할 수 있는 별자리끼리 바르게 짝 지은 것은 어느 것입니까? ( )

① 사자자리, 북두칠성
② 사자자리, 작은곰자리
③ 북두칠성, 작은곰자리
④ 북두칠성, 카시오페이아자리
⑤ 작은곰자리, 카시오페이아자리

19 ( ) 안에 공통으로 알맞은 말을 쓰시오.

• ( )은 항상 정확한 북쪽에 있기 때문에 예로부터 나침반의 역할을 하였다.
• 바다 한가운데에서 항해하는 배는 ( )을 이용하여 뱃길을 찾을 수 있었다.

( )

서술형

20 카시오페이아자리를 찾아 ○로 표시하고, 카시오페이아자리를 이용하여 북극성을 찾는 방법을 쓰시오.

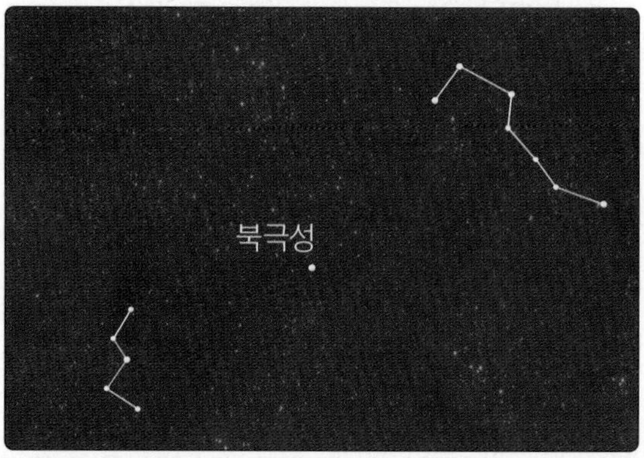

관련 교과서 돋보기

북극성을 찾는 방법
• 계절에 관계없이 언제나 북쪽 밤하늘에서 북극성을 찾을 수 있습니다.
• 북두칠성의 국자 모양 끝부분의 두 별을 연결하고, 그 거리의 다섯 배만큼 떨어진 곳에 북극성이 있습니다.
• 카시오페이아자리에서 바깥쪽 두 선을 연장해 만나는 점과 가운데에 있는 별을 연결하고, 그 거리의 다섯 배만큼 떨어진 곳에 북극성이 있습니다.

1 온도와 양이 같은 물에 설탕, 소금, 밀가루를 세 숟가락씩 넣고 저은 후 놓아두었을 때의 결과를 바르게 설명한 친구의 이름을 쓰시오.

▲ 설탕　　▲ 소금　　▲ 밀가루

- 우영: 소금은 모두 녹아 투명해져.
- 택연: 설탕은 녹지 않고 뿌옇게 흐려져.
- 준호: 밀가루는 모두 녹아 가라앉거나 뜨는 물질이 없어.

(　　　　　　　　)

[2~3] 온도가 같은 물 100 mL에 흰모래, 소금, 분필 가루, 갈색설탕을 한 숟가락씩 넣고 5분 동안 그대로 두었을 때의 결과입니다.

물질	물에 넣고 저었을 때의 결과
흰모래	흰모래가 비커 바닥에 가라앉아 있다.
소금	투명하고, 물에 뜨거나 가라앉은 것이 없다.
분필 가루	㉠
갈색설탕	㉡

2 위 ㉠에 알맞은 말에 ○표 하시오.

(1)	모두 녹아 투명하다.	
(2)	물이 뿌옇게 변하고, 시간이 지나면 분필 가루가 바닥에 가라앉아 있다.	
(3)	물에 뜨거나 가라앉은 것이 없다.	

서술형
3 위 ㉡에 알맞은 말을 한 가지 쓰시오.

_____

4 설탕을 물에 녹여 설탕물을 만들었을 때 용질, 용매, 용액에 해당하는 것을 바르게 짝 지은 것은 어느 것입니까? (　　　　)

구분	용질	용매	용액
①	물	설탕	설탕물
②	물	설탕물	설탕
③	설탕	물	설탕물
④	설탕	설탕물	물
⑤	설탕물	설탕	물

[5~7] 설탕이 물에 용해되기 전과 용해된 후의 무게를 측정하였습니다.

▲ 용해되기 전　　　　▲ 용해된 후

5 위 실험에서 용해되기 전에 측정한 무게가 115 g일 때 용해된 후에 측정한 무게는 몇 g입니까? (　　　　)

① 15 g　　　　② 100 g
③ 115 g　　　　④ 125 g
⑤ 165 g

6 위 5번에서 설탕이 물에 용해될 때 관찰할 수 있는 모습을 골라 기호를 쓰시오.

- ㉠ 설탕이 물 위에 떠 있다가 가라앉는다.
- ㉡ 설탕이 물에 용해되면서 뿌옇게 흐려진다.
- ㉢ 설탕이 물에 완전히 용해되면 용액이 된다.

(　　　　　　　　)

7 앞 **5**번 실험을 통해 알 수 있는 사실을 모두 고르시오.
(,)

① 설탕이 물에 용해되면 무게가 늘어난다.
② 설탕이 물에 용해되면 무게가 줄어든다.
③ 설탕이 물에 용해되면 물속에서 없어진 것이다.
④ 설탕이 물에 용해되면 물속에 골고루 섞여 있다.
⑤ 설탕이 물에 용해되기 전과 용해된 후의 무게는 같다.

8 무게가 가장 무거운 용액의 기호를 쓰시오.

> ㉠ 물 50 g에 설탕 15 g을 용해한 용액
> ㉡ 물 70 g에 설탕 20 g을 용해한 용액
> ㉢ 물 80 g에 설탕 5 g을 용해한 용액

( )

[9~10] 온도가 같은 30 mL의 물에 소금, 설탕, 백반을 각각 넣으면서 유리 막대로 저었을 때의 결과입니다.

구분	설탕	소금	백반
한 숟가락 넣었을 때	모두 용해되었다.	모두 용해되었다.	모두 용해되었다.
두 숟가락 넣었을 때	모두 용해되었다.	모두 용해되었다.	바닥에 가라 앉았다.
일곱 숟가락 넣었을 때	모두 용해되었다.	바닥에 가라 앉았다.	바닥에 가라 앉았다.

9 위 실험 결과 물에 용해되는 양이 가장 많은 물질과 가장 적은 물질을 차례대로 쓰시오.

( )

10 위 실험 결과를 보고 ( ) 안에 알맞은 말을 쓰시오.

> 온도와 양이 같은 물에서 용질마다 ( ) 되는 양이 서로 다르다.

( )

11 온도와 양이 일정한 물에 소금을 계속 넣으면서 유리 막대로 저을 때 나타나는 변화를 골라 기호를 쓰시오.

> ㉠ 소금이 계속 용해된다.
> ㉡ 소금이 물로 변해 보이지 않는다.
> ㉢ 소금이 어느 정도 용해되면 바닥에 가라앉는다.

( )

🔍 관련 교과서 돋보기

온도와 양이 같은 물에 여러 가지 물질이 용해되는 양
• 어떤 용질은 모두 용해되지만 어떤 용질은 완전히 용해되지 않고 남는 것이 있습니다.
• 물의 온도와 양이 같을 때 용질이 물에 용해되는 양은 용질의 종류에 따라 달라집니다.

12 상근이는 다음과 같이 실험을 설계하였습니다. 이 실험을 통해 알려고 하는 것은 무엇입니까? ( )

> • 비커 두 개에 얼음을 넣은 차가운 물과 따뜻한 물을 50 mL씩 넣는다.
> • 붕산을 각각 3 g씩 넣고, 용해된 양을 비교한다.

① 물의 양에 따라 붕산이 녹는 양
② 물의 온도에 따라 붕산이 녹는 양
③ 비커의 크기에 따라 붕산이 녹는 양
④ 붕산 알갱이 크기에 따라 붕산이 녹는 양
⑤ 유리 막대로 젓는 횟수에 따라 붕산이 녹는 양

13 물의 온도에 따라 백반이 용해되는 양을 알아보기 위한 실험 순서대로 기호를 쓰시오.

> ㉠ 실험에서 같게 해야 할 조건과 다르게 해야 할 조건을 정한다.
> ㉡ 차가운 물과 따뜻한 물을 눈금실린더로 30 mL씩 측정해 두 비커에 각각 담는다.
> ㉢ 차가운 물과 따뜻한 물을 준비한다.
> ㉣ 백반을 두 숟가락씩 넣고 유리 막대로 젓는다.

( )

14 앞 13번 실험에서 더 많은 양의 백반이 용해되고 가라앉은 것이 없는 것은 차가운 물과 따뜻한 물 중 어느 것인지 쓰시오.

( )

15 물의 온도에 따라 용질이 용해되는 양이 달라지는 예로 알맞은 것에 ○표 하시오.

(1) 코코아차가 진할 때 물을 더 넣는다. ( )

(2) 차가운 물보다 따뜻한 물에 설탕이 더 많이 녹는다. ( )

(3) 분말주스를 물에 넣고 빠르게 저을수록 더 많이 녹는다. ( )

16 코코아차를 마시려고 코코아 가루를 물에 용해하였습니다. 충분히 저은 후에도 코코아 가루가 다 용해되지 않고 가라앉았을 때 코코아 가루를 모두 용해할 수 있는 방법을 한 가지 쓰시오.(단 물의 양은 변화시키지 않습니다.)

_____

_____

17 사해에서 사람의 몸이 잘 뜨는 현상을 설명한 것입니다. ( ) 안에 알맞은 말은 무엇입니까? ( )

> 사해에서는 책을 읽을 수 있을 만큼 사람의 몸이 잘 뜨는데, 그 까닭은 우리나라의 바닷물과 사해의 ( )이/가 다르기 때문이다.

① 색깔　　② 냄새
③ 온도　　④ 깊이
⑤ 진하기

18 100 mL의 물이 들어 있는 두 개의 비커를 준비하여 한 비커에는 갈색 각설탕 한 개를, 다른 비커에는 열 개를 넣었습니다. 색깔이 더 진한 것과, 진하기를 비교하는 방법을 한 가지 쓰시오.

(1) 더 진한 것: ( )

(2) 진하기를 비교하는 방법: _____

관련 교과서 돋보기

갈색 각설탕 용액의 진하기를 비교하는 실험
• 눈금실린더를 사용하여 비커 두 개에 물을 각각 100 mL씩 넣습니다.
• 한 비커에는 갈색 각설탕 한 개를, 다른 비커에는 열 개를 넣고 용해한 후, 진하기를 비교합니다.

---

19 진하기가 다른 설탕물에 메추리알을 넣은 것입니다. 더 진한 용액의 기호를 쓰시오.

( )

20 오른쪽과 같은 도구를 만들어 용액의 진하기를 비교하려고 할 때 필요한 것을 모두 고르시오.

(,)

① 납작못　　② 고무찰흙
③ 수수깡　　④ 주름 빨대
⑤ 스포이트

[1~2] 버섯을 실체 현미경으로 관찰하는 과정을 순서 없이 나타낸 것입니다.

> ㉠ 칼로 자른 버섯이 담긴 페트리 접시를 재물대에 올려놓는다.
> ㉡ 초점 조절 나사를 조절하여 대물렌즈를 버섯에 최대한 가깝게 내린다.
> ㉢ (   )을/를 돌려 대물렌즈를 가장 낮은 배율로 맞춘다.
> ㉣ 대물렌즈의 배율을 높이고, (   )(으)로 초점을 맞추면서 관찰한다.
> ㉤ 접안렌즈를 보면서 초점 조절 나사로 대물렌즈를 천천히 올려 초점을 맞춘다.
> ㉥ 전원을 켜고 조명 조절 나사로 빛의 양을 조절한다.

1 실체 현미경으로 버섯을 관찰하는 순서대로 기호를 쓰시오.

(　　　　　　　)

2 위 ㉢과 ㉣의 (　　) 안에 알맞은 말을 쓰시오.

㉢: (　　　　　　)

㉣: (　　　　　　)

서술형

3 실체 현미경으로 표고버섯을 관찰한 결과를 잘못 설명한 친구의 이름을 쓰고, 잘못된 내용을 바르게 고쳐 쓰시오.

> • 동건: 버섯 윗부분 안쪽에 주름이 많고 깊게 파여 있어.
> • 해진: 보통 식물에 있는 줄기와 잎 같은 모양을 볼 수 있어.

(1) 잘못 설명한 친구: (　　　　　　)

(2) 고쳐 쓴 내용: _____

_____

4 실체 현미경으로 관찰했을 때 실처럼 가늘고 긴 가닥이 엉켜 있고 작고 둥근 알갱이들이 보이는 것은 어느 것인지 ○표 하시오.

(1)　　　　　　　　(2)

▲ 빵에 자란 곰팡이　　▲ 표고버섯

(　　　　)　　(　　　　)

5 곰팡이와 버섯의 공통점을 모두 고르시오.

(　 , 　)

① 햇빛을 좋아한다.
② 포자로 번식한다.
③ 꽃이 피고 열매를 맺는다.
④ 뿌리, 줄기, 잎으로 구분된다.
⑤ 실처럼 가늘고 긴 균사로 이루어져 있다.

6 광학 현미경 각 부분의 이름을 바르게 짝 지은 것은 어느 것입니까? (　　)

① ㉠-대물렌즈
② ㉡-접안렌즈
③ ㉢-재물대
④ ㉣-미동 나사
⑤ ㉤-조동 나사

7 위 6번 광학 현미경에서 재물대를 위아래로 움직여 상을 찾을 때 사용하는 부분을 찾아서 기호를 쓰시오.

(　　　　　　)

8 해캄과 짚신벌레에 대한 설명으로 바른 것에 ○표, 바르지 않은 것에 ×표 하시오.

(1) 해캄은 스스로 움직이지 못한다. ( )

(2) 짚신벌레는 눈, 코와 같은 감각 기관을 가지고 있다. ( )

> 관련 교과서 **돋보기**
>
> 해캄과 짚신벌레
>
>
>
> ▲ 해캄　　　　　　▲ 짚신벌레

9 광학 현미경으로 해캄을 관찰한 내용으로 바른 것을 모두 고르시오. (,)

① 가늘고 긴 뿌리가 있다.

② 여러 개의 마디가 있다.

③ 짧은 줄기와 큰 잎이 있다.

④ 스스로 움직이는 모습을 볼 수 있다.

⑤ 여러 개의 가는 선 안에 초록색 알갱이가 있다.

10 다음과 같은 원생생물에 대한 설명이 바른 것끼리 짝지은 것은 어느 것입니까? ( )

▲ 유글레나　　　▲ 아메바　　　▲ 종벌레

> ㉠ 유글레나는 몸속에 초록색 알갱이들이 많다.
> ㉡ 아메바는 일정한 모양을 가지고 있다.
> ㉢ 종벌레는 물속에 있는 물체에 붙어서 산다.

① ㉠　　　　　　　② ㉡

③ ㉠, ㉡　　　　　④ ㉠, ㉢

⑤ ㉡, ㉢

11 ( ) 안에 알맞은 말을 쓰시오.

> ( )은/는 균류나 원생생물보다 크기가 더 작고 생김새가 단순한 생물로 종류가 매우 많다.

( )

12 위 11번 정답에 해당하는 생물은 어느 것인지 모두 고르시오. (,)

① 　② 　③

④ 　⑤

13 세균의 생김새에 대한 설명으로 바른 것을 •보기•에서 모두 골라 기호를 쓰시오.

> •보기•
> ㉠ 생김새가 단순하다.
> ㉡ 꼬리가 달린 것도 있다.
> ㉢ 공 모양, 막대 모양, 나선 모양 등이 있다.
> ㉣ 땅속이나 물속에서만 산다.
> ㉤ 수가 늘어나는 데 오랜 시간이 걸린다.

( )

14 해캄이 우리 생활에 미치는 영향 중 이로운 점은 어느 것입니까? ( )

① 질병을 일으킨다.

② 음식을 상하게 한다.

③ 된장을 만드는 데 이용한다.

④ 주변의 물건을 상하게 한다.

⑤ 생물이 사는 데 필요한 산소를 만든다.

15 세균과 균류가 우리 생활에 미치는 영향입니다. ( ) 안에 알맞은 말은 무엇입니까? ( )

> 세균과 균류는 간장, 치즈, 김치, 요구르트 등을 만드는 데 이용되고, 죽은 동식물이나 낙엽, 배설물을 ( )하여 다른 생물이 이용할 수 있게 해 준다.

① 연소 ② 합성
③ 분해 ④ 흡수
⑤ 치료

16 다양한 생물이 우리 생활에 미치는 해로운 영향을 ●보기●에서 모두 골라 기호를 쓰시오.

> ●보기●
> ㉠ 균류나 세균은 음식을 만드는 데 도움을 준다.
> ㉡ 일부 원생생물은 강이나 바다에서 빠르게 번식하여 다른 생물이 살기 어려운 환경을 만든다.
> ㉢ 균류나 세균은 물이나 음식 등을 상하게 한다.
> ㉣ 균류나 세균은 죽은 생물을 분해하여 다른 생물이 이용할 수 있게 해 준다.
> ㉤ 원생생물은 다른 동물의 먹이가 된다.

( )

17 우리 생활에 이로운 영향을 미치는 생물은 어느 것입니까? ( )

① 충치를 일으키는 세균
② 한약재로 이용되는 균류
③ 음식을 상하게 하는 균류
④ 가구를 상하게 하는 균류
⑤ 장염을 일으키는 원생생물

18 첨단 생명 과학이 우리 생활에 활용되는 예와 이용되는 생물을 바르게 짝 지은 것을 모두 고르시오.

(,)

① 생물 농약-원생생물
② 건강식품 생산-영양소가 풍부한 원생생물
③ 인공 눈-해충한테만 질병을 일으키는 세균
④ 하수 처리 시설-오염 물질을 분해하는 세균, 곰팡이
⑤ 환경 오염을 일으키지 않는 생물 연료-물을 쉽게 얼리는 특성이 있는 세균

19 생물의 특징과 첨단 생명 과학을 활용한 예를 알맞게 선으로 연결하시오.

(1) 기름 성분이 많은 원생생물 • • ㉠ 친환경 연료를 생산한다.

(2) 곤충의 몸에서 자라 곤충을 죽게 하는 균류 • • ㉡ 짧은 시간 동안 많은 양의 약품을 생산한다.

(3) 빠르게 수가 늘어나는 세균 • • ㉢ 농작물에 해로운 곤충을 없앤다.

20 첨단 생명 과학이 우리 생활에 활용되는 예 중 세균을 자라지 못하게 하는 일부 곰팡이를 활용한 예는 어느 것입니까? ( )

① 생물 농약을 만든다.
② 자동차 연료를 만든다.
③ 질병을 치료하는 약을 만든다.
④ 하수 처리장에서 물질을 분해한다.
⑤ 영양소가 풍부한 건강식품을 만든다.

1 탐구 과정에서 실험 계획을 세울 때 생각할 점으로 알맞지 <u>않은</u> 것은 어느 것입니까? (   )

① 실험 결과를 미리 예측하여 정리한다.
② 실험을 하면서 지켜야 할 안전 수칙을 생각한다.
③ 실험할 때 관찰하거나 측정해야 할 것을 생각한다.
④ 같게 해야 할 조건과 다르게 해야 할 조건을 정한다.
⑤ 탐구 문제를 해결할 수 있는 알맞은 실험 방법을 생각한다.

2 다음에서 설명하는 것은 무엇인지 쓰시오.

> 탐구 문제를 해결하고자 실험을 계획할 때 다르게 해야 할 조건과 같게 해야 할 조건을 확인하고 통제하는 것이다.

(   )

3 우리 생활에서 온도를 정확하게 측정해야 할 때가 <u>아닌</u> 것은 어느 것입니까? (   )

① 책상에서 공부할 때
② 아기 목욕물의 온도를 잴 때
③ 비닐 온실에서 채소를 재배할 때
④ 병원에서 환자의 건강 상태를 확인할 때
⑤ 음식을 조리할 때 제대로 익히기 위해서

4 온도에 대한 설명으로 바른 것을 모두 고르시오.

(,   )

① 저울로 측정한다.
② 단위는 cm를 사용한다.
③ 숫자와 단위로 나타낸다.
④ 물의 온도는 기온이라고 한다.
⑤ 물체의 따뜻하거나 차가운 정도이다.

5 알코올 온도계의 눈금을 읽을 때 눈의 높이가 알맞은 것은 어느 것인지 기호를 쓰시오.

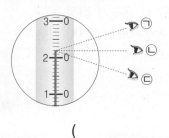

(   )

🔍 관련 교과서 **돋보기**

알코올 온도계
• 주로 액체나 기체의 온도를 측정할 때 사용합니다.
• 고리, 몸체, 액체샘으로 이루어져 있습니다.
• 온도가 높아지면 알코올의 부피가 커져 커진 부피만큼 빨간색 액체가 관을 따라 위로 올라갑니다.

6 귓구멍에 체온 측정하는 부분을 넣고 측정 단추를 눌러 체온을 측정하는 온도계는 어느 것인지 ○표 하시오.

(1)   (2)

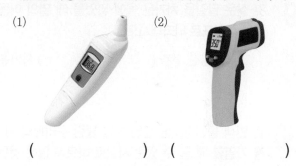

(   )   (   )

7 여러 장소에서 온도를 측정한 결과를 보고 알 수 있는 사실이 <u>아닌</u> 것은 어느 것입니까? (   )

구분		교실	운동장	강당	과학실
온도 (℃)	오전 9시	10.5	9.0	10.0	10.0
	오후 2시	19.0	22.5	18.0	18.5

① 측정하는 장소에 따라 온도가 다르다.
② 오전 9시에는 교실의 온도가 가장 높다.
③ 오후 2시에는 과학실의 온도가 가장 낮다.
④ 같은 장소라도 측정하는 시각에 따라 온도가 다르다.
⑤ 오전 9시보다 오후 2시에 모든 장소에서 온도가 높아졌다.

8 차가운 물을 담은 음료수 캔을 따뜻한 물을 담은 비커에 넣었을 때 온도가 점점 높아지는 것은 어느 것인지 기호를 쓰시오.

( )

🔍 **과학 교과서 돋보기**

온도가 다른 두 물체를 접촉할 때 두 물체의 온도 변화
• 준비물: 차가운 물, 빈 음료수 캔, 따뜻한 물, 비커, 알코올 온도계, 실, 링, 스탠드, 초시계, 면장갑, 실험복 등
• 실험 방법
  – 차가운 물을 담은 음료수 캔을 따뜻한 물을 담은 비커에 넣습니다.
  – 음료수 캔과 비커에 담은 물의 처음 온도를 측정한 뒤 1분마다 온도를 측정합니다.

9 갓 삶은 달걀을 차가운 물에 넣었을 때 열의 이동 방향을 화살표로 나타내시오.

갓 삶은 달걀 ( ) 차가운 물

10 열 변색 붙임딱지를 붙인 구멍 뚫린 구리판의 가운데를 가열할 때 알 수 있는 사실로 바르지 <u>않은</u> 것은 어느 것입니까? ( )

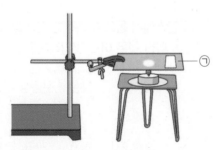

① 가열한 부분부터 온도가 높아진다.
② ㉠ 부분에는 열이 전달되지 않는다.
③ 가열한 부분에서 사방으로 열이 이동한다.
④ 온도가 높아진 부분에서 온도가 낮은 부분으로 열이 이동한다.
⑤ 만일 구리판의 한쪽이 끊겨 있었다면 열의 전도는 일어나지 않았을 것이다.

11 열 변색 붙임딱지를 붙인 구리판의 가운데를 가열할 때 열의 이동 방향을 바르게 나타낸 것은 어느 것인지 기호를 쓰시오.

㉠ 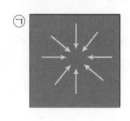   ㉡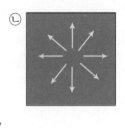

( )

◁서술형▷
12 뜨거운 떡국에 국자를 넣어 두었을 때 떡국에 직접 닿지 않았던 국자의 손잡이 부분까지 뜨거워졌습니다. 그 까닭을 한 가지 쓰시오.

_____

_____

[13~14] 세 개의 판에 각각 열 변색 붙임딱지를 붙인 뒤, 뜨거운 물이 담긴 비커에 넣었더니 색깔이 변했습니다.

13 오른쪽 실험에서 열 변색 붙임딱지의 색깔이 빨리 변하는 것부터 순서대로 쓰시오.

( )

🔍 **과학 교과서 돋보기**

금속 물질의 종류에 따라 열이 이동하는 빠르기
• 고체 물질은 종류에 따라 열이 이동하는 빠르기가 다릅니다.
• 유리나 나무에서보다 금속에서 열이 더 빠르게 이동합니다.
• 이러한 성질을 이용하여 열이 잘 이동하는 고체 물질에 열이 잘 이동하지 않는 고체 물질이 닿게 하면 열의 이동을 줄일 수 있습니다.

14 앞 13번 실험으로 알 수 있는 사실을 바르게 말한 친구의 이름을 쓰시오.

> • 민선: 액체에서는 열이 이동하지 않아.
> • 승환: 고체에서 열이 전도되는 빠르기는 물질의 종류에 따라 달라.
> • 지은: 고체의 종류에 관계없이 열이 이동하는 빠르기는 모두 같아.

(   )

15 고체 물질의 종류에 따라 열이 이동하는 빠르기가 다른 성질을 이용한 예로 알맞지 <u>않은</u> 것은 어느 것입니까? (   )

① 다리미 바닥—열이 잘 이동하는 금속으로 만든다.
② 주방 장갑—열이 잘 이동하지 않는 물질로 만든다.
③ 냄비 바닥—금속보다 열이 빨리 이동하는 유리로 만든다.
④ 빵을 굽는 틀—열이 이동하는 빠르기가 빠른 물질로 만든다.
⑤ 냄비 손잡이—열이 잘 이동하지 않는 플라스틱으로 만든다.

16 차가운 물을 넣은 비커에 파란색 잉크를 넣고 잉크의 아랫부분을 가열할 때 오른쪽과 같이 움직였습니다. 이러한 현상이 나타나는 까닭은 무엇입니까? (   )

① 차가운 물이 위로 이동하기 때문에
② 따뜻해진 물이 위로 이동하기 때문에
③ 차가운 물이 옆으로 이동하기 때문에
④ 열이 비커를 따라 위로 이동하기 때문에
⑤ 따뜻해진 물이 사방으로 흩어지기 때문에

17 물을 담은 냄비를 가열할 때 열의 이동을 화살표로 나타내시오.

18 액체와 기체에서는 온도가 높아진 물질이 위로 올라가고, 위에 있던 물질이 아래로 밀려 내려오면서 열이 이동합니다. 이러한 열의 이동 방법을 무엇이라고 하는지 쓰시오.

(   )

서술형

19 우리 생활에서 액체의 대류가 일어나는 예를 한 가지 쓰시오.

_____

_____

20 ( ) 안에 알맞은 말을 쓰시오.

> 집 안에서 난방기를 켜면 난방기 주위에서 온도가 (㉠) 공기는 위로 올라가고 위에 있던 (㉡) 공기는 아래로 밀려 내려온다.

㉠: (   )
㉡: (   )

관련 교과서 돋보기

냉방기를 천장이나 벽의 위쪽에 설치하는 까닭
• 냉방기에서 나오는 차가운 공기는 따뜻한 공기에 밀려 아래로 내려옵니다.
• 아래에 있던 따뜻한 공기는 가벼워 위로 올라가면서 방 안 전체의 공기가 시원해집니다.
• 따라서 냉방기를 위쪽에 설치해야 실내 전체가 시원해집니다.

1 다음 사진을 보고 알 수 있는 사실로 바른 것을 모두 고르시오. (　　,　　)

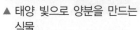
▲ 태양 빛으로 양분을 만드는 식물

▲ 식물을 먹고 살아가는 동물

▲ 태양 빛을 이용한 전기

▲ 지구를 따뜻하게 하는 태양

① 태양은 지구에 여러 가지 영향을 끼친다.
② 태양이 없으면 우리는 살기 어려울 것이다.
③ 태양은 동물과 식물에 영향을 미치지 않는다.
④ 태양이 없어도 우리 생활은 변화가 없을 것이다.
⑤ 태양은 우리 생활에 아무런 영향을 미치지 않는다.

2 태양이 생물에게 소중한 까닭을 바르게 말한 친구의 이름을 ●보기●에서 골라 쓰시오.

●보기●
• 태연: 생물은 태양으로부터 에너지를 얻고 살아가기 때문이야.
• 유리: 뜨거운 태양 빛으로 인해 일사병에 걸릴 수 있기 때문이야.
• 수영: 태양이 없어도 지구는 생물이 살아가기에 알맞은 환경을 가지고 있기 때문이야.

(　　　　　　　)

3 태양에 대한 설명으로 바르지 않은 것은 어느 것입니까? (　　　)

① 커다란 고리가 있다.
② 태양계의 구성원이다.
③ 태양계의 중심에 있다.
④ 지구에 사는 생물에 영향을 미친다.
⑤ 태양계에서 유일하게 스스로 빛을 내는 천체이다.

4 ●보기●에 있는 천체들의 공통점으로 바른 것은 어느 것입니까? (　　　)

●보기●
㉠ 수성　　㉡ 금성　　㉢ 지구
㉣ 화성　　㉤ 목성　　㉥ 토성
㉦ 천왕성　　㉧ 해왕성

① 붉은색이다.　　② 스스로 빛을 낸다.
③ 고리가 있다.　　④ 태양의 주위를 돈다.
⑤ 위성이 있다.

5 다음에서 설명하는 행성을 위 4번 ●보기●에서 골라 기호를 쓰시오.

• 전체적으로 어두운 회색이다.
• 고리와 위성이 없으며, 태양에 가장 가까이 있는 행성이다.

(　　　　　　　)

6 위 4번 ●보기●에서 고리가 있는 행성을 모두 골라 기호를 쓰시오.

(　　　　　　　)

[7~8] 지구의 반지름을 1로 정하였을 때 태양계 행성의 상대적인 크기를 나타낸 것입니다.

행성	상대적인 크기	행성	상대적인 크기
수성	0.4	목성	11.2
금성	0.9	토성	9.4
지구	1.0	천왕성	4.0
화성	0.5	해왕성	3.9

7 위 표를 보고 크기가 가장 작은 행성과 크기가 가장 큰 행성을 쓰시오.

⑴ 가장 작은 행성: (　　　　　　　)
⑵ 가장 큰 행성: (　　　　　　　)

8 앞 7번 표를 보고 상대적인 크기가 비슷한 행성끼리 바르게 짝 지은 것을 모두 고르시오. (　　,　　)

① 수성–금성
② 금성–지구
③ 지구–화성
④ 목성–토성
⑤ 천왕성–해왕성

9 지구의 크기가 반지름이 1 cm인 구슬과 같을 때 목성과 크기가 비슷한 물체는 무엇입니까? (　　　　)

① ▲ 콩
② ▲ 탁구공
③ ▲ 골프공
④ ▲ 야구공
⑤ ▲ 축구공

10 태양에서 가까운 순서대로 행성을 바르게 나열한 것은 어느 것입니까? (　　　　)

① 수성–화성–금성
② 금성–화성–지구
③ 화성–목성–토성
④ 토성–목성–천왕성
⑤ 해왕성–천왕성–토성

11 태양에서 행성까지의 상대적인 거리와 행성의 크기를 바르게 비교한 것은 어느 것입니까? (　　　　)

① 태양에서 가장 먼 행성은 토성이다.
② 지구에서 가장 먼 행성은 수성이다.
③ 크기가 큰 행성은 대체로 태양 가까이에 있다.
④ 고리가 있는 행성은 대체로 태양 가까이에 있다.
⑤ 수성, 금성, 지구, 화성은 목성, 토성, 천왕성, 해왕성에 비해 상대적으로 태양 가까이에 있다.

12 (　　　) 안에 공통으로 알맞은 말을 쓰시오.

> • 태양처럼 스스로 빛을 내는 천체를 (　　　　)(이)라고 한다.
> • 밤하늘을 보면 수많은 (　　　　)이/가 있다.

(　　　　　　　　)

관련 교과서 돋보기

별과 행성
• 별은 지구에서 매우 멀리 떨어져 있기 때문에 지구에서는 작은 점처럼 보입니다.
• 여러 날 동안 행성을 관찰하면 별 사이에서 행성의 위치가 변합니다.
• 행성은 별보다 지구에서 가까워 천체 망원경으로 행성 표면의 무늬나 행성 주위에 있는 고리 등을 확인할 수 있습니다.

13 별에 해당하는 것끼리 바르게 짝 지은 것은 어느 것입니까? (　　　　)

> ㉠ 달　　　㉡ 태양
> ㉢ 금성　　㉣ 화성
> ㉤ 목성　　㉥ 북극성

① ㉠, ㉡
② ㉡, ㉥
③ ㉠, ㉡, ㉥
④ ㉡, ㉢, ㉥
⑤ ㉡, ㉣, ㉤

14 행성과 별의 공통점은 무엇입니까? (　　　　)

① 밝기가 같다.
② 크기가 같다.
③ 태양 주위를 돈다.
④ 태양으로부터의 거리가 같다.
⑤ 밤하늘에서 반짝이는 점으로 보인다.

15 별자리를 관측하는 계획을 세울 때 주의할 점으로 바른 것을 ●보기●에서 골라 기호를 쓰시오.

> ●보기●
> ㉠ 혼자 늦은 시간까지 충분히 관측한다.
> ㉡ 밝은 곳일수록 별을 관측하기 적당하다.
> ㉢ 주변에 높은 건물이 많은 곳이 적당하다.
> ㉣ 별이 보일 만큼 충분히 어두워지는 때를 고려해 관측할 시각을 정한다.

( )

16 별자리의 이름을 찾아 바르게 선으로 연결하시오.

(1)  • • ㉠ 작은곰자리

(2)  • • ㉡ 북두칠성

17 다음에서 설명하는 별자리는 무엇입니까? ( )

> • 북쪽 밤하늘에서 볼 수 있는 별자리이다.
> • 북극성을 포함하는 별자리로, 모양이 북두칠성과 닮았다.

① 백조자리 ② 큰곰자리
③ 오리온자리 ④ 작은곰자리
⑤ 카시오페이아자리

[18~20] 북쪽 밤하늘에서 볼 수 있는 별과 별자리를 나타낸 것입니다.

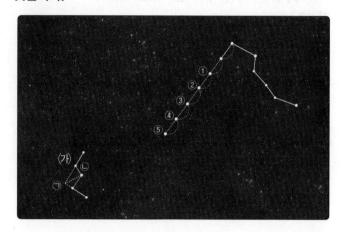

18 위 (가) 별자리에 대한 설명으로 바른 것은 어느 것입니까? ( )

① 북두칠성이다.
② 국자 모양과 닮았다.
③ 북극성을 포함하는 별자리이다.
④ 'M'(엠)자나 'W'(더블유)자 모양이다.
⑤ 남쪽 밤하늘에서도 항상 볼 수 있는 별자리이다.

> 🔍 관련 교과서 돋보기
>
> 카시오페이아자리로 북극성을 찾는 방법
> • 카시오페이아자리를 찾아 선으로 연결합니다.
> • 바깥쪽의 두 별을 지나는 선을 각각 연장하여 만나는 점을 찾습니다.
> • 카시오페이아자리의 가운데 별과 앞에서 찾은 점 사이 거리의 다섯 배만큼 떨어진 곳에서 북극성을 찾을 수 있습니다.

19 위에서 ㉠과 ㉡을 연결하고, 그 거리의 몇 배만큼 떨어진 곳에서 북극성을 찾을 수 있는지 쓰시오.

( )

20 위에서 북두칠성을 이용하여 북극성을 찾을 때 북극성의 위치에 해당하는 번호를 골라 쓰시오.

( )

[1~3] 온도가 같은 150 mL의 물에 설탕, 분필 가루, 구연산, 녹말가루를 한 숟가락씩 넣고 유리 막대로 저은 다음 10 분이 지난 뒤의 결과를 나타낸 것입니다.

물질	물에 넣고 저을 때	10분 동안 그대로 두었을 때
설탕	물에 녹아 보이지 않는다.	㉠
분필 가루	물과 섞여 물이 뿌옇게 변했다.	바닥에 가라앉는다.
구연산	물에 녹아 보이지 않는다.	변화가 없다.
녹말가루	㉡	㉢

1 위 ㉠에 알맞은 말을 모두 고르시오. (,   )

① 투명하다.
② 뿌옇게 변했다.
③ 뜨거나 가라앉는 것이 없다.
④ 끈적끈적한 물질이 위에 뜬다.
⑤ 흰색 가루가 생기면서 바닥에 가라앉는다.

관련 교과서 돋보기

다양한 물질의 용해 현상 관찰하기
• 비커 네 개에 물을 150 mL씩 넣고 각 비커에 설탕, 분필 가루, 구연산, 녹말가루를 한 숟가락씩 넣습니다.
• 비커에 든 물을 유리 막대로 각각 저으면서 관찰합니다.
• 각 비커를 그대로 두고 10 분이 지난 뒤 관찰합니다.

서술형

2 위 ㉡에 알맞은 말을 쓰시오.

_____

3 위 ㉢에 들어갈 결과를 바르게 말한 친구의 이름을 쓰시오.

• 유리: 물에 녹아 투명해져.
• 효연: 물 색깔이 점점 검게 변해.
• 미애: 녹말가루가 바닥에 가라앉아.

(   )

4 소금을 물에 녹여 소금물을 만들 때 용질, 용매, 용액에 알맞도록 선으로 연결하시오.

(1) 용질 •
(2) 용매 •
(3) 용액 •

• ㉠ 물
• ㉡ 소금
• ㉢ 소금물

5 각설탕이 물에 용해되는 과정에서 관찰할 수 있는 모습으로 바른 것에 ○표 하시오.

(1) 각설탕이 매우 작게 나뉘어 물과 섞인다. (   )
(2) 각설탕이 물에 용해되면서 물이 뿌옇게 변한다. (   )
(3) 각설탕이 물에 완전히 용해되면 설탕 알갱이가 골고루 퍼져 있는 것이 눈에 보인다. (   )

[6~8] 설탕이 물에 용해되기 전과 용해된 후의 무게를 비교하기 위한 실험 과정입니다.

㉠ 물이 담긴 비커와 시약포지, 설탕, 유리 막대를 전자저울에 함께 올려놓고 무게를 측정한다.
㉡ 설탕을 물에 넣은 뒤 용해되는 모습을 관찰하고, 완전히 용해될 때까지 유리 막대로 젓는다.
㉢ 설탕이 다 용해되면 설탕 용액이 담긴 비커와 빈 시약포지, 유리 막대를 전자저울에 올려놓고 무게를 측정한다.

6 위 ㉠과 ㉢에서 측정한 무게를 비교하여 빈칸에 >, <, = 중 알맞은 기호를 쓰시오.

㉠에서 측정한 무게 ◯ ㉢에서 측정한 무게

7 앞 6번 정답과 같이 생각한 까닭으로 알맞은 것에 ○표 하시오.

(1) 설탕이 물에 용해되면 없어지기 때문이다.
( )

(2) 설탕이 물에 용해되면 설탕 알갱이의 크기가 커지기 때문이다. ( )

(3) 설탕이 물에 용해되면 매우 작게 변하여 물과 골고루 섞이기 때문이다. ( )

8 앞 6번 실험으로 알 수 있는 사실은 무엇입니까?
( )

① 설탕은 물에 용해되지 않는다.
② 설탕이 물에 용해되면 없어진다.
③ 설탕이 물에 용해되면 새로운 물질로 변한다.
④ 설탕이 물에 용해되기 전과 용해된 후의 무게는 다르다.
⑤ 설탕이 물에 용해되면 없어지는 것이 아니라 물속에 골고루 섞여 있다.

[9~11] 온도가 같은 50 mL의 물에 설탕, 소금, 백반을 각각 넣으면서 유리 막대로 저었을 때의 결과입니다.

구분	㉠	소금	㉡
한 숟가락 넣었을 때	모두 용해되었다.	모두 용해되었다.	모두 용해되었다.
세 숟가락 넣었을 때	모두 용해되었다.	모두 용해되었다.	바닥에 가라앉았다.
여덟 숟가락 넣었을 때	모두 용해되었다.	바닥에 가라앉았다.	바닥에 가라앉았다.

9 위 실험에서 ㉠과 ㉡에 알맞은 물질을 쓰시오.

㉠: ( )
㉡: ( )

10 위 실험에서 물에 용해되는 양이 가장 많은 물질을 쓰시오.
( )

11 앞 9번 실험을 통해 알 수 있는 사실을 한 가지 쓰시오.

_____

_____

[12~14] 실험 방법을 보고 물음에 답하시오.

• 15 ℃의 물과 50 ℃의 물을 100 mL씩 측정해 두 비커에 각각 담는다.
• 각 비커에 백반을 두 숟가락씩 넣고 유리 막대로 젓는다.

12 위 실험에서 다르게 한 조건은 무엇입니까? ( )

① 물의 양 ② 물의 온도
③ 백반의 양 ④ 젓는 빠르기
⑤ 백반 알갱이의 크기

13 위 실험에서 알아보려고 하는 것은 무엇인지 쓰시오.

_____

14 위 실험 결과를 바르게 설명한 친구의 이름을 쓰시오.

• 정근: 백반은 물에 용해되지 않아.
• 하린: 물의 양이 많을수록 백반을 더 많이 용해할 수 있어.
• 희연: 물의 온도가 높을수록 백반을 더 많이 용해할 수 있어.

( )

🔍 관련 교과서 돋보기

물의 온도에 따라 백반이 용해되는 양
• 50 ℃의 물 100 mL: 백반 두 숟가락이 모두 용해됩니다.
• 15 ℃의 물 100 mL: 백반 두 숟가락 중 일부가 용해되지 않고 바닥에 남습니다.
• 고체 용질의 경우 대부분 물의 온도가 높을수록 많이 용해됩니다.

15 같은 양의 물에 분말주스를 넣어 주스를 만들려고 합니다. 이때 분말주스가 가장 많이 용해되는 물의 온도는 어느 것입니까?(단 물의 온도 이외의 조건은 모두 같습니다.) (　　　　)

① 0 ℃
② 20 ℃
③ 40 ℃
④ 60 ℃
⑤ 80 ℃

16 따뜻한 물에 백반을 넣어 모두 용해했습니다. 이 비커를 얼음물에 넣으면 비커 바닥에 백반 알갱이가 가라앉는 까닭은 무엇입니까? (　　　　)

① 용액의 양이 늘어났기 때문이다.
② 용액의 양이 줄어들었기 때문이다.
③ 용액의 온도가 낮아졌기 때문이다.
④ 용액의 온도가 높아졌기 때문이다.
⑤ 용액 속에 녹아 있던 백반의 색깔이 변했기 때문이다.

17 두 개의 비커에 물을 200 mL씩 넣고 갈색 각설탕을 각각 한 개, 열 개 넣어 녹였습니다. 이 실험에 대한 설명으로 바르지 않은 것은 어느 것입니까? (　　　　)

 ㉠ 　㉡

① ㉠은 ㉡보다 단맛이 강하다.
② 용액의 맛으로 진하기를 비교할 수 있다.
③ 용액의 무게로 진하기를 비교할 수 있다.
④ 용액의 색깔로 진하기를 비교할 수 있다.
⑤ ㉠은 ㉡보다 갈색 각설탕을 더 적게 용해한 것이다.

[18~19] 진하기가 다른 설탕물에 메추리알을 넣은 모습입니다.

㉠ 　㉡

18 위 ㉠, ㉡ 중 진하기가 더 진한 용액의 기호를 쓰시오.

(　　　　　　　　)

> **관련 교과서 돋보기**
>
> 용액의 진하기를 이용하여 신선한 달걀 고르기
> • 달걀에 있는 공기 주머니는 시간이 지날수록 부피가 증가합니다.
> • 오래된 달걀은 공기 주머니의 부피가 증가하므로 밀도가 낮아집니다.
> • 신선한 달걀이 위로 뜨지 않을 정도로 소금물의 농도를 조절한 후 소금물에 달걀을 담그면 오래된 달걀만 위로 떠올라 신선한 달걀을 고를 수 있습니다.

19 위 실험에 대한 설명으로 바른 것을 모두 고르시오.

(　　,　　)

① 용액이 진할수록 용액의 색깔이 진하다.
② 용액의 색깔로 진하기를 비교할 수 있다.
③ 용액이 진할수록 메추리알이 높이 떠오른다.
④ 용액이 진할수록 메추리알이 바닥에 가라앉는다.
⑤ 물체가 뜨거나 가라앉는 정도로 용액의 진하기를 비교할 수 있다.

서술형

20 물 100 mL에 소금 두 숟가락을 녹여 소금물을 만들고 용액의 진하기를 비교하는 도구를 넣었더니 오른쪽과 같았습니다. 소금 열 숟가락을 더 넣으면 진하기를 비교하는 도구의 위치는 어떻게 변하는지 쓰시오.

1 실체 현미경의 여러 부분 중 초점을 정확히 맞출 때 사용하는 부분을 찾아 기호와 이름을 쓰시오.

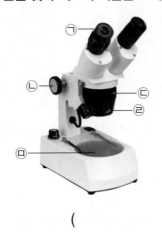

( )

> 🔍 관련 교과서 돋보기
>
> 실체 현미경의 구조
> • 접안렌즈: 눈을 대고 보는 렌즈입니다.
> • 초점 조절 나사: 상의 초점을 정확히 맞춥니다.
> • 조명 조절 나사: 조명을 켜고 끄며 밝기를 조절합니다.
> • 회전판: 대물렌즈의 배율을 조절합니다.
> • 대물렌즈: 물체와 서로 마주 보는 렌즈입니다.
> • 재물대: 관찰 대상을 올려놓는 곳입니다.

2 버섯과 민들레 중 포자로 번식하는 것은 어느 것인지 쓰시오.

( )

3 버섯과 민들레의 공통점을 ●보기●에서 모두 골라 짝 지은 것은 어느 것입니까? ( )

> ●보기●
> ㉠ 꽃이 핀다.
> ㉡ 자라고 번식한다.
> ㉢ 살아가는 데 물과 공기가 필요하다.

① ㉠   ② ㉢
③ ㉠, ㉡   ④ ㉠, ㉢
⑤ ㉡, ㉢

4 빵에 자란 곰팡이를 실체 현미경으로 관찰한 내용이 바르면 ○표, 바르지 <u>않으면</u> ×표 하시오.

⑴ 가는 실 같은 것이 보인다. ( )
⑵ 안쪽에 주름이 많다. ( )
⑶ 공 모양의 작은 알갱이들이 있다. ( )

5 균류와 식물의 차이점에 대한 설명으로 바르지 <u>않은</u> 것은 어느 것입니까? ( )

① 균류는 보통의 식물보다 작은 편이다.
② 균류는 생물이 아니고, 식물은 생물이다.
③ 균류는 식물의 줄기, 잎과 같은 기관이 없다.
④ 균류는 포자로 번식하고, 식물은 씨로 번식한다.
⑤ 균류는 주로 죽은 생물이나 다른 생물에서 양분을 얻고, 식물은 대부분 스스로 양분을 만든다.

6 광학 현미경에서 ㉠이 하는 일을 바르게 설명한 것은 어느 것입니까?

( )

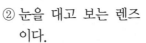

① 빛의 양을 조절한다.
② 눈을 대고 보는 렌즈이다.
③ 대물렌즈의 배율을 조절한다.
④ 관찰할 대상을 올려놓는 곳이다.
⑤ 재물대를 위아래로 움직여 상을 찾는다.

7 광학 현미경으로 짚신벌레를 관찰한 내용으로 바르지 <u>않은</u> 것은 어느 것입니까? ( )

① 코와 눈이 있다.
② 길쭉한 모양이다.
③ 짚신과 비슷한 모양이다.
④ 바깥쪽에는 가는 털이 있다.
⑤ 몸 안쪽에는 여러 가지 다양한 모양이 보인다.

8 해캄 영구 표본을 만드는 과정 중 바르지 않은 것은 어느 것입니까? (   )

① 해캄 여러 겹을 받침 유리에 올려놓는다.
② 받침 유리와 덮개 유리가 깨지지 않도록 주의한다.
③ 해캄에 물을 한 방울 떨어뜨릴 때는 스포이트를 이용한다.
④ 덮개 유리를 비스듬히 기울여 공기 방울이 생기지 않도록 천천히 덮는다.
⑤ 영구 표본을 만들 때는 받침 유리, 스포이트, 핀셋, 덮개 유리 등이 필요하다.

관련 교과서 돋보기

해캄 영구 표본 만들기

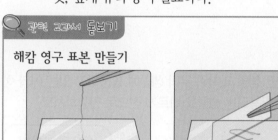

▲ 해캄을 겹치지 않게 잘 펴서 받침 유리 위에 올려놓습니다.　　▲ 덮개 유리를 비스듬히 기울여 천천히 덮습니다.

[9~10] 두 생물을 보고 물음에 답하시오.

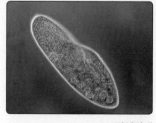　

▲ 짚신벌레　　　　　　　　▲ 해캄

9 위 두 생물이 사는 환경에 대한 설명으로 바른 것을 모두 고르시오. (,   )

① 기온이 매우 낮은 곳
② 바람이 세게 부는 곳
③ 사막과 같이 건조한 곳
④ 연못과 같이 물이 고인 곳
⑤ 하천과 같이 물이 천천히 흐르는 곳

10 앞 9번 두 생물의 공통점으로 바르지 않은 것은 어느 것입니까? (   )

① 곰팡이, 버섯과 같은 균류이다.
② 식물이나 동물과 생김새가 다르다.
③ 식물과 동물에 비해 단순한 모양이다.
④ 광학 현미경을 사용해야 자세히 볼 수 있다.
⑤ 물속에서 살고 빠른 시간 안에 많은 수로 늘어난다.

11 세균의 생김새에 대한 설명으로 바르지 않은 것은 어느 것입니까? (   )

① 생김새가 단순하다.
② 꼬리가 있는 것도 있다.
③ 동물과 같이 눈, 코, 입이 있다.
④ 공 모양, 막대 모양, 나선 모양 등 생김새가 다양하다.
⑤ 하나씩 떨어져 있거나 여러 개가 서로 연결되어 있기도 하다.

[12~13] 다음 생물을 보고 물음에 답하시오.

ㄱ 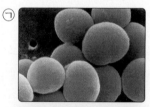　ㄴ

ㄷ 　ㄹ

12 위 ㉠~㉣ 중 세균을 모두 골라 기호를 쓰시오.

(   )

13 위 ㉠~㉣ 중 꼬리가 있는 세균을 골라 기호를 쓰시오.

(   )

서술형
14 세균이 사는 곳을 쓰시오.

_____

_____

15 질병을 일으킬 수 있는 생물을 •보기•에서 모두 골라 기호를 쓰시오.

┌─── •보기• ───┐
ⓐ 균류   ⓑ 원생생물   ⓒ 세균
└─────────────┘

(   )

16 우리 생활에 다음과 같은 영향을 미치는 생물을 위 15번 •보기•에서 골라 기호를 쓰시오.

• 다른 생물에게 양분을 제공한다.
• 번식하기 좋은 환경에서는 빠르게 수가 늘어나 적조를 일으킨다.

(   )

17 다음과 같은 음식들은 어떤 공통점을 가지고 있는지 생물이 우리 생활에 미치는 영향과 관련하여 한 가지 쓰시오.

▲ 된장   ▲ 김치   ▲ 치즈

_____

18 다양한 생물이 우리 생활에 미치는 이로운 영향에는 ○표, 해로운 영향에는 ×표를 하시오.
(1) 곰팡이는 음식을 상하게 한다.   (   )
(2) 균류와 세균이 여러 가지 질병을 일으킨다.
(   )
(3) 원생생물은 다른 생물에게 양분을 제공한다.
(   )
(4) 균류와 세균이 죽은 생물이나 배설물을 분해한다.
(   )

19 첨단 생명 과학이 우리 생활에 활용되고 있는 예와 이때 활용되는 생물을 바르게 선으로 연결하시오.

(1) 친환경 연료 •   • ⓐ 세균을 자라지 못하게 하는 균류

(2) 하수 처리 •   • ⓑ 기름 성분이 많고 원생생물

(3) 건강식품 생산 •   • ⓒ 오염 물질을 분해하는 세균

(4) 질병을 치료하는 약 •   • ⓓ 풍부한 영양소를 가진 원생생물

20 첨단 생명 과학을 우리 생활에 활용하는 예 중 물질을 분해하는 생물의 특성과 관련 있는 것은 어느 것입니까? (   )
① 생물 연료로 활용한다.
② 질병을 치료하는 데 활용한다.
③ 하수 처리를 하는 데 활용한다.
④ 건강식품을 만드는 데 활용한다.
⑤ 플라스틱 제품을 만드는 데 활용한다.

정답과 풀이

1회   1. 과학 탐구 ~ 2. 온도와 열   1~3쪽

1 ⑤   2 ③   3 ②   4 예 따뜻하거나 차가운 정도를 정확히 알 수 없다. 어떤 물체가 얼마나 더 따뜻하거나 차가운지 비교하기 어렵다.   5 적외선 온도계 6 ③   7 (1) 20.0 (2) 섭씨 이십 점 영 도   8 =   9 높은, 낮은   10 ⓒ   11 ③, ⑤   12 전도   13 구리판   14 ㉠ 색깔(색), ㉡ 열   15 ⑤   16 (2) ○ 17 ②   18 대류   19 ①, ⑤   20 (1) ○

풀이

1 ①과 ④에서 탐구 범위는 좁고 구체적이어야 합니다. ②는 탐구하려는 내용이 분명히 드러나지 않았습니다. ③과 같이 인터넷 검색으로도 알 수 있는 것은 탐구 문제로 알맞지 않습니다.

2 탐구 결과를 표나 그래프 등의 형태로 바꾸어 나타내는 것을 자료 변환이라고 합니다. 자료를 변환할 때에는 자료의 특징을 가장 적절하게 나타낼 수 있는 형태로 바꾸어야 합니다.

3 물체의 따뜻하거나 차가운 정도를 표현하는 단어에는 '따뜻하다', '뜨겁다', '미지근하다', '시원하다', '차갑다' 등이 있습니다.

4 물체의 따뜻하거나 차가운 정도를 말로만 표현하면 따뜻하거나 차가운 정도를 정확히 알 수 없고, 어떤 물체가 얼마나 더 따뜻하거나 차가운지 비교하기 어렵습니다.

5 적외선 온도계는 주로 고체의 온도를 측정할 때 사용합니다. 온도를 측정하려는 물체에 적외선 온도계를 겨누고 온도 측정 단추를 누르면 온도 표시 창에 물체의 온도가 표시됩니다.

▲ 적외선 온도계

6 적외선 온도계는 온도 표시 창에 물체의 온도가 표시됩니다. 온도를 읽을 때 눈높이를 맞출 필요는 없습니다.

7 알코올 온도계의 눈금은 보통 1 ℃ 간격으로 매겨져 있습니다. 알코올 온도계의 액체샘 부분을 측정하고

싶은 물체에 충분히 넣고 액체 기둥의 높이가 변하지 않을 때까지 기다린 다음, 온도계의 빨간색 액체 기둥의 끝이 닿은 부분에 눈높이를 맞추어 눈금을 읽습니다.

8 온도가 다른 두 물체가 접촉한 채로 시간이 지나면 두 물체의 온도는 같아집니다. 접촉한 두 물체의 온도가 변하는 까닭은 열의 이동 때문입니다.

9 온도가 다른 두 물체가 접촉하면 온도가 높은 물체는 온도가 점점 낮아지고 온도가 낮은 물체는 온도가 점점 높아져서 시간이 지나면 두 물체의 온도는 같아집니다.

10 고체 물체의 한 부분을 가열하면 그 부분의 온도가 높아집니다. 이때 온도가 높아진 부분에서 주변의 온도가 낮은 부분으로 열이 이동합니다. ⓒ 부분에서 ㉠ 부분으로 열이 이동합니다.

11 고체에서는 고체 물질을 따라 열이 이동하고, 온도가 높은 부분에서 온도가 낮은 부분으로 열이 이동합니다.

12 고체에서 열이 이동하는 방법을 전도라고 하며, 두 고체 물체가 접촉하고 있지 않다면 열의 전도는 일어나지 않습니다.

13 구리판, 철판, 유리판 순서로 열 변색 붙임딱지의 색깔이 변합니다.

14 고체 물질의 종류에 따라 열이 이동하는 빠르기가 다릅니다. 구리, 철과 같은 금속에서는 열이 잘 이동하지만, 플라스틱에서는 열이 잘 이동하지 않습니다.

15 물체 사이에서 열의 이동을 막는 것을 단열이라고 합니다. 건물을 지을 때 단열재를 사용하면 열의 이동을 막아서 실내 온도를 적절히 유지할 수 있습니다.

16 액체에서는 온도가 높아진 물질이 위로 올라가기 때문에 파란색 잉크가 위로 올라갑니다.

17 액체에서 온도가 높아진 물질은 위로 올라가고 위에 있던 온도가 낮은 물질은 아래로 밀려 내려옵니다. 이러한 과정이 반복되면서 액체 전체가 데워집니다.

18 액체를 가열하면 대류가 일어나 액체 전체의 온도가 골고루 높아집니다.

19 체에서도 액체와 같이 대류에 의해 열이 이동합니다. 주변보다 온도가 높은 공기는 위로 올라가고, 이보다 온도가 낮은 공기는 아래로 내려갑니다.

20 난방기를 켜면 난방기 주위에서 온도가 높아진 공기는 위로 올라가고 위에 있던 차가운 공기는 아래로 밀려 내려옵니다. 이러한 과정이 반복되면서 집 안 전체가 따뜻해집니다.

1회   3. 태양계와 별   4~6쪽

---

1 태양   **2** ⑤   **3** ②   **4** ㉠ 태양 ㉡ 행성   **5** ③
6 (1) 민선 (2) ⑳ 눈에 잘 보이지 않지만 고리가 있는
행성이야.   **7** (1) ○   **8** ③   **9** 수성   **10** ⑳ 태양
에서 행성까지의 거리는 너무 멀어서 실제 거리로 나
타내면 거리를 쉽게 비교하기 어렵기 때문이다.   **11**
④   **12** ③   **13** ③   **14** ⑳ 별은 행성보다 지구에
서 매우 먼 거리에 있기 때문에 움직이지 않는 것처
럼 보이지만, 행성은 위치가 변한다.   **15** 별자리
16 ④   **17** ②   **18** ①   **19** ③   **20** ④

∙풀이∙

1 우리가 살아가는 데 필요한 대부분의 에너지는 태양
에서 얻으며, 태양이 없으면 지구에서 생물이 살기
어렵습니다.

2 대부분의 식물은 태양 빛으로 양분을 만들어 살아가
지만, 일부 동물은 식물이 만든 양분을 먹고 살아갑
니다.

3 태양과 태양의 영향이 미치는 공간, 그 공간에 있는
천체를 통틀어 태양계라고 합니다. 태양계의 구성원
에는 태양, 위성, 행성, 소행성, 혜성 등이 있습니다.

4 행성은 태양 주위를 도는 둥근 천체로, 행성의 색깔
은 다양하며 고리를 가진 행성도 있습니다.

5 물과 공기가 있어서 생명체가 살기에 적합한 행성은
지구입니다.

6 천왕성은 세로 방향으로 희미한 고리가 있지만, 눈에
잘 보이지 않습니다.

7 태양의 반지름은 695000 km이고 지구의 반지름은
6378 km로 태양이 지구보다 매우 크기 때문에 태양
과 지구를 비교하면 지구는 작은 점처럼 보입니다.

8 태양계 행성은 크기가 다양합니다. 태양계에서 가장
작은 행성은 수성이고, 가장 큰 행성은 목성입니다.

9 태양에서 가장 가까운 행성은 수성이고, 가장 멀리
있는 행성은 해왕성입니다.

10 태양에서 행성까지의 거리가 매우 멀기 때문에 태양
에서 행성까지의 거리를 쉽게 비교하기 위해서 상대
적인 거리를 이용합니다.

11 목성, 토성, 천왕성, 해왕성은 수성, 금성, 지구, 화
성에 비해 상대적으로 태양에서 멀리 떨어져 있습
니다.

12 행성은 태양 빛을 반사하기 때문에 별과 같이 빛을
내는 것처럼 보입니다.

13 행성은 태양의 주위를 돌고, 별에 비해 지구에 가까
이 있기 때문에 위치가 서서히 변하는 것을 볼 수 있
습니다.

14 별은 행성보다 지구에서 매우 먼 거리에 있기 때문에
움직이지 않는 것처럼 보이고, 행성은 태양 주위를
돌며 별보다 지구에 가까이 있기 때문에 별들 사이에서
위치가 변합니다.

15 옛날 사람들이 밤하늘에 무리 지어 있는 별을 연결해
사람이나 동물 또는 물건의 모습을 떠올리고 이름을
붙인 것을 별자리라고 합니다.

16 북두칠성, 작은곰자리, 카시오페이아자리는 북쪽 밤
하늘의 별들을 연결해 이름을 붙인 별자리입니다.

17 큰곰자리의 꼬리 부분에 있는 별 일곱 개를 북두칠성이
라고 합니다.

18 북극성은 항상 정확한 북쪽에 있기 때문에 예로부터
나침반의 역할을 하였습니다.

19 북극성은 가장 밝은 별이 아니기 때문에 바로 찾는
것이 쉽지 않습니다. 따라서 비교적 찾기 쉬운 북두
칠성과 카시오페이아자리를 찾고 이를 이용하여 북
극성을 찾습니다.

20 북극성은 작은곰자리의 꼬리 부분에 있는 별로, 북쪽
하늘에서 일 년 내내 같은 위치에 있습니다. 북두칠
성과 카시오페이아자리를 이용하면 북극성을 찾을
수 있고, 북극성의 위치를 알면 방향을 알 수 있습
니다.

1회   4. 용해와 용액   7~9쪽

---

1 ①, ③   **2** ㉠   **3** 밀가루   **4** (2) ○   **5** ㉡   **6**
㉡   **7** ⑤   **8** 142.5   **9** ④   **10** ②   **11** ⑤   **12**
①   **13** 물의 온도   **14** (1) ○   **15** ㉡   **16** ④
17 ③, ⑤   **18** ㉠   **19** (1) ㉡ (2) ㉠   **20** ㉢

∙풀이∙

1 여러 가지 물질을 물에 넣었을 때의 현상을 알아볼
때 깔때기, 전자저울, 알코올램프는 필요하지 않습
니다.

2 여러 가지 물질을 물에 넣었을 때의 현상을 알아보는

실험에서 물질은 같은 양을 넣어야 하며, 물질을 5분 동안 놓아두었을 때 결과가 모두 같지는 않습니다.

3 설탕과 소금은 물에 녹아 뜨거나 가라앉은 것이 없지만, 밀가루는 시간이 지날수록 바닥에 가라앉습니다.

4 여러 가지 물질을 물에 넣으면 어떤 물질은 물에 용해되어 용액이 되고, 어떤 물질은 물에 용해되지 않습니다.

5 물에 넣은 각설탕은 시간이 흐를수록 ㉢ → ㉠ → ㉡의 순서로 변합니다.

6 물에 넣은 각설탕은 부스러져 크기가 작아지고, 물에 골고루 섞여 완전히 용해되면 눈에 보이지 않습니다.

7 설탕이 물에 용해되기 전과 용해된 후의 무게를 비교하는 실험을 할 때는 비커, 시약포지, 전자저울, 유리 막대, 보안경, 물, 실험복, 실험용 장갑 등이 필요합니다.

8 설탕이 물에 용해되기 전 전체 무게와 설탕이 물에 용해된 후 전체 무게는 같습니다. 따라서 설탕이 물에 용해되면 눈에 보이지는 않지만 설탕이 물속에 들어 있는 것을 알 수 있습니다.

9 여러 가지 용질이 물에 용해되는 양을 비교하는 실험에서 물의 양과 온도, 넣는 용질의 양은 같게 해야 하는 조건입니다.

10 물의 온도와 양이 같을 때 설탕과 소금은 백반보다 용해되는 양이 많습니다.

11 온도와 양이 일정한 물에 설탕을 계속 넣으면서 저어 주면 설탕이 어느 정도 용해되다가 바닥에 가라앉습니다.

12 온도와 양이 같은 물에 같은 양의 소금과 탄산수소 나트륨을 넣었을 때 각 용질이 물에 용해되는 양은 다릅니다.

13 물의 온도에 따라 백반이 용해되는 양을 알아보는 실험이므로 다르게 해야 할 조건은 물의 온도입니다.

14 차가운 물과 따뜻한 물에 넣는 백반의 양을 같게 하려면 크기가 같은 약숟가락을 사용해야 합니다.

15 차가운 물에서는 백반이 어느 정도 용해되다가 용해되지 않은 백반이 바닥에 남습니다. 따뜻한 물에서는 백반이 모두 용해됩니다.

16 차가운 물보다 따뜻한 물에서 백반이 더 많이 용해되는 실험 결과를 통해 물의 온도가 높을수록 백반이 더 많이 용해된다는 것을 알 수 있습니다.

17 갈색 각설탕 용액의 진하기는 냄새와 만져본 느낌으로는 비교할 수 없습니다.

18 물의 양이 같을 때 갈색 각설탕 용액은 물에 포함된 용질의 양이 많을수록 색깔이 진합니다. 따라서 색깔이 가장 진한 ㉠ 용액에 넣은 갈색 각설탕의 개수가 가장 많습니다.

19 각설탕 한 개를 용해한 비커에서는 방울토마토가 바닥에 가라앉고, 각설탕 열 개를 용해한 비커에서는 방울토마토가 용액 위로 높이 떠오릅니다.

20 물의 양이 같을 때 용해한 소금의 양이 많을수록 진하기가 진한 용액입니다. 진하기가 가장 진한 ㉢ 용액에서 기구가 가장 높이 떠오릅니다.

1회　5. 다양한 생물과 우리 생활　10~12쪽

1 ④　**2** ㉤　**3** ④, ⑤　**4** ④, ⑤　**5** ⑤　**6** ②
7 (2) ○　**8** ②, ⑤　**9** ㉢　**10** ④　**11** ③　**12** 예 다른 생물보다 생김새가 단순하다.　**13** ③, ⑤　**14** ①　**15** ③　**16** ③　**17** (1) ㉡, ㉤ (2) ㉠, ㉢, ㉣
18 ⑤　**19** ㉢　**20** ②

풀이

1 ㉣은 대물렌즈입니다. 대물렌즈는 물체와 서로 마주 보는 렌즈입니다.

2 ㉤은 조명 조절 나사로 조명을 켜고 끄며 빛의 양을 조절합니다.

3 실체 현미경을 사용하여 표고버섯을 관찰하면 윗부분의 안쪽에 주름이 많고 깊게 파여 있습니다. 또한 보통 식물에 있는 줄기와 잎 같은 모양을 볼 수 없습니다.

4 곰팡이는 푸른색, 하얀색, 검은색 등 색깔이 다양하고, 가는 실처럼 생긴 균사로 이루어져 있습니다.

5 ①은 조리개, ②는 조명, ③은 회전판, ④는 재물대에 대한 설명입니다.

6 눈으로 보는 쪽의 렌즈는 접안렌즈입니다. 대물렌즈는 관찰할 물체 쪽에 있는 렌즈입니다.

7 (1)은 해캄, (2)는 짚신벌레를 광학 현미경으로 관찰한 모습입니다.

8 짚신벌레는 맨눈으로 볼 수 없을 만큼 크기가 작고, 짚신처럼 길쭉한 모양입니다. 물이 고인 연못이나 물

살이 느린 도랑, 하천에서 삽니다.

9 해캄은 원생생물이며 초록색이고 실처럼 가는 여러 가닥이 뭉쳐 있습니다.

10 세균은 땅이나 물 등의 자연환경뿐 아니라 생물의 몸 등 우리 주변 어느 곳에나 살고 있으며, 균류나 원생생물보다 크기가 더 작고 생김새가 단순한 생물입니다.

11 세균은 크기가 작아 보이지 않지만, 우리 주변 어느 곳에나 살고 있습니다. 생물이나 물체에 사는 세균도 있고 흙이나 물, 공기 등에 사는 세균도 있습니다.

12 세균의 생김새는 공 모양, 나선 모양, 막대 모양 등 생김새가 단순합니다.

13 세균은 땅, 물, 식물이나 동물의 몸속 등 우리 주변 대부분의 곳에서 살 수 있으며, 살기에 적당한 조건이 되면 짧은 시간 안에 많은 수로 늘어날 수 있습니다.

14 균류와 세균은 김치, 치즈, 된장, 요구르트 등의 음식을 만드는 데 이용됩니다.

15 균류가 집이나 가구 등을 못 쓰게 만드는 것은 생물이 우리 생활에 미치는 해로운 영향입니다.

16 원생생물은 다른 동물의 먹이가 되거나 생물에게 필요한 산소를 만들기도 하지만, 일부 원생생물은 강이나 바다에서 빠르게 번식하여 다른 생물이 살기 어려운 환경을 만들기도 합니다.

17 영지버섯 같은 균류는 한약재로도 쓰입니다. 균류와 세균은 죽은 생물을 분해하여 지구 환경을 유지하는 역할을 하기도 합니다.

▲ 영지버섯

18 기름 성분이 많은 원생생물의 특징을 활용하여 친환경 연료를 생산하고, 곤충의 몸에 자라 곤충을 죽게 하는 균류의 특징을 활용하여 농작물에 해로운 곤충을 없앱니다.

19 원생생물을 이용해 환경 오염을 일으키지 않는 친환경 연료를 만들고, 바다에 사는 일부 원생생물은 음식물 쓰레기를 분해하는 데 활용되기도 합니다.

20 원생생물인 클로렐라로 건강식품을 만들 수 있습니다. 원생생물로 녹조를 일으키는 것은 첨단 생명 과학을 활용한 예로 알맞지 않습니다.

2회   1. 과학 탐구 ~ 2. 온도와 열   13~15쪽

1 ⑤   **2** ⑤   **3** 예 병원에서 환자의 건강 상태를 확인할 때, 튀김 요리를 할 때, 어항에서 열대어를 기를 때   **4** (1) ⓒ (2) ㉠ (3) ㉡   **5** (1) × (2) ○ (3) ×   **6** 보연   **7** (2) ○   **8** ㉠   **9** ①   **10** ㉡   **11** ㉠   **12** 예 열은 온도가 높아진 부분에서 주변의 온도가 낮은 부분으로 이동한다.   **13** ㉡ ㉠ ㉢   **14** ①   **15** ㉡   **16** ㉠ 높아진 ㉡ 차가운   **17** ※ 풀이 참조   **18** ※ 풀이 참조   **19** ②   **20** ④

풀이

1 탐구 과정에서 실험을 할 때는 실험 결과가 예상과 다르더라도 고치거나 빼지 않습니다.

2 탐구를 모두 마친 뒤에는 결론을 뒷받침할 수 있는 추가 실험을 계획하거나, 더 알고 싶은 것 중에 탐구 문제를 정해 새롭게 탐구할 수 있습니다.

3 비닐 온실에서 상추와 같은 식물을 기를 때 식물이 잘 자랄 수 있는 온도인지 확인하기 위해서도 공기의 온도를 정확하게 측정해야 합니다.

4 기온은 공기의 온도, 수온은 물의 온도, 체온은 몸의 온도를 나타냅니다.

5 운동장의 공기 온도는 알코올 온도계를 사용하고, 음식이 잘 익었는지 확인하기 위해 내부 온도를 측정할 때는 탐침 온도계를 사용합니다.

6 알코올 온도계는 주로 액체나 기체의 온도를 측정할 때 사용합니다. 알코올 온도계로 액체를 젓는 것과 같이 다른 용도로 사용하지 않아야 합니다.

7 음료수 캔에 담은 차가운 물의 온도는 점점 높아지고, 비커에 담은 따뜻한 물의 온도는 점점 낮아집니다.

8 온도가 다른 두 물체가 접촉하면 온도가 높은 물체에서 온도가 낮은 물체로 열이 이동하기 때문에 온도가 높은 물체의 온도는 점점 낮아지고 온도가 낮은 물체의 온도는 점점 높아집니다.

9 온도가 다른 두 물체가 접촉하면 온도가 높은 물체의 온도는 낮아지고, 온도가 낮은 물체의 온도는 높아집니다. 그리고 시간이 지나면 두 물체의 온도는 같아집니다.

10 구리판에 열 변색 붙임딱지를 붙이면 구리판에서 열이 이동하는 모습을 눈으로 쉽게 확인할 수 있습

니다.

11 열 변색 붙임딱지를 뜨거운 물에 넣으면 넣은 부분부터 색깔이 변하고, 시간이 지나면서 뜨거운 물이 닿지 않은 위쪽 부분의 열 변색 붙임딱지의 색깔도 변합니다.

12 고체에서 열은 온도가 높은 곳에서 온도가 낮은 곳으로 고체 물질을 따라 이동합니다. 고체에서 열이 이동하는 방법을 전도라고 합니다.

13 고체 물질은 종류에 따라 열이 이동하는 빠르기가 다릅니다. 구리, 철, 유리 순서로 열이 빠르게 이동합니다.

14 두 물체 사이에서 열의 이동을 줄이는 것을 단열이라고 합니다. 프라이팬, 냄비, 다리미 바닥을 금속으로 만드는 것은 금속이 열이 잘 전도되는 물질이기 때문입니다.

15 액체에서는 온도가 높아진 액체가 위로 이동하고, 이보다 온도가 낮은 액체가 아래로 이동하는 대류에 의해 열이 이동합니다.

16 물 아래쪽을 가열하면 따뜻해진 물이 위로 올라가면서 열이 이동합니다.

17 액체에서 온도가 높아진 물질이 위로 올라가고, 위에 있던 온도가 낮은 물질이 아래로 밀려 내려오면서 열이 전달되는 과정을 대류하고 합니다.

전도	대류
	○

18 가열 장치에 불을 붙였을 때 비눗방울이 위쪽으로 올라가는 것으로 보아 온도가 높아진 공기가 위로 올라가면서 열이 이동한다는 것을 알 수 있습니다.

가열 장치에 불을 붙이지 않았을 때	비눗방울이 아래쪽으로 내려간다.
가열 장치에 불을 붙였을 때	비눗방울이 위쪽으로 올라간다.

19 집 안에서 난방 기구를 켜면 난방 기구 주변의 공기는 온도가 높아져 위로 올라가고, 위에 있던 공기는 아래로 밀려 내려오는 과정이 반복되면서 집 안 전체의 공기가 따뜻해집니다.

20 ①과 ②는 단열, ③은 액체에서 열의 이동, ⑤는 고체에서 열의 이동과 관련된 예입니다.

---

1 ⑤   **2** ④   **3** ①   **4** ①, ④   **5** ③   **6** 토성   **7** ㉠ 화성 ㉡ 지구   **8** (2) ○   **9** ①   **10** 수성, 금성   **11** ㉕ 태양에서 행성까지의 거리가 멀어질수록 행성 사이의 거리는 점점 멀어진다.   **12** (1) ㉡ (2) ㉠   **13** 재화   **14** ㉕ 금성, 화성, 목성과 같은 행성은 별보다 더 밝고 또렷하게 보여.   **15** ②, ③   **16** ㉠ → ㉢ → ㉡ → ㉣   **17** ⑤   **18** ④   **19** 북극성   **20** ㉕ 카시오페이아자리의 바깥쪽의 두 별을 지나는 선을 각각 연장해 만나는 점과 가운데에 있는 별을 연결하고 그 거리의 다섯 배만큼 떨어진 곳에서 북극성을 찾는다.

• 풀이 •

1 태양은 지구의 모든 것에 영향을 미칩니다.

2 ① 태양계 행성은 여덟 개입니다. ② 소행성은 크기가 매우 작습니다. ③ 행성의 주위를 도는 것이 위성입니다. ⑤ 태양은 태양계에서 스스로 빛을 내는 유일한 천체입니다.

3 달은 행성의 주위를 도는 천체인 위성입니다.

4 태양계 행성 중 위성을 가지고 있는 행성은 지구, 화성, 목성, 토성, 천왕성, 해왕성입니다.

5 화성은 고리가 없고, 태양계 행성 중 화성만 붉은색으로 보입니다.

6 태양계 행성을 크기가 큰 행성부터 순서대로 나열하면 목성, 토성, 천왕성, 해왕성, 지구, 금성, 화성, 수성 순서입니다.

7 수성-화성, 금성-지구, 천왕성-해왕성은 지구의 반지름을 1로 정하였을 때 상대적인 크기가 비슷합니다.

8 화성은 금성보다 작습니다. 지구보다 큰 행성은 목성, 토성, 천왕성, 해왕성으로 네 개입니다.

9 지구에서 가장 먼 행성은 해왕성입니다.

10 태양에서 지구보다 멀리 있는 행성은 화성, 목성, 토성, 천왕성, 해왕성입니다.

11 태양에서 행성까지의 거리가 멀어질수록 행성 사이의 거리는 점점 멀어집니다.

12 위치가 변한 천체는 행성이고, 위치가 변하지 않은 천체는 별입니다.

13 금성, 화성, 목성과 같은 행성은 별보다 더 밝고 또렷하게 보입니다.

14 행성은 별보다 지구에 가까이 있기 때문에 별보다 더 밝고 또렷하게 보입니다.

15 주변이 탁 트이고 밝지 않은 곳이 별을 관측하기 적당합니다.

16 별자리를 관측할 시각과 장소를 정한 다음, 정해진 시각에 정해진 장소에서 나침반을 이용해 북쪽을 확인하고 주변의 건물이나 나무 등의 위치를 표현한 다음 별자리를 관측합니다.

17 카시오페이아자리는 'M'(엠)자나 'W'(더블유)자 모양의 별자리입니다.

18 북두칠성과 카시오페이아자리를 이용하여 북극성을 찾을 수 있습니다.

19 북극성은 거의 움직이지 않고 항상 북쪽에서 보이기 때문에 북극성을 찾으면 방위를 알 수 있습니다.

20 북극성은 북쪽 하늘 별자리인 북두칠성과 카시오페이아자리를 이용해 찾을 수 있습니다. 북극성을 찾은 뒤에 북극성을 바라보고 섰을 때 정면으로 보이는 쪽이 북쪽입니다.

북극성

2회　　4. 용해와 용액　　19~21쪽

1 우영　**2** (2) ○　**3** 예 물이 갈색으로 변했다. 물에 뜨거나 가라앉은 것이 없다.　**4** ③　**5** ③　**6** ㉢　**7** ④, ⑤　**8** ㉡　**8** 설탕, 백반　**10** 용해　**11** ㉢　**12** ②　**13** ㉠ ㉢ ㉡ ㉣　**14** 따뜻한 물　**15** (2) ○　**16** 예 코코아차를 데워 온도를 높인다.　**17** ⑤　**18** (1) ㉡ (2) 예 색깔로 비교한다. 맛으로 비교한다. 무게로 비교한다.　**19** ㉠　**20** ②, ④

◀풀이▶

1 물에 넣은 설탕과 소금은 모두 녹아 투명해지고, 밀

가루는 녹지 않으므로 가라앉거나 뜨는 물질이 있습니다.

2 흰모래와 분필 가루는 물에 녹지 않고 가라앉으므로 흰모래와 분필 가루가 섞인 물은 용액이라고 하지 않습니다.

3 갈색설탕이 물에 섞이고 녹으면서 물이 갈색으로 변합니다. 갈색설탕 한 숟가락이 녹은 물은 투명합니다.

4 용질인 설탕이 용매인 물에 녹아 설탕물 용액이 되었습니다.

5 설탕이 물에 용해되기 전과 용해된 후의 무게는 같습니다.

6 설탕이 물에 완전히 용해되면 물과 골고루 섞여 투명한 용액이 됩니다.

7 설탕이 물에 완전히 용해되면 눈에 보이지 않지만 매우 작게 변하여 물속에 골고루 섞여 있습니다.

8 설탕이 물에 용해되기 전과 용해된 후의 무게는 같습니다. 따라서 용매인 물과 용질인 설탕의 무게를 합한 값은 용액의 무게와 같습니다.

9 물에 용해되는 양은 설탕이 가장 많고, 그 다음으로 소금이며 백반이 가장 적습니다.

10 온도와 양이 같은 물에서 소금, 설탕, 백빈이 용해되는 양이 서로 다릅니다.

11 온도와 양이 일정한 물에 소금을 계속 넣으면서 저어주면 소금이 어느 정도 용해되다가 바닥에 가라앉습니다.

12 물의 온도는 다르지만 같은 양의 물에 같은 양의 붕산을 넣어 붕산이 용해된 양을 비교하는 실험이므로, 물의 온도에 따라 붕산이 녹는 양을 알아보기 위한 실험입니다.

13 차가운 물과 따뜻한 물을 각각 30 mL씩 측정해 두 비커에 담습니다. 그리고 각 비커에 백반을 두 숟가락씩 넣고 유리 막대로 저은 뒤 백반이 용해된 양을 비교합니다.

14 물에 용해되는 용질의 양은 물의 온도에 따라 달라집니다. 대부분의 경우 용질은 물의 온도가 높을수록 많이 용해됩니다.

15 차가운 물보다 따뜻한 물에 설탕이 더 많이 녹는 것은 물의 온도에 따라 용질이 용해되는 양이 달라지는 예에 해당합니다.

16 용해되지 않고 가라앉은 코코아 가루를 모두 용해하려면 온도를 높여 주거나 물을 더 넣어 줍니다.

17 우리나라의 바닷물과 다르게 사해에서 사람의 몸이 책을 읽을 수 있을 만큼 뜨는 까닭은 진하기가 서로 다르기 때문입니다.

18 물의 양이 같은 경우에 물에 넣은 갈색 각설탕의 개수가 많을수록 용액의 색깔이 진합니다.

19 설탕물의 진하기가 진할수록 메추리알이 높이 떠오릅니다.

20 주름 빨대를 구부려 길이에 맞게 자르고 빨대에 눈금을 그립니다. 한쪽 끝을 고무줄로 묶고 빨대 끝에 고무찰흙을 붙입니다.

2회　　5. 다양한 생물과 우리 생활　　22~24쪽

1 ㉢ ㉠ ㉤ ㉡ ㉣ ㉥　　2 ㉢ 회전판 ㉣ 초점 조절 나사　　3 (1) 해진 (2) ㉖ 보통 식물에 있는 줄기와 잎 같은 모양을 볼 수 없어.　　4 (1) ○　　5 ②, ⑤　　6 ③　　7 ㉣　　8 (1) ○ (2) ×　　9 ②, ⑤　　10 ④　　11 세균　　12 ①, ⑤　　13 ㉠, ㉡, ㉢　　14 ⑤　　15 ③　　16 ㉡, ㉢　　17 ②　　18 ②, ④　　19 (1) ㉠ (2) ㉢ (3) ㉡　　20 ③

풀이

1 실체 현미경으로 버섯을 관찰할 때는 가장 먼저 회전판을 돌려 대물렌즈를 가장 낮은 배율로 맞춥니다.

2 회전판을 돌려 대물렌즈를 가장 낮은 배율로 맞추고, 정확한 초점은 초점 조절 나사로 맞춥니다.

3 표고버섯을 실체 현미경으로 관찰하면 버섯 윗부분 안쪽에 많은 주름이 있습니다.

4 빵에 자란 곰팡이를 실체 현미경으로 관찰하면 실처럼 가늘고 긴 가닥이 엉켜 있고 작고 둥근 알갱이들이 보입니다.

5 곰팡이와 버섯은 포자로 번식하고 실처럼 가늘고 긴 균사로 이루어져 있는 균류입니다.

6 ㉠은 접안렌즈, ㉡은 대물렌즈, ㉣은 조동 나사, ㉤은 미동 나사입니다.

7 조동 나사(㉣)는 재물대를 움직여 상을 찾을 때 사용하고, 미동 나사(㉤)는 조동 나사로 조절한 상의 초점을 맞출 때 사용합니다.

8 해캄, 짚신벌레는 주로 물이 고인 연못이나 물살이 느린 하천에서 삽니다.

9 광학 현미경으로 해캄을 관찰하면 마디가 있고, 초록색 알갱이가 가는 선 안에 있습니다.

10 아메바는 일정한 모양이 없고, 몸 안에는 여러 다른 소기관들이 보입니다.

11 세균은 균류나 원생생물보다 크기가 더 작고 생김새가 단순한 생물입니다. 또한, 종류가 매우 많습니다.

12 ②는 해캄, ③은 짚신벌레, ④는 곰팡이입니다.

13 세균은 우리 주변의 거의 모든 곳에서 살며, 알맞은 조건이 되면 빠르게 많은 수로 늘어납니다.

14 원생생물인 해캄은 생물이 사는 데 필요한 산소를 만듭니다.

15 세균과 균류는 종류에 따라 음식물을 상하게 하고, 생물의 피부나 몸속에서 여러 가지 질병을 일으켜 생활에 피해를 줍니다.

16 균류나 세균이 다른 생물에게 질병을 일으키는 것도 우리 생활에 미치는 해로운 영향입니다.

17 영지버섯 같은 균류는 한약재로도 쓰입니다.

18 생물 농약은 해충에게만 질병을 일으키는 세균, 곰팡이를 이용해 만들고, 인공 눈은 물을 쉽게 얼리는 특성이 있는 세균을 이용합니다. 원생생물을 이용해 환경 오염을 일으키지 않는 생물 연료를 만듭니다.

19 곤충의 몸에 자라 곤충을 죽게 하는 균류의 특징을 활용하여 농작물에 해로운 곤충을 없애고, 기름 성분이 많은 원생생물의 특징을 활용하여 친환경 연료를 만듭니다. 빠르게 수가 늘어나는 세균의 특징을 활용하여 약품을 대량으로 생산합니다.

20 세균을 자라지 못하게 하는 곰팡이를 이용한 치료제 등은 첨단 생명 과학이 우리 생활에 활용되는 예입니다.

3회　　1. 과학 탐구 ~ 2. 온도와 열　　25~27쪽

1 ①　　2 변인 통제　　3 ①　　4 ③, ⑤　　5 ㉡　　6 (1) ○　　7 ③　　8 ㉠　　9 →　　10 ②　　11 ㉡　　12 ㉖ 떡국에서 국자로 열이 이동했고, 국자의 한쪽 끝에서 국자 전체로 열이 이동했기 때문에　　13 구리판, 철판, 유리판　　14 승환　　15 ③　　16 ②　　17 ※ 풀이 참조　　18 대류　　19 ㉖ 주전자에 물을 넣고 끓일 때 아랫부분만 가열해도 주전자 안의 물 전체가 뜨거워진다.　　20 ㉠ 높아진 ㉡ 차가운

◀풀이▶

1 실험 결과는 실험을 해 본 후 관찰하거나 측정하려고 했던 것을 생각하면서 기록합니다.

2 실험에서 변하는 조건이나 값을 변인이라고 하고, 실험에서 다르게 해야 할 조건과 같게 해야 할 조건을 확인하고 통제하는 것을 변인 통제라고 합니다.

3 물체의 온도를 따뜻하거나 차가운 정도로 어림하면 사람마다 느낌이 달라서 여러 가지 문제가 생길 수 있기 때문에 아기 목욕물, 비닐 온실, 병원, 음식점 등에서는 정확한 온도를 측정해야 합니다.

4 온도는 알코올 온도계, 적외선 온도계 등 온도계로 측정하며 ℃(섭씨도)라는 단위로 나타냅니다. 물의 온도는 수온이라고 합니다.

5 온도계의 빨간색 액체가 더 이상 움직이지 않으면 액체 기둥의 끝이 닿은 부분에 눈높이를 맞추어 눈금을 읽습니다.

6 ⑴은 귀 체온계, ⑵는 적외선 온도계입니다. 적외선 온도계는 고체의 표면 온도를 측정할 때 주로 사용합니다.

7 오후 2시에는 강당의 온도가 가장 낮고, 운동장의 온도가 가장 높습니다.

8 온도가 다른 두 물체를 접촉하면 따뜻한 물체는 온도가 낮아지고, 차가운 물체는 온도가 높아집니다. 시간이 지나면 두 물체의 온도는 같아집니다.

9 온도가 높은 갓 삶은 달걀에서 온도가 낮은 차가운 물로 열이 이동합니다.

10 구리판에 구멍이 뚫려 있지만 구리판이 끊긴 것이 아니기 때문에 뚫린 쪽의 끝면까지도 열은 전달됩니다.

11 열 변색 붙임딱지를 붙인 구리판의 가운데를 가열하면 가열한 부분부터 사방으로 열 변색 붙임딱지의 색깔이 변합니다.

12 뜨거운 떡국에서 국자로, 또 국자의 한쪽 끝에서 국자 전체로 열이 이동하여 국자의 손잡이까지 뜨거워집니다.

13 열 변색 붙임딱지의 색깔이 빨리 변할수록 열이 빨리 이동한 것입니다.

14 온도가 높은 곳에서 온도가 낮은 곳으로 열이 고체 물질을 따라 이동하는 것을 전도라고 하며, 고체에서 열이 전도되는 빠르기는 물질의 종류에 따라 다릅니다.

15 금속이 유리보다 열이 더 빠르게 이동하기 때문에 냄비 바닥은 주로 금속으로 만듭니다.

16 따뜻해진 물은 위로 올라가기 때문에 파란색 잉크도 따뜻해진 물을 따라 위로 올라갑니다.

17 물을 담은 냄비를 가열하면 냄비 바닥에 있는 물의 온도가 높아져서 위로 올라가고 위에 있던 물은 아래로 밀려 내려옵니다. 이러한 과정이 반복되면서 물 전체가 데워집니다.

18 주변보다 온도가 높은 공기는 위로 올라가고, 이보다 온도가 낮은 공기는 아래로 내려갑니다. 기체에서도 액체와 같이 대류에 의해 열이 이동합니다.

19 욕조에 목욕물을 받으면 아랫부분보다 윗부분이 더 따뜻한 것도 액체의 대류 때문입니다.

20 난방기를 켜면 온도가 높아진 공기는 위로 올라가고 위에 있던 차가운 공기는 아래로 밀려 내려오는 과정이 반복되면서 집 안 전체가 따뜻해집니다.

3회 3. 태양계와 별 28~30쪽

1 ①, ② 2 태연 3 ① 4 ④ 5 ㉠ 6 ㉤, ㉡, ㉥, ◎ 7 ⑴ 수성 ⑵ 목성 8 ②, ⑤ 9 ⑤ 10 ③ 11 ⑤ 12 별 13 ② 14 ⑤ 15 ㉣ 16 ⑴ ㉡ ⑵ ㉠ 17 ④ 18 ④ 19 다섯 배 20 ⑤

◀풀이▶

1 태양은 지구의 모든 것에 영향을 미치며, 태양이 없으면 지구에서 생물이 살기 어려울 것입니다.

2 생물은 태양으로부터 에너지를 얻고 살아가며, 태양이 없었다면 지구는 차갑게 얼어붙었을 것입니다.

3 태양은 태양계의 중심에 있으며, 태양계에서 유일하게 스스로 빛을 내는 천체로 커다란 고리는 없습니다.

4 수성, 금성, 지구, 화성, 목성, 토성, 천왕성, 해왕성은 행성으로 모두 태양의 주위를 돕니다.

5 전체적으로 어두운 회색이고 표면은 바위와 먼지로

이루어져 있으며 태양에 가장 가까이 있는 행성은 수성입니다.

6 태양계 행성 중 고리가 있는 행성은 목성, 토성, 천왕성, 해왕성이고, 수성, 금성, 지구, 화성은 고리가 없습니다.

7 태양계의 행성 중 크기가 가장 작은 행성은 수성이고, 크기가 가장 큰 행성은 목성입니다.

8 상대적인 크기가 비슷한 행성끼리 짝 지으면 수성-화성, 금성-지구, 천왕성-해왕성입니다.

9 지구의 크기가 반지름이 1 cm인 구슬과 같을 때 목성은 반지름이 11.2 cm인 물체와 크기가 비슷합니다. 따라서 목성과 크기가 비슷한 물체에는 축구공 또는 배구공 등이 있습니다.

10 태양에서 가까운 순서대로 행성을 나열하면 수성, 금성, 지구, 화성, 목성, 토성, 천왕성, 해왕성 순서입니다.

11 태양에서 가장 먼 행성은 해왕성이고, 지구에서 가장 먼 행성도 해왕성입니다. 크기가 큰 행성은 대체로 태양에서 멀리 있습니다.

12 태양처럼 스스로 빛을 내는 천체를 별이라고 합니다.

13 스스로 빛을 내는 천체인 태양과 북극성이 별에 해당합니다. 행성은 태양 빛을 반사하기 때문에 빛을 내는 것처럼 보입니다.

14 행성과 별은 모두 밤하늘에서 반짝이는 점으로 보입니다.

15 너무 늦은 시간까지 관측하지 않도록 하며, 주변에 높은 건물이 없는 탁 트이고 밝지 않은 곳이 별자리를 관측하기 적당합니다.

16 (1)은 큰곰자리의 일부분인 북두칠성이고, (2)는 작은곰자리입니다.

17 작은곰자리는 모양이 북두칠성과 닮아서 작은국자자리라고도 합니다.

18 ㉮ 별자리는 북쪽 밤하늘에서 볼 수 있는 카시오페이아자리입니다. 카시오페이아자리는 'M'(엠)자나 'W'(더블유)자 모양의 별자리입니다.

19 카시오페이아자리의 ㉠과 ㉡을 연결하고, 그 거리의 다섯 배만큼 떨어진 곳에서 북극성을 찾을 수 있습니다.

20 북두칠성의 국자 모양 끝부분의 두 별을 연결하고, 그 거리의 다섯 배만큼 떨어진 곳에서 북극성을 찾을 수 있습니다.

1 ①, ③ **2** ⟨예⟩ 녹말가루가 물과 섞여 뿌옇게 변했다. **3** 미애 **4** (1) ㉡ (2) ㉠ (3) ㉢ **5** (1) ○ **6** = **7** (3) ○ **8** ⑤ **9** ㉠ 설탕 ㉡ 백반 **10** 설탕 **11** ⟨예⟩ 온도와 양이 같은 물에서 용질마다 용해되는 양이 서로 다르다. **12** ② **13** ⟨예⟩ 물의 온도에 따라 백반이 용해되는 양 **14** 희연 **15** ⑤ **16** ③ **17** ① **18** ㉡ **19** ③, ⑤ **20** ⟨예⟩ 더 위쪽으로 높이 떠오른다.

▶풀이

1 물에 설탕을 넣고 저은 다음 10 분 동안 그대로 두면 설탕이 녹으면서 투명해지고 뜨거나 가라앉는 것이 없습니다.

2 녹말가루를 물에 넣고 저으면 녹말가루가 물과 섞여 뿌옇게 변합니다.

3 녹말가루를 물에 넣고 저으면 물과 섞여 뿌옇게 흐려지고, 10 분 동안 그대로 두면 녹말가루가 바닥에 가라앉습니다.

4 소금처럼 다른 물질에 녹는 물질을 용질이라고 하고, 물처럼 다른 물질을 녹이는 물질을 용매라고 합니다. 소금물과 같이 용질이 용매에 골고루 섞여 있는 혼합물을 용액이라고 합니다.

5 물에 넣은 각설탕은 매우 작게 나뉘어 물과 섞이고, 각설탕이 물에 완전히 용해되면 눈에 보이지 않습니다.

6 설탕이 물에 용해되기 전의 무게와 용해된 후의 무게는 같습니다.

7 설탕이 물에 용해되면 없어지는 것이 아니라 물에 골고루 섞여 용액이 됩니다.

8 용질이 물에 용해되면 용질은 없어지는 것이 아니라 물과 고르게 섞여 용액이 됩니다.

9 온도와 양이 같은 물에서 설탕은 모두 용해되고 백반은 세 숟가락 넣었을 때부터 바닥에 가라앉습니다.

10 물에 용해되는 양은 설탕이 가장 많고, 그 다음으로 소금이며 백반이 가장 적습니다.

11 온도와 양이 같은 물에서 설탕, 소금, 백반이 용해되는 양이 서로 다릅니다.

12 물의 온도에 따라 용질이 용해되는 양을 알아보는 실험이므로 물의 온도만 다르게 해야 합니다.

13 물의 온도에 따라 용질이 물에 용해되는 양이 달라집니다. 대부분의 용질은 차가운 물보다 따뜻한 물에서 더 많은 양이 용해됩니다.

14 물의 온도만 다르게 하고 백반이 용해되는 양을 비교하는 실험을 통해 물의 온도가 높을수록 백반이 더 많이 용해된다는 사실을 알 수 있습니다.

15 물의 온도가 낮으면 분말주스 일부가 바닥에 가라앉습니다. 물의 온도가 높을수록 분말주스가 많이 용해됩니다.

16 용액의 온도가 낮아져 다 용해되지 못한 백반이 가라앉은 것입니다.

17 ㉠보다 ㉡에 갈색 각설탕을 많이 넣어 녹였기 때문에 ㉠보다 ㉡의 단맛이 더 강합니다.

18 설탕물의 진하기가 진할수록 메추리알이 높이 떠오릅니다.

19 물체가 뜨거나 가라앉는 정도로 용액의 진하기를 비교할 수 있습니다. 이때 용액이 진할수록 물체가 높이 떠오릅니다.

20 소금을 더 넣어 녹이면 소금물의 진하기가 진해지므로 용액의 진하기를 비교하는 도구가 위로 높이 떠오릅니다.

3회 5. 다양한 생물과 우리 생활 34~36쪽

> 1 ㉡, 초점 조절 나사 2 버섯 3 ⑤ 4 (1) ○ (2) × (3) ○ 5 ② 6 ① 7 ① 8 ① 9 ④, ⑤ 10 ① 11 ③ 12 ㉠, ㉢, ㉣ 13 ㉣ 14 예 땅이나 물 등의 자연환경뿐 아니라 생물의 몸 등 우리 주변 어느 곳에나 살고 있다. 15 ㉠, ㉡, ㉢ 16 ㉡ 17 예 균류나 세균을 이용하여 만들 수 있는 음식이다. 18 (1) × (2) × (3) ○ (4) ○ 19 (1) ㉡ (2) ㉢ (3) ㉣ (4) ㉠ 20 ③

◆ 풀이 ◆

1 실체 현미경에서 상의 초점을 정확히 맞출 때 사용하는 부분은 초점 조절 나사입니다.

2 버섯, 곰팡이와 같은 균류는 포자로 번식합니다.

3 균류인 버섯과 식물인 민들레는 모두 자라고 번식하며, 살아가는 데 물과 공기가 필요합니다.

4 빵에 자란 곰팡이를 실체 현미경으로 관찰하면 가는

실 같은 것이 보이고, 그 끝에 공 모양의 작은 알갱이들이 달려 있습니다.

5 균류와 식물은 모두 생물입니다.

6 ㉠은 조리개로 빛의 양을 조절합니다. ②는 접안렌즈, ③은 회전판, ④는 재물대, ⑤는 조동 나사에 대한 설명입니다.

7 짚신벌레는 동물이 갖고 있는 눈, 코, 귀와 같은 감각 기관을 가지고 있지 않습니다.

8 해캄 영구 표본을 만들 때는 해캄을 겹치지 않게 잘 펴서 받침 유리에 올려놓아야 합니다.

9 짚신벌레와 해캄은 주로 논, 연못과 같이 물이 고인 곳이나 하천과 같이 물이 천천히 흐르는 곳에서 삽니다.

10 짚신벌레와 해캄은 광학 현미경을 사용해야 자세히 볼 수 있으며, 식물과 동물에 비해 단순한 모양입니다. 또한 식물, 동물, 균류로 분류할 수 없는 원생생물입니다.

11 세균은 생김새가 단순한 생물로 동물과 같이 눈, 코, 입이 없습니다.

12 ㉠, ㉢, ㉣은 세균이고, ㉡은 원생생물인 해캄입니다.

13 ㉠은 공 모양의 세균, ㉢은 막대 모양의 세균, ㉣은 꼬리가 있는 세균입니다.

14 세균은 우리 주변의 땅이나 물, 생물의 몸, 연필 같은 물체 등에도 삽니다.

15 균류, 원생생물, 세균은 공기, 물, 음식, 물건 등을 거쳐 다른 생물로 옮아가 질병을 일으킬 수 있습니다.

16 원생생물은 다른 생물에게 영양분을 제공하고, 번식하기 좋은 환경에서는 빠르게 수가 늘어나 다른 생물이 살 수 없는 환경을 만들기도 합니다.

17 된장, 김치, 치즈 등의 음식은 균류나 세균을 이용하여 만든 것입니다.

18 음식을 상하게 하거나 질병을 일으키는 것은 해로운 영향이고, 다른 생물에게 양분을 제공하거나 죽은 생물이나 배설물을 분해하는 것은 이로운 영향입니다.

19 플라스틱 제품을 생산할 때 플라스틱 원료를 가진 세균을 이용하는 것도 첨단 생명 과학이 우리 생활에 활용되고 있는 예 중 하나입니다.

20 물질을 분해하는 세균의 특성을 활용하여 하수 처리를 합니다.

메모 Memo

메모 Memo

9종 검정 교과서 과학

완벽 분석 종합평가

선생님이 강력 추천하는

개념＋PLUS
단원평가

선생님이 강력 추 천하는

개념 + PLUS
단원평가

과학

정답과 풀이

5-1

정답과 풀이

1. 과학자는 어떻게 탐구할까요?

1 ④   2 ②   3 탐구   4 (1) ○ (2) × (3) ○   5 실험을 계획한다.   6 ⑤   7 변인 통제   8 ㉢   9 ⑤   10 ⑤   11 ②   12 자료 변환   13 ③   14 ㉠ 사인펜의 색깔 ㉡ 분리된 색소   15 그래프   16 자료 해석   17 ④   18 결론 도출   19 ②   20 ③

풀이

1 사인펜 잉크가 물에 번지는 현상을 관찰하면서 궁금한 점 중에서 실험하고 싶은 내용을 선택하여 탐구 문제를 정합니다.

4 탐구 범위가 좁고 구체적이어야 합니다. 탐구 범위가 너무 넓으면 탐구를 모두 실행하기가 어렵습니다.

5 탐구 문제를 해결하기 위해 어떻게 실험하면 좋을지 실험 계획을 세웁니다.

6 사인펜의 색깔 이외의 모든 조건은 같게 해야 합니다.

7 변인 통제가 이루어지지 않으면 실험 결과에 영향을 미치는 조건이 무엇인지 확인하기 어렵습니다.

8 실험 조건을 정하고 나면 실험에 필요한 준비물이 무엇인지 생각하고 실험 과정을 순서대로 정리합니다.

9 세 장의 거름종이에 검은색 사인펜, 빨간색 사인펜, 파란색 사인펜으로 각각 점을 찍고 거름종이 윗부분에 점의 색깔을 씁니다.

11 실험 결과는 있는 그대로 기록해야 하고, 관찰하거나 측정하려고 했던 것을 생각하면서 결과를 기록합니다.

14 자신이 알아낸 사실을 효과적으로 전달하기 위해서 실험을 통해 얻은 자료를 한눈에 알아보기 쉽게 정리합니다.

15 실험 결과를 가장 잘 드러낼 수 있는 방법을 생각하여 표, 그래프 등 다양한 형태로 자료를 변환할 수 있습니다.

16 자료의 숨은 의미를 이해하고 자료 사이의 관계나 규칙을 찾아내는 활동을 자료 해석이라고 합니다.

17 하루 동안의 지면과 수면의 온도 변화를 나타낸 그래프입니다.

19 ④는 결론을 말합니다.

20 결론은 실험 결과를 해석하여 얻은 탐구 문제에 대한 답입니다.

1 탐구   2 ④   3 ⑤   4 ⑤   5 계획   6 ⑤   7 ③   8 ③   9 실험을 한다.   10 ③   11 ①   12 ④, ⑤   13 ㉠   14 ①, ④   15 그래프   16 ④   17 규칙   18 결론 도출   19 ㉔ 새로운 탐구 문제를 정하여 탐구를 시작한다.   20 사인펜의 색깔

풀이

1 탐구를 하기 위해서 우리 주변의 자연 현상에 대해 궁금증을 갖고 탐구할 문제를 정해야 합니다.

2 사인펜 잉크가 물에 번지는 현상을 관찰하기 위해서는 수성 사인펜을 사용해야 합니다.

3 한 가지 색깔의 사인펜 잉크가 번지면서 여러 색깔이 나타나는 모습을 볼 수 있습니다.

5 탐구 문제를 정한 다음에는 실험 계획을 세워야 합니다.

6 ⑤는 다르게 해야 할 조건으로 세 장의 거름종이에 세 가지 색깔의 사인펜으로 각각 점을 찍습니다.

7 실험 계획을 세울 때에는 실험을 하기 전이기 때문에 정확한 실험 결과는 생각하지 않습니다.

8 ③은 실험을 바르게 했는지 확인하는 내용입니다.

9 실험은 변인 통제를 하면서 실험 계획에 따라 진행합니다. 실험하는 동안 관찰하거나 측정한 내용은 사실대로 기록합니다.

10 물이 거름종이를 따라 올라가면서 색소가 번지는 과정을 실험을 통해 알 수 있습니다.

11 검은색 사인펜은 보라색, 분홍색, 노란색, 하늘색의 순서로 네 가지 색소가 나타났습니다.

12 실험 결과를 표나 그래프의 형태로 바꾸어 나타내는 것을 자료 변환이라고 합니다.

13 실험 결과가 잘 드러나게 표로 나타낼 때에는 가장 먼저 표의 제목을 정합니다.

14 가로줄과 세로줄에는 실험에서 다르게 한 조건과 실험에서 관찰하거나 측정해야 할 것을 써야 합니다.

16 검은색과 빨간색 사인펜은 공통적으로 분홍색과 노란색이 나타났습니다.

17 자료 해석은 자료의 숨은 의미를 이해하고 자료 사이의 관계나 규칙을 찾아내는 과정입니다.

20 보라색 사인펜과 파란색 사인펜의 잉크에 섞여 있는 색소를 알아보는 실험이기 때문에 사인펜의 색깔을 다르게 해야 합니다.

정답과 풀이

2 온도와 열

개념을 확인해요
19쪽

1 색깔 2 뜨겁 3 차갑 4 없 5 온도 6 ℃
7 기온, 수온, 체온 8 온도

개념을 확인해요
21쪽

1 귀 체온계 2 적외선 온도계 3 알코올 온도계
4 액체샘 5 알코올 온도계 6 적외선 온도계
7 온도계 8 다릅니다

개념을 확인해요
23쪽

1 높 2 같아집니다 3 낮 4 같아집니다 5 열
의 이동 6 높은, 낮은 7 높은, 낮은 8 생선, 얼음

개념을 확인해요
25쪽

1 색깔 2 열 3 구리판 4 높 5 높, 낮 6
전도 7 전도 8 열

개념을 확인해요
27쪽

1 구리판 2 유리판 3 다릅니다 4 금속 5 바
닥 6 단열 7 단열 8 단열

개념을 확인해요
29쪽

1 위 2 위 3 높 4 위 5 아래 6 위 7
위, 아래 8 대류

개념을 확인해요
31쪽

1 아래 2 위 3 위, 아래 4 대류 5 낮 6
높 7 단열 8 단열재

개념을 다져요
32~35쪽

1 ① 2 ℃ 3 ③ 4 ② 5 귀 체온계 6 ③
7 (1) 고체 (2) 액체, 기체 8 알코올 온도계 9 ⓒ
10 높, 낮 11 ㉠ 12 ← 13 ⓒ 14 ← 15 구
리판 16 ① 17 구리판 18 유리판 19 (1) 고
○ (2) ○ (3) × 20 ① 21 ㉠ 22 뜨거워진 액
체는 위로 올라가기 때문에 23 대류 24 윗부분에
있는 물 25 ⓒ 26 대류 27 ⓒ 28 ㉠ 29
예 벽 틈을 색점토로 꼼꼼하게 막는다. 30 ②

풀이

1 온도를 사용하면 물질의 차갑거나 따뜻한 정도를 정
  확하게 나타낼 수 있습니다.

2 온도의 단위는 ℃를 사용하고 '섭씨도'라고 읽습니
  다. 비닐 온실에서 배추를 재배할 때에는 채소가 자
  라기에 적합한 온도를 일정하게 유지해야 합니다.

3 온도는 온도계로 측정합니다.

4 새우튀김을 요리할 때 적당한 기름 온도는 약 180 ℃
  입니다.

> **더 알아볼까요!**
>
> **새우튀김을 요리할 때**
> • 새우튀김을 요리할 때에는 기름의 온도가 중요합니다. 온도에
>   따라 식감이 달라지기 때문입니다.
> • 기름의 온도는 튀기는 재료에 따라 다르지만 약 170~190 ℃ 정
>   도가 되어야 합니다. 눈으로 볼 때에는 기름의 온도를 정확히
>   알 수 없으므로 정확한 온도를 측정하려면 온도계를 사용해야
>   합니다.

5 귀 체온계의 끝을 귀에 넣고 측정 버튼을 1~2초 정
  도 눌러 체온을 측정할 때 사용합니다.

6 ①은 알코올 온도계, ②는 귀 체온계의 사용법입니
  다.

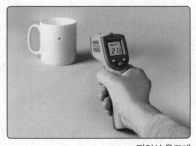

▲ 적외선 온도계

7 적외선 온도계는 주로 고체, 알코올 온도계는 주로 액체나 기체의 온도를 측정합니다.

8 알코올 온도계를 비커에 담긴 물에 넣으면 액체샘에 있는 빨간색 액체가 몸체 속의 관을 따라 위로 올라갑니다. 액체의 움직임이 멈추면 빨간색 기둥의 끝이 닿은 부분의 눈금을 읽습니다.

더 알아볼까요!

알코올 온도계를 사용할 때 주의할 점
• 온도계로 액체를 젓는 등 다른 용도로 사용하지 않습니다.
• 액체샘을 손으로 잡지 않습니다.
• 온도를 측정할 때 입김이나 콧김을 온도계에 불지 않도록 합니다.

9 음료수 캔에 담긴 차가운 물은 온도가 높아지고, 비커에 담긴 따뜻한 물의 온도는 낮아져서 두 물의 온도는 같아지게 됩니다.

10 온도가 높은 물질에서 온도가 낮은 물질로 열이 이동합니다.

11 달걀부침 요리를 할 때는 온도가 높은 프라이팬에서 온도가 낮은 달걀로 열이 이동합니다.

12 얼음 위에 생선을 올려놓으면 열은 생선에서 얼음으로 이동합니다.

13 고체 물질의 한 부분을 가열하면 그 부분의 온도가 높아지고, 온도가 높아진 부분에서 주변의 온도가 낮은 부분으로 열이 이동합니다.

14 열은 가열한 부분에서 멀어지는 방향으로 이동하기 때문에 가열한 부분 ㉡에서 멀어지는 쪽 ㉠으로 열이 이동합니다.

15 열은 고체 물질인 구리판을 따라 이동합니다. 고체 물질이 끊겨 있거나, 두 고체 물질이 접촉하고 있지 않다면 열의 전도는 잘 일어나지 않습니다.

▲ 정사각형 구리판에서 열의 이동

16 고체 물질을 따라 온도가 높은 곳에서 온도가 낮은 곳으로 이동하는 열의 이동은 전도입니다.

17 구리판 → 철판 → 유리판의 순서로 버터가 빨리 녹습니다.

18 구리판 → 철판 → 유리판의 순서로 열 변색 붙임딱지의 색깔이 변합니다.

19 구리판과 철판에서 열이 이동하는 빠르기가 다른 것과 같이 금속의 종류에 따라 열이 이동하는 빠르기가 다릅니다.

20 ②, ③, ④, ⑤는 열이 잘 이동하지 않는 물질로 만듭니다.

21 온도가 높아진 액체는 위로 올라가기 때문에 가열된 잉크가 위로 올라가는 모습을 볼 수 있습니다.

22 온도가 높아진 액체는 위로 올라가고, 위에 있던 액체는 아래로 밀려 내려옵니다.

23 액체에서 온도가 높아진 물질이 위로 올라가고, 위에 있던 물질이 아래로 밀려 내려오는 과정을 대류라고 합니다.

24 물의 윗부분이 아랫부분보다 더 따뜻합니다.

25 알코올램프에 불을 붙이면 알코올램프 주변의 뜨거워진 공기가 위로 올라가기 때문에 바눗방울이 위로 올라갑니다.

26 집 안에서 난로를 켜면 난로 주변의 공기는 온도가 높아집니다. 시간이 지나면 공기가 대류하면서 집 안 전체의 공기가 따뜻해집니다.

더 알아볼까요!

기체에서 열의 이동
• 같은 공간에 있는 기체라도 열이 가해지면 에너지가 커진 입자의 운동이 활발해져서 입자 사이의 거리는 멀어집니다.
• 이때 따뜻한 공기는 부피가 커지고 밀도는 작아져 주변의 차가운 공기보다 상대적으로 가벼워지므로 위로 올라가고, 위에 있던 공기는 상대적으로 무거워서 아래로 내려오게 됩니다. 이러한 과정이 반복되면서 열은 공간 전체로 이동합니다.

27 차가운 공기는 아래로 내려오기 때문에 에어컨은 높은 곳에 설치하는 것이 좋습니다.

28 집 안의 온도가 높게 유지되지 않는 집은 열이 쉽게 이동하여 단열이 잘되지 않는 집입니다.

29 창문을 뽁뽁이로 막거나 우드록과 뽁뽁이를 함께 사용할 수도 있습니다.

30 집의 벽면, 창문, 지붕에 옥수수 전분 완충제를 붙이고, 솜, 색점토, 절연 테이프로 벽과 벽 사이 틈, 창문 틈을 막아 열이 빠져나가지 못하게 합니다.

1회 단원 평가 _{연습}

36~38쪽

1 다르게 **2** 뜨겁다. **3** ⑤ **4** 적외선 온도계 **5** ⓒ **6** ⓒ **7** 달걀 **8** ⓐ 낮 ⓒ 높 **9** ⑤ **10** ⓒ **11** 전도 **12** 구리판 **13** ⑤ **14** 단열 **15** 파란색 잉크가 위로 올라간다. **16** ② **17** 윗부분 **18** ⓐ **19** ② **20** ⑤

풀이 ▶

1 물이 따뜻하고 차가운 정도에 따라 컵에 붙인 열 변색 붙임딱지의 색깔이 다르게 변합니다.

▲ 열 변색 붙임딱지의 색깔 변화

2 '차갑다.', '미지근하다.', '뜨겁다.'는 차갑거나 따뜻한 정도를 표현하는 단어입니다.

3 온도의 단위는 ℃를 사용하고 '섭씨도'라고 읽습니다.

4 적외선 온도계로 측정하려는 고체 물질의 표면을 겨누고 측정 버튼을 누르면 온도 표시 창에 온도가 나타납니다.

5 알코올 온도계의 눈금을 읽을 때에는 액체의 움직임이 멈추면 액체 기둥의 끝이 닿은 위치에 수평으로 눈높이를 맞춰 읽습니다.

6 같은 장소라도 온도가 다를 수 있습니다.

7 갓 삶은 달걀의 온도는 낮아지고, 차가운 물의 온도는 높아집니다.

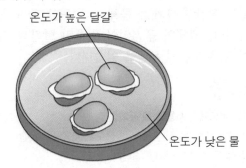

온도가 높은 달걀

온도가 낮은 물

8 접촉한 두 물질 사이에서 열은 온도가 높은 물질에서 온도가 낮은 물질로 이동합니다.

9 구리판에 열이 이동하는 방향에 따라 열 변색 붙임딱지의 색깔이 변합니다.

더 알아볼까요!

길게 자른 구리판의 한쪽 끝부분을 가열할 때 주의할 점
• 초의 불꽃이 고정 집게에 닿지 않도록 주의합니다.
• 초를 구리판 아래에 두고, 불꽃이 구리판에 직접 닿지 않도록 합니다.
• 초의 불꽃을 끌 때 초가 넘어지지 않도록 주의합니다.

10 구리판에서 열은 가열한 부분에서 멀어지는 방향으로 이동합니다.

11 고체에서 열은 온도가 높은 곳에서 온도가 낮은 곳으로 고체 물질을 따라 이동합니다.

12 구리판 → 철판 → 유리판의 순서로 버터 조각이 빨리 녹습니다.

13 ①, ②, ③, ④는 열이 잘 이동하는 물질입니다.

14 단열이 잘되는 집을 짓기 위해 집의 벽, 바닥, 지붕 등에 단열재를 사용합니다.

15 뜨거워진 액체는 위로 올라갑니다.

16 대류는 액체에서의 열의 이동 방법입니다.

17 욕조에 물을 채우면 물의 윗부분이 아랫부분보다 더 따뜻합니다.

18 알코올램프에 불을 붙이면 주변의 뜨거워진 공기가 위로 올라가기 때문에 비눗방울이 위로 올라갑니다.

19 난방 기구로 집 안의 공기를 계속 가열하면 가열된 기체가 대류하면서 집 안 전체의 공기가 따뜻해집니다.

20 창틀이나 벽 틈, 작은 구멍 등으로 열이 빠져나갈 수 있으므로 색점토, 솜 등으로 막아야 합니다.

39~41쪽

2회 단원 평가 도전

1 ④　　2 온도　　3 ⑤　　4 ①　　5 ©　　6 ①　　7 (1)
× (2) ○ (3) ○　　8 (1) © (2) ㉠　　9 음료수 캔과 비
커에 담긴 물의 온도는 같아진다.　　10 ←　　11 ©
12 구리판　　13 전도　　14 구리판 → 철판 → 유리판
15 단열　　16 ②　　17 파란색 잉크가 위로 올라간
다.　　18 대류　　19 ⑤　　20 ②

풀이 ▶

1 차갑거나 따뜻한 정도를 표현하는 말에는 따뜻하다,
차갑다, 뜨겁다, 미지근하다, 시원하다 등이 있습니
다. '고소하다.'는 차갑거나 따뜻한 정도를 표현하는
말이 아닙니다.

2 온도는 온도계로 측정합니다.

3 배추가 잘 자라는 온도는 20 ℃입니다. 일정한 온도
를 유지시키기 위해서는 정확한 온도 측정이 필요합
니다.

4 기온은 알코올 온도계로 측정합니다. 적외선 온도계
는 주로 고체 물질의 온도를 측정할 때 사용하는 온
도계입니다.

5 ©은 액체샘입니다. 주변보다 따뜻한 물에 온도계를
넣으면 액체샘에 있는 빨간색 액체가 몸체 속의 관을
따라 위로 올라갑니다.

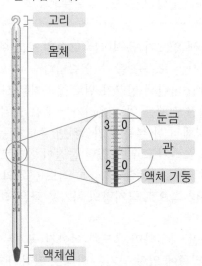

▲ 알코올 온도계의 구조

6 운동장에 있는 흙의 온도는 적외선 온도계를 사용하
여 측정해야 합니다.

7 다른 물질이어도 온도가 같을 수 있고, 같은 물질이
라도 온도가 다를 수 있습니다.

8 온도가 다른 물질이 접촉하면 온도가 낮은 물질은 온도
가 높아지고, 온도가 높은 물질은 온도가 낮아집니다.

9 음료수 캔에 담긴 차가운 물은 온도가 점점 높아지
고, 비커에 담긴 따뜻한 물은 온도가 점점 낮아져 두
물질의 온도는 같아집니다.

10 온도가 높은 물질에서 온도가 낮은 물질로 열이 이동
합니다.

온도가 높은 생선

온도가 낮은 얼음

11 열은 가열한 부분에서 멀어지는 방향으로 이동합니다.

12 열은 구리판을 따라 이동합니다.

13 불 위에 올려놓은 팬에서의 열의 이동 모습으로 고체
에서 열이 이동하는 모습을 나타낸 것입니다.

14 구리판 → 철판 → 유리판 순서로 열이 빠르게 이동
합니다.

15 단열은 고체에서 열의 이동을 줄이는 것으로 집을 지
을 때 집의 벽, 바닥, 지붕 등에 단열재를 사용합니다.

16 파란색 잉크의 아랫부분에 뜨거운 물이 담긴 종이컵
을 놓아야 파란색 잉크가 위로 올라가는 모습을 볼
수 있습니다.

더 알아볼까요!

액체에서 열의 이동을 알아볼 때 주의할 점
- 긴 스포이트가 없으면 긴 유리관에 잉크를 채운 뒤, 손가락으로
위를 막고 수조 바닥에 끝을 대어 조금씩 넣습니다.
- 물을 넣자마자 잉크를 떨어뜨리면 물이 흔들려 잉크가 퍼질 수
있으므로, 물이 흔들리지 않을 때 잉크를 넣는 것이 좋습니다.

17 뜨거워진 액체는 위로 올라가기 때문에 가열된 잉크
는 위로 올라갑니다.

18 기체에서도 대류를 통해 열이 이동합니다.

19 공기는 온도가 높은 물질이 직접 위로 올라가면서 열
을 전달합니다. ③은 액체에서 열이 이동하는 모습을
볼 수 있습니다.

20 단열재를 이용해 집 안의 온도가 오랫동안 높게 유
지되는 집을 만들어 보는 활동입니다. 열이 잘 전달
되는 구리판은 필요한 준비물이 아닙니다.

정답과 풀이

1 붙임딱지의 색깔이 변한다. 2 ㉢, ㉣ 3 ① 4
⑤ 5 26.0 ℃ 6 (1)-㉠, (2)-㉢, (3)-㉠, (4)-㉢,
(5)-㉢ 7 ② 8 ㉠ 음료수 캔 ㉢ 비커 9 두 물
의 온도는 같아진다. 10 ① 11 ⑤ 12 ② 13
유리판 14 ① 15 ④ 16 뜨거워진 액체는 위로
올라간다. 17 ①, ⑤ 18 (1)-㉢ (2)-㉠ 19 ④
20 ⑤

풀이

1 차갑거나 따뜻한 정도에 따라 색깔이 변하는 열 변색
물감을 사용해 색칠한 붙임딱지를 종이컵에 붙이고
따뜻한 물, 미지근한 물, 차가운 물을 부으면 색깔이
변하는 신기한 종이컵이 만들어집니다.

2 ㉢과 ㉣은 차갑다고 느껴지는 경우입니다.

3 ② 물의 온도는 수온입니다.
③ 공기의 온도는 기온입니다.
④ 온도는 온도계로 측정해야 합니다.
⑤ 온도는 물질의 차갑거나 따뜻한 정도입니다.

4 컵은 고체 물질이기 때문에 적외선 온도계로 컵을 겨
누고 측정 버튼을 누른 후 온도 표시 창에 나타난 온
도를 확인합니다.

5 알코올 온도계의 눈금은 1℃ 간격으로 매겨져 있습
니다.

더 알아볼까요!

알코올 온도계의 눈금 읽기
• 눈금을 읽을 때에는 액체 기둥의 끝이 닿은 위치에 수평으로 눈
높이를 맞춰야 합니다.
• 온도계 속 빨간색 액체 기둥의 끝부분이 눈금과 눈금 사이에 멈
추는 경우에는 온도를 어림해서 읽어야 합니다.

6 알코올 온도계는 주로 액체나 기체의 온도를 측정할
때 사용하고, 적외선 온도계는 주로 고체 물질의 온
도를 측정할 때 사용합니다.

7 같은 물질이라도 온도가 다를 수 있고, 다른 물질이
라도 온도가 같을 수 있습니다.

8 음료수 캔에 담긴 차가운 물의 온도는 점점 높아지고,
비커에 담긴 따뜻한 물의 온도는 점점 낮아집니다.

9 음료수 캔에 담긴 물의 온도는 점점 높아지고, 비커
에 담긴 물의 온도는 점점 낮아져서 결국 두 물질의
온도는 같아집니다.

10 공기 중에 아이스크림이 있을 때 열은 공기에서 아이
스크림으로 이동합니다.

▲ 공기 중에 아이스크림이 있을 때

11 열의 이동 방향에 따라 열 변색 붙임딱지의 색깔이
변합니다.

12 만약 한 고체 물질이 끊겨 있거나, 두 고체 물질이 접촉
하고 있지 않다면 열의 전도는 잘 일어나지 않습니다.

13 구리판 → 철판 → 유리판의 순서대로 버터 조각이
빨리 녹습니다.

14 단열은 두 물질 사이에서 열의 이동을 줄이는 것입니다.

더 알아볼까요!

단열재를 사용한 집짓기(『과학』 37쪽)
• 집을 지을 때도 단열을 이용합니다.
• 집의 외벽은 주로 시멘트나 돌로 만듭니다. 그런데 집 안과 밖의
온도 차이가 크면 시간이 지나면서 집 안의 열이 밖으로 빠져나
갑니다. 벽을 이중으로 만들고 벽 사이에 두꺼운 단열재를 넣으
면 이러한 열의 이동을 줄일 수 있습니다.

15 파란색 잉크가 움직이는 모습을 보고 액체에서 열이
이동하는 모습을 볼 수 있습니다.

16 가열된 파란색 잉크가 위로 올라가는 모습을 통해 뜨
거워진 액체는 위로 올라가는 것을 알 수 있습니다.

17 ① 액체의 한 부분을 가열하면 온도가 높아진 물질이
위로 올라가고 위에 있던 물질이 아래로 밀려 내려오
면서 열이 이동합니다. ⑤ 적도 근처의 따뜻한 물은
극지방 쪽으로 극지방의 차가운 물은 적도 쪽으로 흐
릅니다.

18 공기를 가열하면 온도가 높아진 공기는 위로 올라가
고, 위쪽에 있던 공기는 아래로 밀려 내려옵니다.

19 난로 주변에서 데워진 따뜻한 공기가 위로 올라가는 성
질을 이용해 실내를 골고루 따뜻하게 할 수 있습니다.

20 집 안 공기의 온도를 일정한 시간 간격으로 측정해
공기의 온도가 오랫동안 높게 유지되면 단열이 잘되
고 있는 것입니다.

4회 단원 평가 실전

1 (1) 뜨겁다. (2) 차갑다.　**2** ②　**3** ③　**4** (1) ㉠ (2) ㉡　**5** ①　**6** ③　**7** ㉠　**8** ③　**9** ②　**10** ㉠　**11** 열은 구리판을 따라 이동한다.　**12** 전도　**13** ⑤　**14** ⑤　**15** 열의 이동을 줄인다.　**16** ⑤　**17** ①, ④　**18** ㉠　**19** (1) ㉠ (2) ㉡　**20** ①

풀이

1 차갑거나 따뜻한 정도를 따뜻하다, 차갑다, 뜨겁다, 미지근하다, 시원하다. 등으로 표현할 수 있습니다.

2 물질의 차갑거나 따뜻한 정도를 정확하게 알 수 있습니다.

더 알아볼까요!

섭씨온도, 화씨온도, 절대 온도
• 섭씨온도: 1742년에 만든 것으로 단위는 ℃입니다. 얼음이 녹는 점을 0, 끓는점을 100으로 하여 그 사이를 100등분한 것으로 한 등분을 1 ℃라고 합니다.
• 화씨온도: 1724년에 만든 것으로 단위는 ℉입니다. 얼음이 녹는 점을 32 ℉, 물이 끓는점을 212 ℉로 하여 그 사이를 180등분한 온도입니다. 섭씨온도와 화씨온도가 일치하는 눈금은 영하 40 ℉입니다.
• 절대 온도: 1848년에 만든 것으로 단위는 K입니다. 0K는 영하 273 ℃입니다.

3 친구들과 운동장에서 놀 때는 물질의 차갑거나 따뜻한 정도를 정확하게 측정해야 할 필요가 없습니다.

4 귀 체온계는 몸의 온도를 측정할 때, 적외선 온도계는 고체 물질의 온도를 측정할 때, 알코올 온도계는 액체나 기체의 온도를 측정할 때 사용합니다.

5 알코올 온도계의 액체샘을 손으로 잡으면 온도에 영향을 줄 수 있기 때문에 손으로 잡지 않습니다.

6 알코올 온도계의 온도는 30.0 ℃로 '섭씨 삼십 점 영 도'라고 읽습니다.

7 온도가 다른 두 물질이 접촉하면 따뜻한 물질의 온도는 점점 낮아지고, 차가운 물질의 온도는 점점 높아집니다.

8 온도가 다른 두 물질이 접촉하면 ① 따뜻한 물질의 온도는 점점 낮아집니다. ② 차가운 물질의 온도는 점점 높아집니다. ④ 온도가 다른 두 물질이 접촉하면 두 물질의 온도는 같아집니다. ⑤ 두 물질 사이에서 열은 온도가 높은 물질에서 온도가 낮은 물질로 이동합니다.

9 ①, ③, ④, ⑤는 온도가 높아지는 물질입니다. 얼음 위에 생선을 올려놓으면 열은 생선에서 얼음으로 이동합니다. 즉 생선의 온도는 낮아지고 얼음의 온도는 높아져서 결국 두 물질의 온도는 같아집니다.

10 한 고체 물질이 끊겨 있으면 열의 전도는 잘 일어나지 않습니다.

11 고체 물질이 연결되어 있지 않은 부분은 열의 전도가 잘 일어나지 않습니다.

12 온도가 높은 곳에서 온도가 낮은 곳으로 고체 물질을 따라 이동하는 열의 이동을 전도라고 합니다.

더 알아볼까요!

전도
• 고체에서는 주로 전도라는 방식으로 열이 이동합니다.
• 열이 이동하는 빠르기를 열전도율이라고 하는데, 고체의 열전도율은 구성 물질에 따라 다릅니다. 콘크리트, 나무, 고무, 유리, 플라스틱, 천, 종이보다는 은, 구리, 금, 알루미늄, 철과 같은 금속에서 열이 빨리 이동합니다.

13 유리나 나무보다 금속에서 열이 더 빠르게 이동하고, 금속의 종류에 따라서도 열이 이동하는 빠르기가 다릅니다.

14 주전자의 손잡이는 플라스틱, 나무, 고무 등과 같이 열이 잘 이동하지 않는 물질로 되어 있습니다. 이는 손잡이를 잡았을 때 손을 데지 않도록 열전도율이 낮은 물질로 손잡이를 만들기 때문입니다.

15 열의 이동을 줄이는 단열을 이용한 예입니다.

16 파란색 잉크가 움직이는 모습을 보면 뜨거워진 액체는 위로 올라가는 것을 알 수 있습니다.

17 물을 가열하여 물 전체가 뜨거워지는 현상은 열의 이동 방법 중 대류입니다. 액체에서는 온도가 높아진 물질이 위로 올라가고, 위에 있던 물질이 아래로 밀려 내려와 열이 이동합니다.

더 알아볼까요!

물이 담긴 주전자를 가열할 때 물 전체가 뜨거워지는 순서
• 물이 담긴 주전자를 가열하면 주전자 바닥에 있는 물의 온도가 높아집니다.
• 온도가 높아진 물은 위로 올라갑니다.
• 위에 있던 물은 아래로 밀려 내려옵니다.
• 이 과정이 반복되면서 주전자 물 전체의 온도가 높아집니다.
• 시간이 지나면 주전자에 있는 물 전체가 따뜻해집니다.

18 차가운 물이 담긴 집기병이 아래에 있는 경우에는 아무 변화가 없지만, 따뜻한 물이 담긴 집기병이 아래에 있는 경우에는 색깔이 섞입니다.

19 뜨거운 공기는 위로 올라가고 차가운 공기는 아래로 내려오기 때문에 에어컨은 높은 곳에 설치하고, 난로는 낮은 곳에 설치하는 것이 좋습니다.

더 알아볼까요!

방 안에 난로 설치하기
난로의 경우는 따뜻한 공기가 나오므로 아래쪽에 설치하여 따뜻한 공기가 위로 올라가게 해야 방 전체에서 열이 효율적으로 이동합니다.

20 물과 공기는 모두 온도가 높은 물질이 위로 올라가고, 위에 있던 물질이 아래로 밀려 내려오는 대류를 통해서 열이 이동합니다.

탐구 서술형 평가

48~49쪽

1 풀이 참조 **2** (1) 풀이 참조 (2) 전도, 열은 온도가 높은 곳에서 온도가 낮은 곳으로 고체 물질을 따라 이동한다. **3** (1) 구리판 → 철판 → 유리판 (2) 고체 물질의 종류에 따라 열이 이동하는 빠르기가 다르다. **4** (1) 비눗방울이 아래로 떨어진다. (2) 비눗방울이 위로 올라간다.

풀이

1

구분	온도계 이름	사용하는 경우
㉠	귀 체온계	⑩ 체온을 측정할 때 사용한다.
㉡	적외선 온도계	⑩ 주로 고체 물질의 온도를 측정할 때 사용한다.
㉢	알코올 온도계	⑩ 주로 액체나 기체의 온도를 측정할 때 사용한다.

온도를 정확하게 측정하려면 쓰임새에 맞는 온도계를 선택하여 사용해야 합니다.

상	온도계의 이름과 사용하는 경우를 세 가지 모두 바르게 서술하였습니다.
중	온도계의 이름과 사용하는 경우를 두 가지만 바르게 서술하였습니다.
하	온도계의 이름과 사용하는 경우를 한 가지만 바르게 서술하거나 모두 서술하지 못했습니다.

2

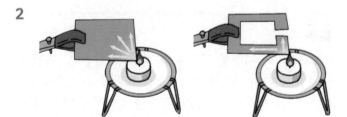

구리판의 한쪽 끝부분을 가열하면 열은 가열한 부분에서 멀어지는 방향으로 이동합니다.

상	열이 이동하는 방향을 화살표로 표시하고, 열의 이동 방법을 바르게 서술하였습니다.
중	열의 이동 방법은 바르게 서술하였지만 열이 이동하는 방향을 화살표로 표시하지 못했습니다.
하	열이 이동하는 방향을 화살표로 표시하지 못하고, 열의 이동 방법도 서술하지 못했습니다.

3 유리보다 금속에서 열이 더 빠르게 이동하고, 금속의 종류에 따라 열이 이동하는 빠르기가 다릅니다.

상	버터가 빨리 녹는 순서와 실험으로 알 수 있는 사실을 바르게 서술하였습니다.
중	버터가 빨리 녹는 순서와 실험으로 알 수 있는 사실 중 한 가지만 바르게 서술하였습니다.
하	버터가 빨리 녹는 순서와 실험으로 알 수 있는 사실을 모두 서술하지 못했습니다.

4 알코올램프에 불을 붙이면 알코올램프 주변의 뜨거워진 공기가 위로 올라가기 때문에 비눗방울이 위로 올라갑니다.

상	알코올램프에 불을 붙이지 않았을 때와 불을 붙였을 때 비눗방울의 움직임을 모두 바르게 서술하였습니다.
중	알코올램프에 불을 붙이지 않았을 때와 불을 붙였을 때 비눗방울의 움직임 중 한 가지만 모두 바르게 서술하였습니다.
하	알코올램프에 불을 붙이지 않았을 때와 불을 붙였을 때 비눗방울의 움직임을 모두 서술하지 못했습니다.

3 태양계와 별

개념을 확인해요 51쪽

1 태양, 태양 2 태양 3 지구 4 양분 5 소금
6 전기 7 태양 8 태양

개념을 확인해요 53쪽

1 태양계 2 행성 3 태양 4 행성 5 지구
6 위성 7 화성 8 천왕성

개념을 확인해요 55쪽

1 태양 2 목성 3 목성 4 수성 5 금성 6
토성 7 화성 8 목성

개념을 확인해요 57쪽

1 수성 2 해왕성 3 0.4 4 30.0 5 수성 6
해왕성 7 목성 8 화성

개념을 확인해요 59쪽

1 별 2 별 3 별자리 4 이름 5 북 6 북두
칠성 7 밤 8 해

개념을 확인해요 61쪽

1 태양, 별 2 북 3 북두칠성 4 카시오페이아
자리 5 다섯 6 다섯 7 북극성 8 나침반

개념을 확인해요 63쪽

1 반사 2 별 3 태양 4 지구 5 별 6 행성
7 우주 8 낚싯줄

개념을 다져요 64~67쪽

1 ㉠ 2 지구 3 ㉖ 태양계에는 여러 천체들이 있
다. 4 ② 5 식물이 양분을 만들어 살아간다. 6
③ 7 태양 8 태양 9 ② 10 토성 11 ③
12 ⑤ 13 ① 14 금성 15 해왕성 16 수성, 해
왕성 17 수성, 금성 18 ② 19 멀어진다 20
북쪽 21 ㉠ 북두칠성 ㉡ 작은곰자리 ㉢ 카시오페이
아자리 22 (1) ✕ (2) ✕ (3) ○ 23 ㉖ 별이 보일 만
큼 하늘이 충분히 어두워지는 때를 고려해 관측할 시
각을 정한다. 24 ㈎ M자나 W자 모양 ㈏ 국자 모양
25 다섯 26 ㈏ 27 행성 28 ⑤ 29 ⑤

풀이

1 화성은 붉은색이고 지구의 바깥쪽에서 태양을 돕니
다. 태양에서 가장 멀리 떨어져 있는 것은 해왕성입
니다.

2 지구는 다른 행성과 달리 물이 있고 유일하게 생명체
가 있으며, 한 개의 위성을 가지고 있습니다. 지구의
위성은 달입니다.

▲ 달

3 태양계에는 천체들이 있고, 태양계 천체는 색깔이 서
로 다르다는 것은 태양계 카드 다섯 고개 알아맞히기
를 하고 알게 된 것입니다.

4 태양 빛을 이용해 염전에서 소금을 만들고 빨래를 말
릴 수 있습니다.

더 알아볼까요!

태양이 생물과 우리 생활에 미치는 영향
· 태양 빛을 이용해 전기를 만들 수 있습니다.
· 태양은 식물이 양분을 만드는 데 도움을 줍니다.
· 태양은 우리가 따뜻하게 생활할 수 있게 해 줍니다.
· 태양 빛을 이용해 염전에서 소금을 만들 수 있습니다.
· 태양 때문에 물이 증발하고 구름이 되어 비가 내립니다.
· 태양 빛으로 빨래를 말리면 빠르게 바싹 말릴 수 있습니다.

5 식물은 태양 빛이 있어야 양분을 만들어 살아갈 수 있습니다.

6 태양이 없다면 지구는 차갑게 얼어붙어 생물이 살 수 없게 될 것입니다.

7 우리가 살아가는 데 필요한 대부분의 에너지는 태양에서 얻습니다.

8 태양은 태양계의 중심에 있으며 태양계에서 유일하게 빛을 내는 천체입니다.

9 태양계를 구성하는 행성의 종류입니다.

10 토성은 커다란 고리가 있고, 여러 개의 위성을 가지고 있으며 연노란색을 띱니다.

11 행성마다 위성의 개수는 다릅니다.

> 더 알아볼까요!
>
> **위성**
> • 수성과 금성을 제외한 여섯 개의 행성은 위성을 가지고 있습니다.
> • 지구의 위성은 달입니다. 다른 행성에도 위성이 있다는 것을 처음 발견한 사람은 갈릴레이입니다. 그는 1610년에 목성의 위성 네 개를 관측하였습니다.

12 태양계 행성 중에서 가장 큰 행성은 목성이고, 가장 작은 행성은 수성입니다.

13 목성, 토성, 천왕성, 해왕성은 지구보다 큰 행성입니다.

▲ 금성

14 지구가 1일 때 금성이 0.9로 지구와 상대적인 크기가 가장 비슷합니다.

15 천왕성은 4.0이고 해왕성은 3.9로 두 행성은 상대적인 크기가 비슷합니다.

16 태양에서 수성은 0.4만큼 떨어져 있고, 해왕성은 30.0만큼 떨어져 있으므로, 태양에서 가장 가까운 행성은 수성이고 가장 먼 행성은 해왕성입니다.

17 태양에서 지구까지의 거리가 1일 때, 태양에서 수성까지의 상대적인 거리는 0.4, 금성까지의 상대적인 거리는 0.7입니다.

18 태양에서 지구까지의 거리가 1일 때 두루마리 휴지 한 칸으로 정했으므로 태양에서 화성까지의 상대적인 거리가 1.5이기 때문에 두루마리 휴지는 1.5칸이 필요합니다.

19 태양에서 거리가 멀수록 행성 사이의 거리도 대체로 멀어집니다.

20 북쪽 밤하늘에서 볼 수 있는 별자리입니다.

> 더 알아볼까요!
>
> **북두칠성과 작은곰자리**
> • 북두칠성: 동양 고유의 별자리로, 국제천문연맹에서 지정한 88개의 별자리 중 큰곰자리의 일부분에 속합니다.
> • 작은곰자리: 북극성을 포함하는 별자리이며, 모양이 북두칠성과 닮아서 작은국자자리라고도 합니다.

21 북두칠성, 작은곰자리, 카시오페이아자리는 북쪽 밤하늘의 별자리입니다.

22 밤하늘의 별은 매우 먼 거리에 있으며, 별자리의 이름은 무리 지어 있는 별을 연결해 사람이나 동물 또는 물건의 모습으로 떠올리고 이름을 붙였습니다.

23 주위가 어두우므로 넘어지거나 다치지 않도록 조심해야 하는 것도 밤하늘의 별을 관측할 때 주의할 점입니다.

24 ㈎ 카시오페이아자리는 M자나 W자 모양이고, ㈐ 북두칠성은 국자 모양입니다.

25 북극성은 ㉠과 ㉡을 연결하고, 그 거리의 다섯 배만큼 떨어진 곳이나 ①과 ②를 연결하고, 그 거리의 다섯 배만큼 떨어진 곳에서 찾을 수 있습니다.

26 ㉠과 ㉡을 연결하고, 그 거리의 다섯 배만큼 떨어진 곳이나 ①과 ②를 연결하고, 그 거리의 다섯 배만큼 떨어진 곳에 북극성이 있습니다.

27 천체 하나의 위치가 달라졌는데, 위치가 변한 천체는 행성입니다.

28 행성은 태양 주위를 돌기 때문에 여러 날 동안 지구에서 보면 위치가 변하는 것처럼 보입니다.

29 여러 날 동안 같은 밤하늘을 관측하면 별은 움직이지 않는 것처럼 보이지만, 행성은 별자리 사이에서 서서히 위치가 변하는 것을 볼 수 있습니다.

1회 단원 평가 ^{연습}

68~70쪽

1 지구   **2** ③   **3** 예 염전에서 소금을 만든다.   **4** (1) × (2) ○   **5** ②   **6** 화성   **7** >   **8** ①   **9** 금성   **10** ㉡   **11** ②   **12** ⑤   **13** 별자리   **14** ④   **15** 풀이 참조   **16** ②   **17** ④   **18** 별   **19** 행성, 예 여러 날 동안 같은 밤하늘을 관측하면 보이는 위치가 변한다.   **20** ④

풀이

1 지구의 모습입니다. 지구는 다른 행성들과 달리 물이 있고, 유일하게 생명체가 있습니다.

2 태양은 지구에 여러 가지 영향을 미치기 때문에 태양이 없으면 생물이 살기 어렵습니다.

3 태양 빛을 이용해 염전에서 소금을 만들 수 있습니다.

4 지구는 여덟 개의 행성 중 하나로 태양계의 구성원입니다.

5 천체는 우주에 있는 모든 물체입니다.

더 알아볼까요!

별, 행성, 위성, 소행성
· 별: 스스로 빛을 내는 천체입니다.
· 행성: 태양의 주위를 도는 둥근 천체입니다.
· 위성: 행성의 주위를 도는 천체입니다.
· 소행성: 상대적으로 작으며, 태양 주위를 도는 암석체입니다.

6 태양계 행성에는 수성, 금성, 지구, 화성, 목성, 토성, 천왕성, 해왕성이 있습니다. 그중에 화성의 특징입니다.

▲ 화성

7 태양의 반지름은 지구의 반지름보다 약 109배가 큽니다. 태양과 지구를 비교하면 지구는 작은 점처럼 보입니다.

8 태양계 행성 중 목성이 가장 크기 때문에 가장 크기가 큰 모형에 목성을 비유할 수 있습니다.

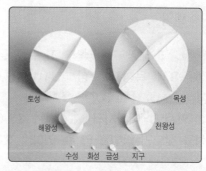

9 상대적인 크기를 비교하였을 때, 금성은 지구 다음으로 크기가 작습니다.

10 수성, 금성, 화성은 지구보다 작은 행성이고, 목성, 토성, 천왕성, 해왕성은 지구보다 큰 행성입니다.

11 태양에서 지구까지의 거리를 1로 보았을 때 지구에서 금성까지의 상대적 거리는 0.3이고, 지구에서 화성까지 상대적 거리는 0.5입니다.

12 태양에서 가장 멀리 있는 행성은 해왕성이므로 태양에서 해왕성까지의 상대적인 거리를 나타낼 때 휴지칸 수가 가장 많이 필요합니다.

13 오리온자리, 사자자리, 작은곰자리, 카시오페이아자리의 모습입니다.

14 북두칠성은 큰곰자리의 꼬리 부분에 해당하며, 북쪽 하늘의 대표적인 별자리로 국자 모양입니다.

15 카시오페이아자리는 M자나 W자 모양입니다.

16 나침반과 지도를 이용하지 않고 방위를 찾는 방법은 별자리를 이용하거나 태양의 움직임을 관찰해 찾을 수 있습니다.

17 북극성은 정확한 북쪽에서 항상 볼 수 있기 때문에 북극성을 찾으면 방위를 알 수 있습니다.

18 별은 태양처럼 스스로 빛을 내는 천체이고, 행성은 스스로 빛을 낼 수 없습니다.

19 행성은 태양의 주위를 돌고 있기 때문에 여러 날 동안 지구에서 보면 위치가 변하는 것처럼 보입니다.

20 우리는 우주 속 지구에 살고 있습니다. 우주는 공기가 없고 깜깜합니다.

정답과 풀이 **11**

2회 단원 평가 도전

71~73쪽

1 ⑤ 2 ㉡ 3 태양 4 태양 5 수성, 금성 6 ④ 7 ③ 8 (1) 목성 (2) 수성 9 (1) 화성 (2) 금성 (3) 해왕성 10 ④ 11 30칸 12 태양 13 (1) 북두칠성 (2) 카시오페이아자리 14 ① 15 ② 16 예 북극성을 찾으면 방위를 알 수 있다. 17 ㉡, ㉣ 18 행성 19 ⑤ 20 ⑤

풀이

1 태양계는 태양, 행성, 위성, 소행성, 혜성으로 이루어져 있습니다. ①은 달, ②는 태양, ③은 지구, ④는 혜성입니다.

더 알아볼까요!

핼리 혜성

- 혜성은 소행성과 크기가 비슷하지만, 핵과 핵을 감싸는 먼지와 가스로 된 대기가 있는 천체로, 태양에 가까워지면 꼬리가 생기기도 합니다.
- 핼리 혜성: 1705년 에드먼드 핼리는 1531년, 1607년, 1682년에 관측된 혜성이 동일한 것이며 이 혜성은 1758년 되돌아온다고 예측했는데 실제로 1758년에 볼 수 있게 되자 사람들은 핼리를 기리기 위해 그 혜성에 그의 이름을 붙여 핼리 혜성으로 불렀습니다. 그 후 이 혜성은 1985년 11~12월과 1986년 3~4월에 지구와 태양을 12만 8,000km/h 이상의 속도로 지나갔습니다.

2 ㉠은 식물이 태양 빛을 이용해 양분을 만드는 모습입니다.

3 태양에서 나오는 빛에너지는 지구의 환경에 큰 영향을 미칩니다.

4 태양은 태양계의 중심에 있으며 태양계에서 유일하게 스스로 빛을 내는 천체입니다.

5 지구와 태양 사이에 수성과 금성이 있음을 알 수 있습니다.

6 달은 지구의 위성입니다.

7 태양의 반지름은 지구의 반지름보다 약 109배 크기 때문에 태양과 지구를 비교하면 지구는 작은 점처럼 보입니다.

8 태양계 행성 중 가장 작은 것은 수성이고, 가장 큰 것은 목성입니다.

▲ 목성

9 수성, 금성, 지구, 화성은 상대적으로 크기가 작은 행성에 속하고, 목성, 토성, 천왕성, 해왕성은 상대적으로 크기가 큰 행성에 속합니다.

10 태양에서 가장 가까운 행성은 수성이고, 가장 먼 행성은 해왕성입니다.

11 태양에서 지구까지의 상대적인 거리는 1.0이고, 태양에서 해왕성까지의 상대적인 거리는 30.0입니다.

12 태양에서 행성까지의 상대적인 거리를 보고 알 수 있는 특징입니다.

13 북두칠성과 카시오페이아자리는 북쪽 밤하늘의 대표적인 별자리로 북극성을 찾는 데 도움을 주는 별자리입니다.

14 해가 지더라도 바로 어두워지는 것이 아니기 때문에 해가 진 뒤 약 1시간 정도 지나야 별이 보일 정도로 어두워집니다.

15 북쪽 밤하늘에서 북두칠성과 카시오페이아자리를 이용해 찾은 북극성의 모습입니다.

16 바다 한가운데에서 항해하는 배는 북극성을 보면 방위를 알 수 있어 뱃길을 찾아내는 데 큰 도움이 됩니다.

17 ㉠과 ㉢은 별의 특징입니다.

18 여러 날 동안 같은 밤하늘을 관측하면 행성은 밤하늘에서 보이는 위치가 변합니다.

19 밤하늘의 별은 행성에 비해 지구에서 매우 먼 거리에 있기 때문에 여러 날 동안 같은 밤하늘을 관측하면 별은 움직이지 않는 것처럼 보입니다.

20 우주 교실을 꾸밀 때는 행성, 별과 별자리를 만들어 꾸미거나, 외계 행성을 상상해 만들어 꾸밉니다. 동물과 식물 모형은 우주 교실을 꾸밀 때 알맞지 않은 재료입니다.

3회 단원 평가 ^{기출}

1 ⑤ **2** 양분 **3** ⑤ **4** ⑤ **5** ③ **6** (1)-ⓒ
(2)-ⓐ **7** ① **8** 4배 **9** ④ **10** ③ **11** 해왕성
12 수성, 금성, 지구, 화성은 목성, 토성, 천왕성, 해왕성
에 비하면 상대적으로 태양 가까이에 있는 행성이
다. **13** ⑤ **14** 예 북쪽 밤하늘에서 볼 수 있는 별
자리이다. **15** ㈎ 카시오페이아자리 ㈏ 북두칠성
16 ② **17** ㉠ 동 ㉡ 서 **18** ④ **19** 행성 **20** ④

풀이

1 ①, ②, ③, ④는 태양이 우리에게 미치는 영향입니
다. 공장에서 컴퓨터에 필요한 부품을 만드는 것은
태양이 우리에게 미치는 직접적인 영향으로 볼 수 없
습니다.

2 태양이 없으면 지구는 차갑게 얼어붙기 때문에 생물
이 살기 어렵습니다.

3 태양의 빛과 열이 없어지면 추워져서 얼음의 세계로
변하고 식물들이 자라지 못하게 되어 많은 생물들이
멸종하게 될 것입니다.

4 수성, 금성, 지구, 화성, 목성, 토성, 천왕성, 해왕성
은 모두 태양계에 속합니다.

5 태양계 여덟 개의 행성 중 지구의 특징을 설명한 것
입니다.

6 태양계는 태양, 행성, 위성, 소행성, 혜성 등으로 구
성되어 있습니다. 소행성은 대부분 화성과 목성 사이
에 있는 소행성대에 있습니다.

7 태양계 행성 중에서 목성은 가장 큰 행성이고, 수성은
가장 작은 행성입니다. 크기가 비슷한 행성끼리 짝 지
으면 수성-화성, 지구-금성, 천왕성-해왕성입니다.

8 지구의 반지름을 1로 보았을 때 천왕성은 4.0으로 지
구보다 4배 큽니다.

더 알아볼까요!

태양계 일부 행성과 달의 크기를 과일에 비유하기
- 태양계를 구성하는 행성들의 상대적인 크기와 거리를 알아보기
  위해 모든 것을 10억분의 1로 축소해 보면 다음과 같이 나타낼
  수 있습니다.
- 지구: 지름은 약 1.3 cm로 포도알 정도의 크기
- 달: 완두콩 정도의 크기
- 목성: 지름은 약 14.3 cm로 커다란 자몽 정도의 크기
- 토성: 지름은 약 12.1 cm로 사과 정도의 크기
- 해왕성: 지름은 약 5 cm로 작은 귤 정도의 크기

9 ① 화성은 지구보다 크기가 작습니다.
  ② 해왕성은 목성보다 크기가 작습니다.
  ③ 토성은 천왕성보다 크기가 큽니다.
  ⑤ 수성, 금성, 지구, 화성은 상대적으로 크기가 작
     은 행성입니다.

10 태양에서 가까운 행성의 순서는 수성 - 금성 - 지
구 - 화성 - 목성 - 토성 - 천왕성 - 해왕성입니다.

더 알아볼까요!

태양에서 멀리 떨어진 행성
목성, 토성, 천왕성, 해왕성은 태양과 멀리 떨어져 있으므로 태양
으로부터 받는 열에너지와 빛에너지의 양이 적어 행성의 온도는
낮은 편입니다.

11 태양에서 해왕성까지의 상대적인 거리를 나타내는
데 필요한 휴지 칸 수가 30.0으로 가장 많기 때문에
태양에서 가장 먼 행성은 해왕성인 것을 알 수 있습
니다.

12 수성, 금성은 태양에서 지구보다 가까이 있는 행성이
고, 화성, 목성, 토성, 천왕성, 해왕성은 태양에서 지
구보다 멀리 있는 행성입니다.

13 ⑤는 별자리에 대한 설명입니다.

14 북쪽 밤하늘에서는 북두칠성, 작은곰자리, 카시오페
이아자리를 볼 수 있습니다.

15 북두칠성은 국자 모양이고, 카시오페이아자리는 M
자나 W자 모양입니다.

16 ㉠과 ㉡을 연결하고, 그 거리의 다섯 배만큼 떨어진
곳에 있는 별을 찾으면 그 별이 북극성입니다.

17 북극성은 항상 북쪽에서 볼 수 있기 때문에 나침반
역할을 합니다.

18 행성은 별에 비해 지구에서 가까운 거리에 있고, 태
양 주위를 돌기 때문에 여러 날 동안 지구에서 보면
위치가 변하는 것처럼 보입니다.

19 행성은 태양 주위를 돌고 있기
때문에 위치가 변하는 것처럼
보입니다.

20 별은 지구에서 너무 멀리 있기
때문에 밤하늘에서 반짝이는
점으로 보이고, 행성은 별보다
지구 가까이 있기 때문에 별자
리 사이에서 위치가 서서히 변
하는 것을 볼 수 있습니다.

▲ 행성의 움직임

1 (1) 예. (2) 아니요. (3) 아니요. (4) 아니요. 2 ③ 3
② 4 ⑤ 5 ② 6 ① 7 ⑤ 8 풀이 참조 9
⑤ 10 ⑤ 11 ① 12 예 태양과 행성 사이의 실
제 거리는 너무 멀어서 어느 정도 차이가 나는지 비교
하기 어렵기 때문이다. 13 ㉠ 별 ㉡ 별자리 14 ③
15 ①, ④, ⑤ 16 (1) ㉡ (2) ㉠ 17 북극성
18 예 정확한 북쪽에 항상 있기 때문에 나침반 역할을
한다. 19 ③ 20 ⑤

풀이

1 달은 행성인 지구의 위성으로 둥근 모양입니다. 표면
이 회색빛이고 밝은 부분과 어두운 부분이 있으며 움
푹 파인 구덩이가 많습니다.

2 태양 빛을 이용해 전기를 만들어 생활에 이용할 수
있습니다.

3 태양이 없다면 지구는 차갑게 얼어붙어 식물이 자라
지 못하고 동물도 살기 어려울 것입니다.

4 ① 태양계 중심은 태양입니다.
② 태양계의 위성은 달 외에 여러 개가 있습니다.
③ 태양 주위를 도는 둥근 천체가 행성입니다.
④ 태양은 태양계에서 유일하게 빛을 내는 천체입니다.

5 수성은 고리와 위성이 없으며 달처럼 충돌 구덩이가
있습니다. 태양에 가장 가까이 있습니다.

6 위성은 지구 주위를 도는 달처럼 행성 주위를 도는
천체입니다.

▲ 소행성

▲ 혜성

7 수성, 금성, 지구, 화성은 태양계에서 상대적으로 크
기가 작은 행성에 속합니다.

8

지구보다 큰 행성	지구보다 작은 행성
목성, 토성, 천왕성, 해왕성	수성, 금성, 화성

태양계 행성 중에 가장 작은 것은 수성이고 가장 큰
것은 목성입니다.

9 목성은 행성 중에서 가장 크기 때문에 축구공이나 배
구공에 비교할 수 있습니다.

더 알아볼까요!

행성들의 상대적인 크기를 우리 생활 주변 물체에 비유하기
• 수성, 화성: 작은 콩   • 금성, 지구: 구슬
• 천왕성, 해왕성: 야구공   • 토성: 핸드볼 공
• 목성: 축구공, 배구공

10 태양에서 지구까지의 거리를 두루마리 휴지 한 칸으
로 정했을 때 수성은 0.4칸, 금성은 0.7칸, 화성은
1.5칸, 천왕성은 19.1칸, 해왕성은 30.0칸이 필요합
니다.

11 목성, 토성, 천왕성, 해왕성은 상대적으로 태양에서
멀리 있는 행성에 속하고, 수성, 금성, 지구, 화성은
상대적으로 태양 가까이에 있습니다.

12 태양에서 행성까지의 거리는 너무 멀어서 실제 거리
로 나타내면 큰 숫자가 필요합니다. 따라서 태양에서
지구까지의 거리를 1로 보고 태양에서 다른 행성까
지의 상대적인 거리를 비교합니다.

13 별은 매우 먼 거리에 있기 때문에 반짝이는 밝은 점
으로 보이고, 별자리의 모습과 이름은 지역과 시대에
따라 다릅니다.

14 별은 스스로 빛을 내는 천체입니다.

15 북쪽 하늘에서는 북두칠성, 작은곰자리, 카시오페이
아자리를 볼 수 있습니다.

▲ 사자자리

▲ 백조자리

16 북두칠성과 카시오페이아자리를 이용하여 북극성을 찾을 수 있습니다.

17 북두칠성과 카시오페이아자리 중 한 가지를 이용해 북극성을 찾을 수 있습니다.

18 북두칠성과 카시오페이아자리를 찾아 북극성을 찾으면 북쪽이 어디인지 알 수 있습니다.

19 천체 하나의 위치가 달라진 것을 알 수 있습니다.

20 금성, 화성, 목성, 토성은 별보다 지구에 가까이 있기 때문에 별보다 더 밝고 또렷하게 보입니다.

탐구 서술형 평가

80~81쪽

1 풀이 참조 2 ⑩ 태양계 행성의 크기는 매우 커서 주변에서 쉽게 볼 수 있는 물체로 상대적인 크기를 비교해야 한눈에 행성의 크기를 파악하기 쉽다. 3 ⑩ 수성, 금성, 지구, 화성은 목성, 토성, 천왕성, 해왕성에 비하면 상대적으로 태양 가까이에 있다. 태양에서 거리가 멀어질수록 행성 사이의 거리도 멀어진다.

4 풀이 참조

풀이

1

구분	표면의 특징
수성, 금성, 지구, 화성	표면에 땅이 있다.
목성, 토성, 천왕성, 해왕성	표면이 기체로 되어 있다.

금성은 두꺼운 구름으로 덮여 있어 기체로 이루어진 행성처럼 보일 수 있지만 표면이 암석으로 된 행성입니다.

상	표면의 특징을 모두 바르게 서술하였습니다.
중	표면의 특징을 한 가지만 바르게 서술하거나 서술하였지만 충분하지 않습니다.
하	표면의 특징을 모두 서술하지 못했습니다.

---

2 지구의 반지름을 1로 보았을 때 목성은 11.2., 토성은 9.4, 천왕성은 4.0, 해왕성은 3.9, 금성은 0.9, 화성은 0.5, 수성은 0.4입니다.

상	행성의 상대적인 크기를 여러 가지 물체에 빗대어 표현하는 까닭을 바르게 서술하였습니다.
중	행성의 상대적인 크기를 여러 가지 물체에 빗대어 표현하는 까닭을 서술하였지만 충분하지 않습니다.
하	행성의 상대적인 크기를 여러 가지 물체에 빗대어 표현하는 까닭을 서술하지 못했습니다.

3 태양에서 지구까지의 거리를 1로 보았을 때, 태양에서 가장 가까운 행성인 수성은 태양에서 0.4만큼 떨어져 있고, 가장 먼 행성인 해왕성은 30.0만큼 떨어져 있습니다.

상	태양에서 지구까지의 상대적인 거리와 행성과 행성 사이의 거리를 나타낸 표를 보고 알 수 있는 특징 두 가지를 모두 바르게 서술하였습니다.
중	태양에서 지구까지의 상대적인 거리와 행성과 행성 사이의 거리를 나타낸 표를 보고 알 수 있는 특징을 한 가지만 바르게 서술하였습니다.
하	태양에서 지구까지의 상대적인 거리와 행성과 행성 사이의 거리를 나타낸 표를 보고 알 수 있는 특징 두 가지를 모두 서술하지 못했습니다.

4

북두칠성과 카시오페이아자리를 찾으면 그 사이에 있는 북극성을 찾을 수 있습니다.

상	카시오페이아자리와 북두칠성을 선으로 연결하고 북극성을 찾아 바르게 표시했습니다.
중	카시오페이아자리와 북두칠성을 선으로 연결하거나 북극성을 찾아 표시하는 것 중 한 가지만 바르게 했습니다.
하	카시오페이아자리와 북두칠성을 선으로 연결하지 못하고 북극성을 찾아 표시하지 못했습니다.

정답과 풀이

| 4 | 용해와 용액 |

개념을 확인해요 83쪽

1 물   2 같은   3 소금, 설탕   4 멸치 가루   5 용해   6 용액   7 용질, 용매   8 용액

개념을 확인해요 85쪽

1 작   2 전자저울   3 영점   4 같습니다   5 물속   6 용액   7 용해, 용해   8 142

개념을 확인해요 87쪽

1 용해   2 베이킹 소다   3 설탕, 소금   4 양   5 설탕   6 많습니다   7 용질

개념을 확인해요 89쪽

1 온도   2 백반   3 따뜻한   4 온도   5 높   6 높이면   7 높이면   8 백반

개념을 확인해요 91쪽

1 사해   2 진하기   3 진합니다   4 진   5 무겁습니다   6 높   7 용질   8 진한

개념을 확인해요 93쪽

1 진하기   2 열   3 진   4 진하기   5 진하기   6 균형   7 눈금   8 진한

개념을 다져요 94~97쪽

1 ④   2 ③   3 ④   4 멸치 가루   5 (1)—ⓒ (2)—ⓒ   6 용액   7 ⓒ 용해 ⓒ 용액   8 ④   9 ⑤   10 =   11 ③   12 물에 용해된 각설탕이 매우 작게 변하여 물속에 골고루 섞여 있기 때문이다.   13 용질의 종류   14 ①   15 다르다   16 물의 온도   17 따뜻한 물   18 ⑤   19 물의 온도가 높아졌기 때문이다.   20 ⓒ   21 ⓒ   22 ⓒ   23 ⑤   24 ⓒ   25 예 물을 더 넣는다.   26 사해   27 ④   28 눈금   29 ⓒ   30 무게와 균형을 맞추기 위해서

풀이

1 눈금실린더는 액체의 부피를 잴 수 있도록 만든 것으로 눈금이 새겨진 원통형 모양입니다.

2 소금과 설탕을 각각 두 숟가락씩 물 50 mL에 넣으면 투명하고 뜨거나 가라앉는 것이 없습니다.

▲ 소금

▲ 설탕

더 알아볼까요!

물 50 mL에 소금과 설탕을 두 숟가락씩 넣을 때 주의할 점

• 약숟가락으로 각 가루 물질을 두 숟가락씩 넣을 때, 한 숟가락에 담긴 물질의 양이 비슷하도록 합니다.

• 약 10분 동안 유리 막대로 젓지 않고 그대로 둡니다.

• 약 10분이 지나고 각 비커의 변화를 비교할 때 흰 종이를 대어 비교해도 좋습니다.

3 멸치 가루 두 숟가락을 물 50 mL에 넣으면 물이 뿌옇게 변하고 멸치 가루가 물 위에 뜨거나 바닥에 가라앉습니다.

▲ 멸치 가루

4 소금과 설탕은 물에 용해되어 소금물 용액과 설탕물 용액이 되지만 멸치 가루는 용해되지 않고 물 위에 뜨거나 바닥에 가라앉습니다.

5 물에 소금이나 설탕을 넣었을 때 소금이나 설탕은 용질이고, 물은 용매입니다.

6 물에 설탕이나 소금을 넣어 용해시켰을 때 설탕물이나 소금물은 용액입니다.

7 용해는 소금과 설탕이 물에 녹는 것처럼 어떤 물질이 다른 물질에 녹아 골고루 섞이는 현상입니다. 이 실험에서 용매는 물입니다.

8 용액은 녹는 물질이 녹이는 물질에 골고루 섞여 있는 물질입니다. 미숫가루는 물에 녹지 않습니다.

9 각설탕을 물에 넣으면 부스러지면서 크기가 작아지고, 작아진 설탕은 더 작은 크기의 설탕으로 나뉘어 물에 골고루 섞입니다.

10 각설탕이 물에 용해되면 용해되기 전과 비교하여 무게가 같습니다.

11 각설탕이 물에 용해되면 설탕이 없어진 것이 아니라 매우 작게 변하여 물속에 골고루 섞여 있기 때문에 용해되기 전과 비교하여 무게가 같습니다.

12 용질이 물에 용해되면 없어지는 것이 아니라 매우 작게 변하여 물속에 골고루 섞여 용액이 됩니다.

13 용질의 종류만 다르게 해야 용질마다 용매에 용해되는 양을 알아볼 수 있습니다.

14 물 50 mL에 소금, 설탕, 베이킹 소다를 각각 한 숟가락씩 넣으면 소금, 설탕, 베이킹 소다 모두 용해되었습니다.

15 물의 온도와 양이 같아도 용질마다 물에 용해되는 양은 서로 다릅니다.

16 물의 온도에 따라 용질이 용해되는 양을 알아보는 실험이기 때문에 물의 온도를 다르게 해야 합니다.

17 따뜻한 물에 넣은 백반은 다 용해되지만, 차가운 물에 넣은 백반은 어느 정도 용해되다가 용해되지 않은 백반이 바닥에 남아 있습니다.

18 따뜻한 물이 든 비커에 백반을 넣었을 때 백반이 더 많이 용해되었기 때문에 물의 온도가 높을수록 백반이 더 많이 용해되는 것을 알 수 있습니다.

19 물의 온도가 높을수록 코코아 가루가 더 많이 용해됩니다.

20 물의 온도와 양이 같을 때 물에 포함된 용질의 양이 많을수록 용액이 진합니다.

21 용액이 진할수록 황설탕 용액의 색깔이 진합니다.

22 용액의 진하기가 진할수록 용액의 무게가 더 무겁습니다.

23 용해된 용질의 양에 비례해 무게가 증가하거나 용액의 높이가 높아집니다.

24 용액이 진할수록 방울토마토가 더 높이 떠오릅니다.

25 물을 더 넣어 용액을 묽게 만들면 설탕 용액 위쪽에 떠 있는 메추리알이 가라앉습니다.

26 사해는 일반 바닷물보다 약 여섯 배 정도 진합니다.

27 소금물에 달걀을 띄워 달걀이 떠오르는 정도를 확인하여 진하기가 적당한 소금물을 만듭니다.

28 용액의 진하기를 쉽고 정확하게 비교할 수 있도록 일정한 간격으로 눈금을 그립니다.

29 용액의 진하기가 진할수록 진하기를 비교하는 도구가 높이 떠오릅니다.

30 진하기를 비교하는 도구를 용액에 넣었을 때 기울어지지 않고 똑바로 설 수 있도록 무게와 균형을 맞춰야 합니다.

정답과 풀이

1회 단원 평가 (연습)

1 같은   2 ㉢   3 용액   4 부스러지면서 크기가 작아진다.   5 ㉡   6 ⑤   7 142.5 g   8 베이킹 소다   9 설탕   10 ㉡   11 ②   12 ⑤   13 높으면   14 ㉡   15 ㉠   16 ①   17 ⑤   18 장을 담글 때에는 소금물의 진하기를 맞추는 것이 중요하기 때문에   19 ⑤   20 ㉡

풀이

1 초콜릿 겉면에 코팅된 색소가 물에 녹아 나왔기 때문에 물의 색깔이 변합니다.

2 물에 멸치 가루를 넣으면 멸치 가루가 물과 섞여 뿌옇게 변합니다.

3 용액은 녹는 물질이 녹이는 물질에 골고루 섞여 있는 물질입니다.

더 알아볼까요!

용해, 용액, 용질, 용매

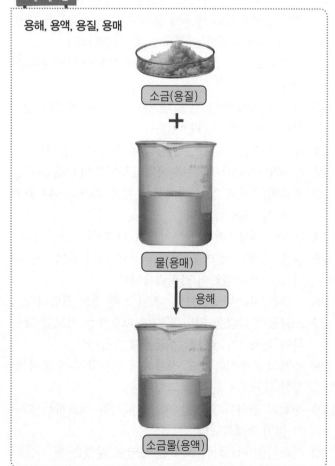

소금(용질)
+
물(용매)
↓ 용해
소금물(용액)

4 각설탕을 물에 넣으면 크기가 작아지고, 작아진 설탕은 더 작은 크기의 설탕으로 물에 골고루 섞이고, 완전히 용해되어 눈에 보이지 않습니다.

5 각설탕이 물에 모두 용해되면 투명한 설탕 용액이 됩니다.

6 무게를 측정하고 무게 변화를 비교하기 위해서는 전자저울이 필요합니다.

7 각설탕이 물에 용해되기 전과 용해된 후의 무게를 비교하면 무게가 같습니다.

더 알아볼까요!

각설탕이 물에 용해되기 전과 용해된 후의 무게를 비교하는 실험을 할 때 주의할 점
• 전자저울로 측정할 수 있는 무게의 한계를 고려하여 100 mL 비커를 사용하고, 물을 80 mL가량 넣습니다.
• 각설탕 대신 가루설탕을 사용해도 괜찮습니다.
• 미지근한 물을 사용하면 설탕이 용해되는 시간이 짧아집니다.

8 용해되지 않은 용질은 바닥에 가라앉습니다.

9 물 100 mL일 때는 물 50 mL의 물에서보다 많은 양의 용질이 녹지만, 50 mL와 같이 설탕이 베이킹 소다보다 더 많이 녹습니다.

10 물의 온도와 용질의 종류가 같을 때 물(용매)의 양이 많을수록 용질이 많이 용해됩니다.

11 물의 온도만 다르게 하고 그 외의 조건은 모두 같게 해야 합니다.

12 물의 온도가 높을수록 백반이 더 많이 용해됩니다.

13 따뜻한 물에서 백반이 다 용해되는 것을 통해 온도가 높으면 백반이 더 많이 용해되는 것을 알 수 있습니다.

14 물의 온도와 양이 같을 때 용해된 용질의 양이 많을수록 진한 용액입니다.

15 진한 용액일수록 색깔이 더 진합니다. 색깔과 같은 겉보기 특성을 이용해 용액의 진하기를 비교할 수 있습니다.

16 용액이 진할수록 용액의 높이가 더 높습니다.

17 용액이 진할수록 물체가 많이 떠오릅니다.

18 장을 담글 때 적당한 소금물의 진하기를 맞추려고 달걀을 띄워 떠오르는 정도를 확인합니다.

19 플라스틱 스포이트를 이용해 용액의 진하기를 비교하는 도구를 만든 것입니다.

20 진한 용액일수록 용액의 진하기를 비교하는 도구가 높이 떠오릅니다.

2회 단원 평가 도전

1 ③　**2** (1) ㉠ (2) ㉠ (3) ㉡　**3** 멸치 가루　**4** (1) 용질 (2) 용매 (3) 용해 (4) 용액　**5** ⑤　**6** ㉠　**7** ③　**8** 각설탕이 물에 용해되면 용해되기 전과 비교하여 무게가 같다.　**9** 설탕　**10** 베이킹 소다　**11** 용질, 용해　**12** ㉠　**13** ㉠　**14** ①　**15** ④　**16** ㉡　**17** 황색 각설탕을 많이 넣어 용액이 진할수록 색깔이 진하다.　**18** ㉠　**19** ①　**20** ②

풀이

1 서로 다른 색소가 녹아 나와도 그 경계면에서 층이 생기는 모습을 볼 수 있습니다.

2 소금과 설탕은 모두 물에 녹아 뜨거나 가라앉는 것이 없고, 멸치 가루는 물 위에 뜨거나 바닥에 가라앉습니다.

3 용액은 녹는 물질이 녹이는 물질에 골고루 섞여 있는 물질입니다. 물에 멸치 가루를 넣으면 처음에는 물과 섞여 뿌옇게 되고, 10분 동안 가만히 두면 물 위에 뜨거나 바닥에 가라앉아 용액이 될 수 없습니다.

4 소금(용질)이 물(용매)에 용해되면 소금물(용액)이 만들어집니다.

5 미숫가루 물은 시간이 지나면 바닥에 가라앉는 물질이 생기기 때문에 용액이 아닙니다.

더 알아볼까요!

시판되는 주스는 용액일까? 아닐까?
- 시판되는 주스는 일반적으로 뜨거나 가라앉는 물질이 없습니다. 이들은 실제 과일을 갈아 만든 것이 아니라 인공 향으로 주스와 같은 맛과 향을 낸 것입니다. 따라서 두 가지 이상의 물질이 골고루 섞여 있으므로 용액이라고 할 수 있습니다.
- 반면에 과일을 직접 갈거나 즙을 내어 만든 주스는 가만히 두었을 때 과일 층과 물 층으로 분리되어 뜨거나 가라앉는 것이 생기기 때문에 용액이라고 할 수 없습니다.

6 각설탕이 물에 완전히 용해되면 각설탕이 매우 작게 변하여 물속에 골고루 섞여 있기 때문에 눈에는 보이지 않게 됩니다.

7 소금이 용해되면 물에 소금이 골고루 섞여 있는 것입니다.

8 각설탕이 물에 용해되면 용해된 설탕이 없어진 것이 아니라 매우 작게 변하여 물속에 골고루 섞여 있습니다.

9 여덟 숟가락을 넣었을 때 설탕은 모두 용해되었지만 소금은 바닥에 가라앉았기 때문에 설탕이 가장 많이 용해된 용질입니다.

10 베이킹 소다는 두 숟가락을 넣었을 때부터 바닥에 가라앉았기 때문에 물에 가장 적게 용해된 용질인 것을 알 수 있습니다.

▲ 베이킹 소다를 두 숟가락 넣었을 때

11 여러 가지 용질을 온도와 양이 같은 물에 넣고 저었을 때 용질마다 용해되는 양이 다르기 때문에 어떤 용질은 모두 용해되고, 어떤 용질은 모두 용해되지 않고 바닥에 남는 것을 알 수 있습니다.

12 물의 온도에 따라 백반이 녹는 양을 비교하는 실험을 하는 것이기 때문에 물의 온도를 다르게 해야 합니다. 10 ℃의 물과 40 ℃의 물을 준비해야 합니다.

13 차가운 물에 넣은 백반은 어느 정도 용해되다가 용해되지 않은 백반이 바닥에 남아 있습니다.

14 물의 온도가 높을수록 백반이 더 많이 용해되기 때문에 비커의 물을 데워 물의 온도를 높게 합니다.

15 물의 온도가 높을수록 용질이 더 많이 용해되기 때문에 전자레인지에 넣어 코코아차의 온도를 높이면 바닥에 가라앉은 코코아 가루를 모두 용해할 수 있습니다.

16 황색 각설탕 열 개를 넣은 것이 더 진한 용액으로 용액의 색깔이 더 진합니다.

17 용액의 진하기는 같은 양의 용매에 용해된 용질의 많고 적은 정도를 나타내는 것으로 물의 온도와 양이 같을 때 용해된 용질의 양이 많을수록 진한 용액입니다.

18 용액이 진할수록 물체가 높이 떠오르기 때문에 ㉠은 ㉡보다 진한 용액입니다.

19 물을 더 넣어 용액을 묽게 하면 설탕물 위쪽에 떠 있는 방울토마토가 가라앉습니다.

20 용액의 진하기를 비교하는 도구가 용액 속에서 기울어지지 않고 똑바로 설 수 있도록 만들기 위해 스포이트 안에는 적당한 재료를 넣어 무게와 균형을 맞춥니다.

3회 단원 평가 ᵍⁱ출

1 ④   2 ㉠ 용질 ㉡ 용매 ㉢ 용해 ㉣ 용액   3 녹는 물질이 녹이는 물질에 골고루 섞여 있는 물질이다. 4 ①   5 ③   6 ⑤   7 용액   8 용질   9 ②   10 설탕   11 ④   12 ㉢   13 ⑤   14 ②   15 ①, ②   16 사해의 바닷물이 진하기 때문이다.   17 ㉡   18 ③   19 ⑤   20 ④

풀이

1 물에 멸치 가루를 넣고 가만히 두면 멸치 가루가 물 위에 뜨거나 바닥에 가라앉고 10분 동안 그대로 두면 물 위에 뜨거나 바닥에 가라앉습니다.

2 물에 소금을 녹여 소금물을 만들 때 소금은 용질, 물은 용매, 소금물은 용액입니다.

3 일상생활에서 쉽게 볼 수 있는 용액입니다.

4 무게를 측정하기 전에 전자저울의 영점 단추를 눌러 영점을 맞춰야 합니다.

5 소금이 물에 녹아 물속에 골고루 섞여 있기 때문에 소금이 물에 용해되기 전의 무게와 용해된 후의 무게는 같습니다.

더 알아볼까요!

소금이 물에 용해되기 전과 용해된 후의 무게
실험 도중에 증발하는 물의 양이나 유리 막대로 저을 때 유리 막대에 묻는 물의 양 때문에 소금이 용해된 후의 무게가 줄어들 수 있습니다.

6 물에 용해된 설탕은 없어진 것이 아니라 매우 작게 나뉘어 물속에 골고루 섞여 있기 때문에 설탕이 물에 용해된 후에 설탕은 눈에 보이지 않습니다.

7 소금물이나 설탕물처럼 녹는 물질이 녹이는 물질에 골고루 섞여 있는 물질을 용액이라고 합니다.

8 온도와 양이 같은 물 50 mL에 소금, 설탕, 베이킹 소다 등 용질을 넣어 용해되는 양을 알아보는 실험입니다.

9 같은 양의 여러 가지 용질을 온도와 양이 같은 물 50 mL에 넣고 저었을 때 용질마다 용해되는 양이 다릅니다.

10 물의 양이 많아져도 물 50 mL일 때와 같이 설탕>소금>베이킹 소다 순서대로 녹는 용질의 양도 많아집니다.

더 알아볼까요!

일정한 양의 용매에 녹는 용질의 양이 일정한 까닭
• 일정한 양의 용매에 녹는 용질의 양이 일정한 까닭은 물질을 용해시키는 용매 입자의 수가 한정적이기 때문입니다.
• 일정한 양의 용매에 들어 있는 입자의 수는 항상 같습니다. 그리고 여기에 용질 입자들이 들어오면 용매 입자들과 용질 입자들이 서로 끌어당겨 용질 입자가 용매 입자에 둘러싸이면서 용해됩니다.
• 용매 입자의 수는 한정적인데 용매 속에 용질의 입자 수가 계속 많아지면, 용매 입자의 수가 부족해 더는 용매 입자와 용질 입자가 서로 끌어당기지 못하므로 용질이 용해되지 않는 것입니다.
• 온도가 일정한 경우 용매를 더 넣어 주면 용질 입자를 끌어당길 수 있는 용매 입자가 늘어나 남아 있던 용질이 용해됩니다.

11 코코아차를 데워 물의 온도를 높이면 같은 양의 물에 용해할 수 있는 코코아 가루의 양이 많아져 물에 용해되지 않고 바닥에 남아 있던 코코아 가루가 모두 용해됩니다.

12 물의 온도에 따라 백반이 용해되는 양을 알아보는 실험을 하기 위해서는 물의 온도만 다르게 하고 나머지 조건은 모두 같게 합니다.

13 물의 온도를 높이면 남아 있던 용질을 더 많이 용해할 수 있습니다.

14 백반이 모두 녹은 용액이 든 비커를 얼음물에 넣으면 백반 알갱이가 다시 생겨 비커 바닥에 가라앉습니다.

15 색깔이나 맛과 같은 겉보기 특성을 이용하여 용액의 진하기를 비교할 수 있습니다.

16 사해의 바닷물은 다른 바닷물에 비해 더 짭니다.

17 방울토마토의 무게로 인해 두 비커에서 뜨는 정도에 차이가 생기지 않도록 방울토마토는 한 개를 닦아서 다시 사용합니다.

18 용액의 진하기가 진할수록 물체가 높이 떠오르기 때문에 각설탕을 더 넣어 용액을 진하게 만듭니다.

19 10 %는 용액 100 g 속에 10 g의 용질이 녹아 있는 것을 나타냅니다.

20 플라스틱 스포이트 안에 물질을 넣을 수 있도록 입구를 적당히 자르고, 스포이트의 무게와 균형을 맞추기에 적당한 재료를 찾아 진하기를 비교하는 도구를 완성합니다.

4회 단원 평가 실전

1 ④   2 멸치 가루   3 멸치 가루가 물에 녹지 않고
물에 뜨거나 가라앉아 있기 때문에   4 용해   5 ②
6 ③   7 ④   8 ㉠ 소금 ㉡ 설탕 ㉢ 베이킹 소다
9 설탕, 소금, 베이킹 소다   10 ②   11 ④   12 ㉢
13 물의 온도가 높을수록 용질이 많이 용해된다.   14
④   15 ㉡   16 ④   17 ④   18 ①   19 ⑤   20
㉠ 적당한 무게를 가지도록 더 무겁게 보완한다.

풀이

1 ① 멸치 가루는 물에 뜨거나 가라앉습니다.
② 소금과 설탕을 녹인 물은 투명합니다.
③ 멸치 가루는 물에 녹지 않습니다.
⑤ 소금과 설탕을 녹인 물은 투명하며 시간이 지나도
뜨거나 가라앉는 것이 없습니다.

2 멸치 가루는 물에 녹지 않고 시간이 지났을 때 물 위
에 뜨거나 바닥에 가라앉으므로 용액이라고 할 수 없
습니다.

3 용액은 녹는 물질이 녹이는 물질에 골고루 섞여 있는
물질입니다. 물에 멸치 가루를 넣고 시간이 지나면
멸치 가루는 물 위에 뜨거나 바닥에 가라앉기 때문에
용액이 아닙니다.

4 각설탕이 물에 용해되는 모습입니다.

5 설탕이 물에 용해되기 전과 용해된 후의 무게는 같
기 때문에 물 100 g + 설탕 40 g = 설탕물 140 g이
됩니다.

6 각설탕을 물에 녹이면 각설탕이 물속에 골고루 섞여
있기 때문에 각설탕이 물에 용해되기 전의 무게와 각
설탕이 물에 용해된 후의 무게는 같습니다.

7 용해는 어떤 물질이 다른 물질에 녹아 골고루 섞이는
것입니다. ④ 물과 딸기를 갈아 만든 딸기 주스의 경
우는 딸기의 과육이 물에 골고루 섞이지 않고 물에
가라앉기 때문에 용해 현상으로 볼 수 없습니다.

8 설탕>소금>베이킹 소다의 순서로 물에 많이 용해
됩니다.

9 50 mL의 물에서 보다 100 mL의 물에서 많은 양의
용질이 녹지만, 용질이 많이 녹는 순서는 50 mL와
같습니다.

10 물의 온도와 양이 같을 때 용질마다 용해되는 양이
다릅니다.

① 용질마다 물에 용해되는 양이 다릅니다.
③ 용질의 맛과 용질이 물에 용해되는 양은 관계가
없습니다.
④ 용질을 넣는 빠르기와 물에 용해되는 양은 관계가
없습니다.
⑤ 용질의 알갱이 크기와 물에 용해되는 양은 관계가
없습니다.

11 물의 온도에 따라 백반이 용해되는 양을 비교하기 위
해서는 40 ℃ 이상의 물과 10 ℃ 이하의 물을 준비하
여 물에 백반을 넣습니다.

12 물의 온도가 높을수록 용질이 많이 용해됩니다.

13 용질이 다 용해되지 않고 남아 있을 때 물의 온도를
높이면 용해되지 않고 남아 있던 용질을 더 많이 용
해할 수 있습니다.

14 물의 온도가 낮아지면 백반 알갱이가 다시 생겨 바닥
에 가라앉습니다.

15 용액이 진할수록 색깔이 더 진합니다.

16 용액이 진할수록 맛이 더 달고 더 무겁습니다.

▲ 용액이 진할수록 색깔이 더 진합니다.

▲ 용액이 진할수록 높이가 더 높습니다.

17 너무 가볍거나 무겁지 않고 적당한 무게를 가진 물체
를 띄워야 합니다. 스타이로폼은 항상 물에 뜨기 때
문에 알맞지 않습니다.

더 알아볼까요!

두 용액의 진하기를 방울토마토를 띄워 알아볼 때
• 방울토마토의 무게로 인해 두 비커에서 뜨는 정도에 차이가 생
기지 않도록 방울토마토는 같은 것을 이용합니다.
• 방울토마토를 건져 낼 때 나무젓가락을 이용하도록 합니다.
• 용액에서 꺼낸 방울토마토는 물기를 휴지로 닦고 이용합니다.

18 용액이 진할수록 물체가 높이 뜨기 때문에 물을 더 넣어 용액을 묽게 만듭니다.

19 도구가 물에 뜨는 정도로 용액의 진하기를 비교할 수 있습니다.

20 진한 용액에서는 뜨고 묽은 용액에서는 가라앉도록 적당한 무게를 가진 도구를 만듭니다.

탐구 서술형 평가

110~111쪽

1 풀이 참조   **2** ⑴ 각설탕이 물에 용해되기 전과 물에 용해된 후의 무게는 같다. ⑵ 물에 용해된 설탕이 없어진 것이 아니라 매우 작게 변하여 물에 남아 있기 때문이다.   **3** ⑴ 설탕>소금>베이킹 소다의 순서로 많이 녹는다. ⑵ 온도와 양이 같은 물에서 용질마다 용해되는 양이 다르다.   **4** 풀이 참조

풀이

1

용질	소금이나 설탕처럼 녹는 물질
용매	물처럼 녹이는 물질
용해	어떤 물질이 다른 물질에 골고루 섞이는 현상
용액	녹는 물질이 녹이는 물질에 골고루 섞여 있는 물질

용질인 설탕이 용매인 물에 용해되어 설탕물 용액이 됩니다.

상	용질, 용매, 용해, 용액의 뜻을 모두 바르게 서술하였습니다.
중	용질, 용매, 용해, 용액의 뜻 중 세 가지만 서술하거나 모두 서술했지만 충분하지 않습니다.
하	용질, 용매, 용해, 용액의 뜻 중 두 가지만 서술하거나 모두 서술하지 못했습니다.

2 용질이 물에 용해되면 없어지는 것이 아니라 물에 골고루 섞여 용액이 되기 때문에 용질이 물에 용해되기 전과 용해된 후의 무게는 같습니다.

상	각설탕이 물에 용해되기 전과 용해된 후의 무게를 바르게 비교하고 그 까닭을 바르게 서술하였습니다.
중	각설탕이 물에 용해되기 전과 용해된 후의 무게를 바르게 비교했지만 그 까닭을 서술하지 못했습니다.
하	각설탕이 물에 용해되기 전과 용해된 후의 무게를 비교하지 못하고 그 까닭도 서술하지 못했습니다.

3 같은 양의 여러 가지 용질을 온도와 양이 같은 물에 넣고 저으면 어떤 용질은 모두 용해되고, 어떤 용질은 모두 용해되지 않고 바닥에 남습니다. 물의 온도와 양이 같아도 용질마다 용해되는 양은 서로 다릅니다.

상	온도와 양이 같은 물에서 소금, 설탕, 베이킹 소다가 용해되는 양을 순서대로 쓰고, 각 용질이 용해되는 양을 바르게 비교하였습니다.
중	온도와 양이 같은 물에서 소금, 설탕, 베이킹 소다가 용해되는 양을 순서대로 썼지만, 각 용질이 용해되는 양을 비교하지 못했습니다.
하	온도와 양이 같은 물에서 소금, 설탕, 베이킹 소다가 용해되는 양을 순서대로 쓰지 못하고, 각 용질이 용해되는 양을 비교하지 못했습니다.

4

용액의 진하기가 진할수록 물체가 높이 떠오릅니다.

상	각설탕 한 개와 열 개를 각각 용해한 용액에서 메추리알의 위치를 모두 바르게 그렸습니다.
중	각설탕 한 개와 열 개를 각각 용해한 용액에서 메추리알의 위치를 한 개만 바르게 그렸습니다.
하	각설탕 한 개와 열 개를 각각 용해한 용액에서 메추리알의 위치를 모두 그리지 못했습니다.

개념을 확인해요 · 113쪽

1 동물, 식물   2 곰팡이, 버섯   3 실체 현미경   4 재물대   5 균류   6 균사   7 포자   8 양분

개념을 확인해요 · 115쪽

1 짚신벌레   2 해캄   3 광학 현미경   4 재물대   5 조동 나사, 미동 나사   6 원생생물   7 원생생물   8 원생생물

개념을 확인해요 · 117쪽

1 세균   2 세균   3 없   4 현미경   5 막대   6 나선   7 세균   8 짧은

개념을 확인해요 · 119쪽

1 이로운   2 원생생물   3 분해   4 해로운   5 곰팡이, 세균   6 해로운   7 배설물   8 소화

개념을 확인해요 · 121쪽

1 첨단 생명 과학   2 곰팡이   3 원생생물   4 분해   5 플라스틱   6 생물   7 홍보   8 대상

개념을 다져요 · 122~125쪽

1 동물   2 ①   3 ②   4 (1) ✕ (2) △ (3) △ (4) ○
5 실체 현미경   6 ②   7 ④   8 재물대   9 균류
10 포자로 번식한다.   11 ⑤   12 ①   13 영구 표본   14 ⑤   15 ㉠   16 해캄   17 (1) 해캄 (2) 짚신벌레   18 ①   19 원생생물   20 ④   21 세균
22 ②   23 짧은 시간 안에 많은 수로 늘어날 수 있다.   24 ㉡   25 ①   26 ①   27 ②   28 첨단 생명 과학   29 ③   30 원생생물   31 ⑤

풀이 ▶

1 까치, 토끼, 붕어 등은 동물입니다.

2 붕어는 동물입니다.

3 버섯은 동물이나 식물로 분류할 수 없습니다.
   ① 메기는 동물입니다.
   ③ 소나무는 식물입니다.
   ④ 민들레는 식물입니다.
   ⑤ 두더지는 동물입니다.

4 세균, 곰팡이 원생생물들은 동물과 식물로 분류되지 않습니다. (1)은 검정말, (2)는 유글레나, (3)은 세균, (4)는 참새입니다.

5 곰팡이나 버섯을 자세히 관찰하기 위한 실체 현미경입니다.

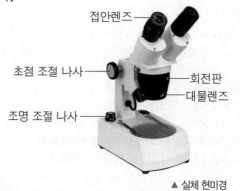

▲ 실체 현미경

더 알아볼까요!

실체 현미경
• 접안렌즈: 눈으로 보는 렌즈입니다.
• 회전판: 대물렌즈의 배율을 조절하는 나사입니다.
• 대물렌즈: 물체의 상을 확대해 주는 렌즈입니다.
• 재물대: 관찰 대상을 올려놓는 곳입니다.
• 초점 조절 나사: 대상에 초점을 정확히 맞출 때 사용하는 나사입니다.
• 조명 조절 나사: 조명을 켜고 끄며 밝기를 조절하는 나사입니다.

6 ⓒ은 대물렌즈입니다.

7 ㉠은 회전판으로 대물렌즈의 배율을 조절하는 나사입니다. ①은 접안렌즈, ②는 대물렌즈, ③은 재물대, ⑤는 초점 조절 나사가 하는 일입니다.

8 실체 현미경으로 관찰하기 위해서는 가장 먼저 회전판을 돌려 대물렌즈의 배율을 가장 낮게 하고, 관찰할 물체를 재물대 위에 올립니다.

9 곰팡이와 버섯과 같은 생물은 균류입니다.

10 포자는 작고 가벼워서 눈에 잘 보이지 않고 공기 중에 떠서 멀리 이동할 수 있습니다.

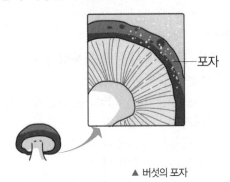

포자

▲ 버섯의 포자

11 곰팡이과 버섯은 주로 다른 생물이나 죽은 생물에서 양분을 얻습니다.

12 균류는 줄기, 잎과 같은 모양이 없습니다.

> **더 알아볼까요!**
>
> **균류의 특징**
> • 생물입니다.
> • 자라고 번식합니다.
> • 살아가는 데 물과 공기 등이 필요합니다.
> • 줄기, 잎과 같은 모양이 없습니다.
> • 보통의 식물보다 작은 편입니다.
> • 전체가 균사로 이루어져 있고 주로 포자로 번식합니다.
> • 죽은 생물, 다른 생물, 물체 등에 붙어서 삽니다.
> • 푸른색, 하얀색, 검은색 등 색깔이 다양합니다.

13 광학 현미경은 생물이나 물체를 자세히 보기 위해서 표본을 만들어 관찰합니다.

14 현미경으로 생물을 관찰할 때에는 배율이 낮은 것으로 먼저 관찰한 후에 배율을 높여 관찰합니다.

15 광학 현미경을 이용하면 작은 생물의 모습도 자세히 볼 수 있습니다.

16 해캄을 광학 현미경으로 관찰하면 원기둥 모양이고, 대나무와 같이 마디가 있습니다.

17 해캄과 짚신벌레의 모습입니다.

18 짚신벌레와 해캄은 동물, 식물, 균류에 속하지 않는 원생생물입니다.

19 동물이나 식물과 다른 생김새를 하고 있고, 생김새가 단순한 공통적인 특징이 있습니다.

▲ 종벌레

20 유글레나는 원생생물로 짚신벌레와 같은 짧은 털은 없습니다.

21 세균은 매우 작기 때문에 맨눈으로 볼 수 없고, 배율이 높은 현미경을 이용해야 합니다.

22 세균은 생김새에 따라 공 모양, 막대 모양, 나선 모양 등으로 구분하며, 꼬리가 있는 세균도 있습니다.

23 세균은 살기에 알맞은 조건이 되면 짧은 시간 안에 많은 수로 늘어날 수 있습니다.

24 배율이 높은 현미경으로 우리 주변의 물체나 생물을 관찰하면 세균이 있다는 것을 알 수 있습니다.

25 균류나 세균은 된장, 치즈, 김치, 요구르트 등의 음식을 만드는 데 이용됩니다.

26 우리 몸에 이로운 유산균과 같은 세균은 해로운 세균으로부터 건강을 지켜 줍니다.

27 적조는 플랑크톤이 갑자기 많아져 바닷물의 색깔이 바뀌는 현상으로 물속에 산소가 줄어들어 물속 생물들이 숨을 쉬기 힘들어집니다.

28 최신의 생명 과학 기술을 이용하여 생물의 특성이나 생명 현상을 연구하거나 이를 통해 알게 된 사실을 우리 생활의 여러 가지 문제를 해결하는 데 활용합니다.

29 사람에게 해로운 영향을 주는 세균을 죽이는 곰팡이를 이용하여 질병을 치료하거나 백신을 만듭니다.

30 원생생물의 다양한 영양소를 이용해 식품으로 활용합니다.

31 플라스틱의 원료를 가진 세균을 이용하여 플라스틱 제품을 만드는 데 활용합니다.

1회 단원 평가 연습

126~128쪽

1 ㉥ 2 ⑤ 3 ② 4 버섯 5 ③ 6 ③ 7 ㉡
8 ㉠ 9 해캄 10 ② 11 ④ 12 ① 13 ③
14 ㉣ 15 (1) ✕ (2) ◯ (3) ✕ 16 **예** 된장을 만드는
데 이용된다. 17 ㉠ 18 ⑤ 19 ⑤ 20 ①

풀이

1 검정말은 식물로 분류해야 합니다.

2 곰팡이를 관찰할 때는 반드시 실험용 장갑을 착용합니다.

더 알아볼까요!

곰팡이와 버섯 관찰하기
• 버섯을 관찰할 때에는 시각, 후각, 촉각 등의 오감을 이용해 관찰합니다.
• 곰팡이를 관찰할 때에는 마스크와 실험용 장갑을 착용하고, 안전상 직접 냄새를 맡거나 만지지 않도록 합니다. 그리고 관찰후에는 손을 깨끗이 씻도록 합니다.

3 실체 현미경에서 재물대는 관찰 대상을 올려놓는 곳입니다.

4 버섯 윗부분의 안쪽에는 주름이 많습니다.

5 곰팡이와 버섯과 같은 생물은 균사로 이루어져 있고 포자로 번식하는 균류입니다.

6 곰팡이와 버섯은 따뜻하고 축축한 환경에서 잘 자라고, 주로 여름철에 많이 볼 수 있습니다.

7 광학 현미경은 생물이나 물체를 자세히 보기 위해 영구 표본을 만들어 관찰하는 현미경입니다. ㉠은 실체 현미경입니다.

8 회전판을 돌려 배율이 가장 낮은 대물렌즈로 관찰한 후에 배율을 높여 관찰합니다.

더 알아볼까요!

광학 현미경으로 짚신벌레 영구 표본을 관찰하는 순서
• 회전판을 돌려 배율이 가장 낮은 대물렌즈가 중앙에 오도록 합니다.
• 전원을 켜고 조리개로 빛의 양을 조절한 뒤에 영구 표본을 재물대의 가운데에 고정합니다.
• 현미경을 옆에서 보면서 조동 나사로 재물대를 올려 영구 표본과 대물렌즈의 거리를 최대한 가깝게 합니다.
• 조동 나사로 재물대를 천천히 내리면서 접안렌즈로 짚신벌레를 찾고, 미동 나사로 짚신벌레가 뚜렷하게 보이도록 조절합니다.
• 대물렌즈의 배율을 높이고, 미동 나사로 초점을 맞추어 관찰합니다.

9 초록색이고 가늘고 실과 같은 모습이며, 여러 가닥이 서로 뭉쳐져 있습니다.

10 원생생물은 동물, 식물, 균류에 속하지 않는 생물입니다.

▲ 붕어

11 원생생물은 동물, 식물, 균류에 속하지 않는 생물입니다.

12 콜레라균, 대장균, 포도상 구균은 세균의 종류입니다.

13 세균은 생물이 살고 있는 땅, 물, 다른 생물의 몸, 컴퓨터 자판, 연필 등 모든 장소에서 살지만, 음식물과 수분이 많은 곳은 주방입니다.

14 ㉠과 ㉢은 공 모양, ㉡은 막대 모양입니다. 세균은 하나씩 따로 떨어져 있거나 여러 개가 서로 연결되어 있습니다.

15 (1) 세균은 맨눈으로 볼 수 없습니다.
   (2) 살기에 알맞은 조건이 되면 짧은 시간 안에 많은 수로 늘어납니다.

16 일부 곰팡이는 된장 등 여러 가지 음식을 만드는 데 도움을 줍니다.

17 ㉠의 유산균은 우리 몸에 이로운 세균입니다. ㉡, ㉢, ㉣은 우리에게 해로운 영향을 미치는 경우입니다.

18 푸른곰팡이가 세균을 자라지 못하게 하는 특성을 활용하여 질병을 치료하는 약을 만듭니다.

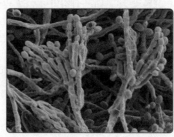
▲ 푸른곰팡이

19 오염된 하천이나 토양을 깨끗이 할 때는 오염 물질을 분해하는 곰팡이와 세균의 성질을 활용합니다.

20 첨단 생명 과학은 최신의 생명 과학 기술이나 연구 결과를 활용하여 일상생활에서 일어나는 다양한 문제를 해결하는 것입니다.

정답과 풀이

2회 단원 평가 〔도전〕

129~131쪽

1 ① **2** ⑤ **3** 실체 현미경 **4** (1) 재물대 (2) 접안
렌즈 (3) 초점 조절 나사 **5** 포자 **6** ③ **7** 짚신벌
레 **8** ② **9** 원생생물 **10** (1) 아메바 (2) 유글레나
11 (1) ○ (2) × (3) ○ **12** ② **13** 예 질병에 걸리거
나 음식이 상하는 것을 보면 알 수 있다. 배율이 높은
현미경으로 우리 주변을 관찰하면 알 수 있다. **14**
⑤ **15** ③ **16** ⑤ **17** (1)-㉠ (2)-㉡ **18** ①, ⑤
19 ③ **20** ⑤

풀이

1 강아지풀, 토끼풀, 검정말, 복숭아나무는 식물이고
해캄은 원생생물입니다.

2 ⑤의 모습은 맨눈으로 관찰하였을 때는 볼 수 없습니다.

3 실체 현미경은 돋보기처럼 물체의 모습을 있는 그대
로 확대해 볼 수 있는 현미경입니다.

4 재물대는 관찰 대상을 올려놓는 곳이고, 접안렌즈는
눈으로 보는 렌즈이며, 초점 조절 나사는 대상에 초
점을 정확히 맞출 때 사용하는 나사입니다.

5 포자는 작고 가벼워서 눈에 잘 보이지 않고 공기 중
에 떠서 멀리 이동할 수 있습니다.

6 ㉠은 회전판입니다. ①은 조리개, ②는 접안렌즈, ④
는 대물렌즈, ⑤는 조동 나사가 하는 일입니다.

더 알아볼까요!

광학 현미경 각 부분의 이름과 하는 일
• 접안렌즈: 눈으로 보는 렌즈입니다.
• 대물렌즈: 물체의 상을 확대해 주는 렌즈입니다.
• 조동 나사: 표본의 상에 대한 대강의 초점을 맞출 때 사용하는
  나사입니다.
• 미동 나사: 표본의 상에 대한 정확한 초점을 맞출 때 사용하는
  나사입니다.
• 조명 조절 나사: 조명의 밝기를 조절하는 나사입니다.
• 조명: 빛을 관찰 대상에 비추는 곳입니다.
• 조리개: 빛의 양을 조절할 때 사용합니다.
• 재물대: 관찰 대상을 올려놓는 곳입니다.
• 회전판: 대물렌즈의 배율을 조절하는 나사입니다.

7 원생생물인 짚신벌레입니다. 짚신벌레처럼 작은 생물
은 광학 현미경을 사용하여 자세히 볼 수 있습니다.

8 ②는 짚신벌레를 실체 현미경으로 관찰했을 때의 모
습입니다.

9 원생생물은 생김새가 단순한 생물로, 바다에 사는 원
생생물도 있습니다.

10 아메바는 일정한 모양이 없고 몸 안에는 여러 다른
소기관들이 보이지만 단순한 모양입니다. 유글레나
는 짚신벌레와 같은 짧은 털은 없지만 긴 꼬리가 달
려 있는 것이 특징입니다.

11 세균은 크기가 매우 작아서 사람의 맨눈으로는 관찰
할 수 없습니다. 세균은 종류가 무수히 많고, 돌연변
이도 많습니다.

12 헬리코박터 파일로리는 위에서 살고 나선 모양이며
꼬리가 여러 개 있습니다.

13 세균의 수를 측정할 수 있는 장치나 세균을 잘 자라
게 하는 핸드 플레이트를 사용하여 세균이 우리 주
변에 있다는 것을 알 수 있습니다.

더 알아볼까요!

핸드 플레이트로 손에 있는 세균 알아보기
• 핸드 플레이트 두 개를 준비합니다.
• 다르게 할 조건을 정하여 실험을 설계합니다.(예 비누로 씻은 손
  과 씻지 않은 손, 비누로 씻은 손과 물로만 씻은 손)
• 손을 핸드 플레이트에 10초 동안 찍고 뚜껑을 덮습니다.
• 핸드 플레이트 뚜껑에 이름, 날짜, 시간, 다르게 한 조건을 유성
  펜으로 기록합니다.
• 사람의 체온과 비슷한 정도의 따뜻한 곳에 핸드 플레이트를
  24~36시간 동안 놓아둡니다.
• 실험 결과: 씻지 않은 손은 비누로 씻은 손에 비하여 세균이 많
  기 때문에 손의 세균이 핸드 플레이트로 옮겨 가서 자라 색깔이
  변하였습니다.

14 곰팡이나 세균이 사라진다면 죽은 생물이나 배설물
을 분해하지 못해 우리 주변에 죽은 생물이나 배설물
로 가득 차게 될 것입니다.

15 음식을 만드는 데 다양한 생물이 이용됩니다.

16 곰팡이와 세균은 죽은 생물이나 배설물을 작게 분해
하여 자연으로 되돌려 보내 생태계를 유지시킵니다.

17 질병의 원인이 되는 세균을 자라지 못하게 하는 곰팡
이의 특성을 이용하여 질병을 치료하고, 원생생물 중
영양소가 풍부한 것은 건강식품을 만드는 데 이용합
니다.

18 생물 농약은 해충에게만 질병을 일으키는 특성을 활
용합니다.

19 해캄 등의 생물을 이용하여 기름을 만듭니다.

20 플라스틱의 원료를 가진 세균을 이용하여 플라스틱
제품을 만들기도 합니다.

3회 단원 평가

132~134쪽

1 ① 2 ② 3 ② 4 풀이 참조 5 ① 6 영구
표본 7 ① 8 해캄 표본을 만든다. 9 ⑤ 10
⑤ 11 ⑤ 12 (1)—ⓒ (2)—ⓐ (3)—ⓑ 13 ⑤
14 ④ 15 원생생물 16 ⑤ 17 첨단 생명 과학
18 ③ 19 ① 20 ④

풀이

1 곰팡이는 냄새를 맡거나 손으로 만지지 않고 관찰해야 합니다.

2 ㉠ 접안렌즈, ㉡ 회전판, ㉢ 대물렌즈, ㉤ 초점 조절 나사입니다.

3 ②는 버섯을 관찰한 모습입니다.

4

윗부분의 안쪽	윗부분

표고버섯의 윗부분은 갈색이고 둥글며, 윗부분의 안쪽에는 주름이 많습니다.

5 ②, ③, ④, ⑤는 식물의 특징입니다.

더 알아볼까요!

균류와 식물의 차이점

균류	식물
• 주로 포자로 번식한다. • 전체가 균사로 이루어져 있다. • 줄기, 잎과 같은 모양이 없다. • 보통의 식물보다 작은 편이다. • 푸른색, 하얀색, 검은색 등 색깔이 다양하다. • 죽은 생물, 다른 생물, 물체 등에 붙어서 산다.	• 균류에 비해 큰 편이다. • 주로 꽃이 핀다. • 주로 씨로 번식한다. • 주로 땅에 뿌리를 내리고 산다. • 잎의 색깔은 대부분 초록색이다. • 대체로 뿌리, 줄기, 잎 등이 있다.

6 작은 생물을 광학 현미경으로 자세히 관찰하기 위해

서는 영구 표본을 만들어 관찰해야 합니다.

7 조동 나사는 대강의 초점을 맞출 때 사용하고, 미동 나사는 정확한 초점을 맞출 때 사용합니다.

8 광학 현미경은 생물이나 물체를 자세히 보기 위해서 표본을 만들어 관찰하는 현미경입니다.

9 짚신벌레와 해캄은 논, 연못과 같이 물이 고인 곳이나 도랑, 하천과 같이 물살이 느린 곳에서 삽니다.

10 아메바, 유글레나, 짚신벌레, 해캄, 종벌레 등은 원생생물입니다. 원생생물은 물속에서 살고, 식물과 동물에 비해 단순한 모양입니다.

더 알아볼까요!

원생생물

• 원생생물은 동물이나 식물보다 원시적인 형태의 생물로 대부분 하나의 세포로 이루어진 단세포 생물입니다.
• 단세포 생물이지만 스스로 양분을 만들거나 먹이를 먹고 움직이며 자손도 남기는 생물의 특성이 있습니다.
• 해캄, 반달말, 장구말, 클로렐라 등은 식물의 특징을 지닌 원생생물로 엽록체가 있어 광합성을 할 수 있습니다.
• 짚신벌레, 아메바 등은 움직이고 먹이를 먹는 동물의 특징을 지닌 원생생물입니다.
• 유글레나는 엽록체라는 식물의 특징과 편모라는 동물의 특징을 모두 가지고 있습니다.

11 세균은 균류나 원생생물보다 크기가 작습니다.

12 (1)은 둥근 모양, (2)는 막대 모양, (3)은 꼬리가 있는 세균입니다.

13 세균은 땅이나 물, 다른 생물의 몸, 컴퓨터 자판이나 연필 같은 물체 등에도 삽니다.

14 ①, ②, ③, ⑤는 다양한 생물이 우리 생활에 미치는 해로운 영향입니다.

15 원생생물은 번식하기 좋은 환경에서는 급격하게 증식하기 때문에 다른 생물들이 살 수 없는 환경을 만듭니다.

16 곰팡이나 세균이 사라지면 우리 주변이 죽은 생물이나 배설물로 가득 차게 됩니다. 김치, 요구르트, 된장 등의 음식을 만들 수가 없고, 사람이나 동물은 먹은 음식을 잘 소화하지 못하여 면역력이 약해집니다.

18 약을 대량으로 만들 수 있는 것은 세균의 번식이 빠른 특징을 이용한 것입니다.

19 화석연료를 만드는 것은 첨단 생명 과학과는 관련이 없습니다.

20 홍보 자료에서 잘된 점과 개선할 점을 찾아보는 것은 홍보 자료를 다 만든 뒤에 하는 일입니다.

4회 단원 평가 실전

135~137쪽

1 ④, ⑤   2 ㉠ ㉢ ㉣ ㉤ ㉡   3 포자, 번식을 한다.
4 ⑤   5 (1) ㉠, ㉤ (2) ㉡, ㉢, ㉣   6 ④   7 ③   8
①   9 40배   10 예 논, 연못과 같이 물이 고인 곳이
나 도랑, 하천과 같이 물살이 느린 곳   11 종벌레
12 ④   13 ㉠, ㉢   14 ②   15 ①   16 ㉠   17 (1)
이 (2) 해 (3) 해   18 예 우리 주변이 죽은 생물이나 배
설물로 가득 차게 된다.   19 ⑤   20 ①

풀이

1 곰팡이와 같은 작은 생물을 맨눈으로 관찰하면 정
   확하게 모양을 알 수 없습니다. ④는 버섯을 관찰한
   모습이고, ⑤는 실체 현미경으로 관찰했을 때의 모
   습입니다.

2 실체 현미경으로 곰팡이를 더 자세히 관찰할 수 있습
   니다.

3 곰팡이, 버섯과 같은 균류는 전체가 균사로 이루어져
   있고 포자로 번식합니다.

4 곰팡이, 버섯과 같은 생물은 균류입니다. ② 광합성
   을 하는 것은 식물입니다. ③ 버섯만 윗부분의 안쪽
   에 주름이 있습니다. ④ 버섯의 포자는 윗부분의 안
   쪽에 있어 관찰하기 어렵습니다.

5 균류와 식물은 생물이고 살아가는 데 물과 공기 등이
   필요하다는 공통점이 있습니다. 모두 자라고 번식하
   는 것도 공통점이다.

6 짚신벌레 영구 표본은 맨눈이나 돋보기로 보면 점으
   로 보입니다. 따라서 영구 표본을 광학 현미경으로
   관찰합니다.

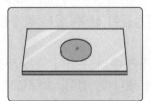
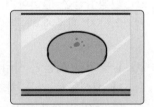

▲ 맨눈으로 보면 색깔이 있는 점이 보이는데 정확이 무엇인지 알 수 없습니다.
▲ 돋보기로 보면 점이 여러 개 보이는데 짚신벌레의 자세한 생김새는 보이지 않습니다.

7 생물을 오랫동안 보존하여 관찰할 수 있게 하기 위해
   서 영구 표본을 만듭니다.

8 ㉠은 조리개입니다. 광학 현미경의 각 부분 중 ② 재
   물대, ③ 대물렌즈, ④ 회전판, ⑤ 미동 나사가 하는
   일입니다.

9 현미경 배율은 접안렌즈 배율×대물렌즈 배율입니
   다. 접안렌즈가 10배, 대물렌즈가 4배라면 물체를
   40배로 확대해 관찰할 수 있습니다.

10 짚신벌레와 해캄이 사는 곳에는 다양한 원생생물이
   삽니다.

11 종벌레는 종 모양으로 단순한 모양입니다.

더 알아볼까요!

종벌레
• 원생생물입니다.
• 신축성이 강한 몸을 가지고 있어 뻗을 때와 움츠릴 때에 3~6배
  의 길이 차이가 나타납니다.
• 종벌레는 무리 지어 살지만 군집을 형성하지는 않습니다.
• 몸 위쪽에 섬모가 있는 부분이 입에 해당하고, 섬모가 있어 물결
  을 일으켜 먹이를 입에 넣습니다.
• 몸 아래쪽은 자루로 되어 있어 이 자루로 다른 물체에 붙어삽
  니다.

12 세균은 땅이나 물, 다른 생물의 몸, 컴퓨터 자판, 연
   필 등 생물이 살고 있는 모든 환경에서 삽니다.

13 ㉠은 포도상 구균, ㉡은 콜레라균, ㉢은 대장균, ㉣
   은 헬리코박터 파일로리입니다.

14 포도상 구균은 공기, 음식물과 피부, 콜레라균은 공
   기와 물, 대장균은 물과 큰창자, 헬리코박터 파일로
   리는 위에 삽니다.

15 누룩곰팡이는 우리 생활에서 된장을 만드는 데 활용
   되는 균류입니다.

16 원생생물은 주로 다른 생물의 먹이가 되거나 생물이
   사는 데 필요한 산소를 만드는 이로운 영향을 미칩
   니다.

17 다양한 생물은 우리 생활에 이로운 영향을 미치기도
   하고, 해로운 영향을 미치기도 합니다.

18 버섯, 곰팡이, 세균 덕분에 낙엽과 죽은 생물 등이
   썩어 자연으로 돌아가 생태계가 유지됩니다.

19 푸른곰팡이가 세균을 자라지 못하게 하는 특성을 활
   용하여 질병을 치료하는 약을 만듭니다.

더 알아볼까요!

푸른곰팡이와 페니실린
• 플레밍은 세균 배양 실험을 하다가 푸른곰팡이에서 나오는 물
  질이 세균을 자라지 못하게 산다는 것을 발견했습니다.
• 플레밍은 이 물질을 페니실린이라고 불렀고, 페니실린은 폐렴,
  수막염 등의 질병을 치료하는 데 효과가 있었습니다.

20 해캄 등의 생물을 이용하여 기름을 만듭니다. 클로렐라와 같은 원생생물은 여러 가지 영양소가 많기 때문에 건강식품으로 이용하거나 우주인의 식량으로 이용됩니다.

광학 현미경은 생물이나 물체를 자세히 보기 위해서 표본을 만들어 관찰하는 현미경입니다.

상	광학 현미경의 각 부분의 이름과 하는 일을 모두 바르게 서술하였습니다.
중	광학 현미경의 각 부분의 이름과 하는 일을 4개 이상 바르게 서술하였습니다.
하	광학 현미경의 각 부분의 이름과 하는 일을 1~2개만 바르게 서술하였습니다.

탐구 서술형 평가
138~139쪽

1 (1) ⑩ 자라고 번식한다. 살아가는 데 물과 공기 등이 필요하다. (2) ⑩ 줄기, 잎과 같은 모양이 없다. 다른 생물, 죽은 생물, 물체 등에 붙어서 산다. 전체가 균사로 이루어져 있다.　**2** 풀이 참조　**3** 풀이 참조
4 ⑩ 오염 물질을 분해하는 곰팡이나 세균이 오염 물질을 작게 분해하여 오염된 하천을 깨끗하게 만든다.

풀이

1 표고버섯과 토끼풀 모두 생물이지만 버섯은 균류이고 토끼풀은 식물입니다. 균류는 전체가 균사로 이루어져 있고 포자로 번식합니다.

상	버섯과 식물을 비교하여 공통점과 차이점을 모두 바르게 서술하였습니다.
중	버섯과 식물을 비교하여 공통점과 차이점 중 한 가지만 서술하거나 모두 서술하였지만 충분하지 않습니다.
하	버섯과 식물을 비교하여 공통점과 차이점을 모두 서술하지 못했습니다.

2

구분	각 부분 이름	하는 일
㉠	접안렌즈	눈으로 보는 렌즈이다.
㉡	회전판	대물렌즈의 배율을 조절하는 나사이다.
㉢	대물렌즈	물체의 상을 확대해 주는 렌즈이다.
㉣	조동 나사	표본의 상에 대한 대강의 초점을 맞출 때 사용하는 나사이다.
㉤	미동 나사	표본의 상에 대한 정확한 초점을 맞출 때 사용하는 나사이다.

3

이로운 영향	해로운 영향
㉠, ㉢	㉡, ㉣

균류, 원생생물, 세균 등은 우리 생활에 이로운 영향과 해로운 영향을 미칩니다.

상	생물이 우리 생활에 미치는 이로운 영향과 해로운 영향을 바르게 구분하였습니다.
중	생물이 우리 생활에 미치는 이로운 영향과 해로운 영향을 구분하였지만 1개 정도 바르지 않습니다.
하	생물이 우리 생활에 미치는 이로운 영향과 해로운 영향을 구분하였지만 3개 정도 바르지 않습니다.

4 독감을 예방하기 위해 예방 주사를 맞거나, 건강 보조 식품을 개발하는 것도 우리 생활에서 첨단 생명 과학을 활용한 예입니다.

상	곰팡이나 세균이 오염된 물질을 분해하는 성질을 이용한 예를 바르게 서술하였습니다.
중	곰팡이나 세균이 오염된 물질을 분해하는 성질을 이용한 예를 서술하였지만 충분하지 않습니다.
하	곰팡이나 세균이 오염된 물질을 분해하는 성질을 이용한 예를 서술하지 못했습니다.

1회 100점 예상문제
142~144쪽

1 ⑤   2 (차례대로) 다르게 해야 할 조건, 같게 해야 할 조건   3 실험을 한다.   4 그래프   5 ⓔ 사인펜의 색깔에 따라 잉크에 섞여 있는 색소의 종류와 개수는 다르다.   6 ③, ⑤   7 (1) 24℃ (2) 섭씨 이십사 점 영 도   8 ⑤   9 ㉠ 높은 ㉡ 낮은   10 구리판   11 ⑤ 12 (2) ○   13 ①   14 태양   15 ②   16 화성   17 (1) 목성 (2) ⓔ 지구의 반지름을 1로 보았을 때 목성은 11.2로 지구보다 11.2배 크다.   18 ②   19 ②   20 ⓔ 항상 정확한 북쪽에서 볼 수 있어서 북극성을 찾으면 방위를 알 수 있었기 때문에

풀이 ▶

2 실험에서 다르게 해야 할 조건과 같게 해야 할 조건을 확인하고 통제하는 것을 변인 통제라고 합니다.

4 실험 결과를 그래프로 바꾸어 나타낸 것입니다. 그래프를 이용하면 점, 선 또는 넓이 등으로 나타내어 자료의 분포와 경향을 쉽게 알 수 있습니다.

7 알코올 온도계의 눈금은 보통 1℃간격으로 매겨져 있습니다.

8 온도가 다른 두 물질이 접촉하면 따뜻한 물질의 온도는 낮아지고, 차가운 물질의 온도는 높아집니다.

9 고체에서 열은 고체 물질을 따라 온도가 높은 곳에서 온도가 낮은 곳으로 이동합니다.

10 구리판 → 철판 → 유리판 순서로 버터가 빨리 녹습니다.

13 알코올램프에 불을 붙이지 않았을 때는 비눗방울이 아래로 떨어지고, 알코올램프에 불을 붙였을 때는 비눗방울이 위로 올라갑니다.

15 지구의 주위를 돌고 있는 천체인 달은 위성입니다. 위성은 태양계에 속해 있습니다.

16 화성은 태양에서 네 번째로 가까운 행성으로 고리는 없고 크기는 지구보다 작습니다.

17 지구의 반지름을 1로 보았을 때 목성은 11.2로 행성 중 크기가 가장 크고, 수성은 0.4로 가장 작습니다.

18 지구에서 태양까지 가는 데 걸리는 시간을 나타낸 것입니다.

19 밝지 않은 곳이 별을 관측하기 적당합니다. 별을 관측할 때는 주위가 어두우므로 넘어지거나 다치지 않도록 조심합니다.

2회 100점 예상문제
145~147쪽

1 ㉡   2 ④   3 ③   4 ⓔ 실험 결과의 특징을 이해하기 쉽다. 자료의 특징을 한눈에 비교하기 쉽다.   5 결론 도출   6 ⑤   7 ⑤   8 운동장에 있는 철봉   9 ⑤   10 ㉠ 높아지고 ㉡ 낮아진다   11 (1) ○   12 ㉠   13 (1) ○   14 목성, 수성   15 ④   16 강은   17 ③   18 ②   19 (2) ○   20 ①

풀이 ▶

1 탐구 문제를 정할 때에는 탐구 범위가 좁고 구체적이어야 합니다.

3 사인펜의 색깔에 따라 잉크에 섞여 있는 색소가 같은지 알아보는 실험이기 때문에 사인펜의 색깔 외에 다른 조건은 모두 같게 합니다.

5 탐구 문제를 정하고 실험을 계획하며 변인을 통제합니다. 실험을 하고 자료 변환과 자료 해석을 한 다음 실험 결과에서 결론을 도출합니다.

6 온도의 단위는 ℃(섭씨도)를 사용합니다. 물의 온도는 수온, 공기의 온도는 기온입니다.

8 운동장에 있는 철봉의 온도가 18.3 ℃로 가장 높고, 교실의 벽 온도가 13.1 ℃로 가장 낮습니다.

9 다른 물질이라도 온도가 같을 수 있고, 같은 물질이라도 온도가 다를 수 있습니다. 나무 그늘의 흙보다 운동장의 온도가 더 높습니다.

11 구리판의 한쪽 끝부분을 가열하면 가열한 부분에서 멀어지는 방향으로 이동합니다.

12 온도가 높아진 공기는 위로 올라가고 위에 있던 공기는 아래로 밀려 내려옵니다.

14 목성의 반지름은 지구의 11.2배로 행성 중 가장 크고, 수성의 반지름은 지구의 0.4배로 행성 중 가장 작습니다.

17 목성은 화성과 토성 사이에 있으므로, 태양과 화성 사이의 거리보다는 조금 멀고, 태양과 토성 사이의 거리보다는 조금 가깝습니다. 따라서 목성의 상대적인 거리는 1.5보다 크고 9.6보다 작아야 합니다.

19 작은곰자리는 북극성을 포함하는 별자리이며, 모양이 북두칠성과 닮아서 작은국자자리라고도 합니다.

20 북두칠성, 북극성, 카시오페이아자리는 북쪽 밤하늘의 별자리이며, 북두칠성과 카시오페이아자리를 이용해 북극성을 찾을 수 있습니다.

3회 100점 ★예상문제
148~150쪽

1 ④　2 ②, ③　3 (1) 소금 (2) 물　4 ③　5 ②
6 ①, ②　7 예 설탕은 모두 용해되고, 소금은 바닥
에 가라앉는다.　8 물의 온도　9 ②　10 ③, ⑤
11 (2) ○　12 (1) ㉡ (2) 초점 조절 나사　13 (1) × (2)
○ (3) ○　14 ①　15 둥근 원통　16 ⑤　17 ㉣
18 ㉠, ㉡　19 해캄　20 ②

풀이

1 페트리 접시에 물을 채우기 전에 흰 종이를 밑에 깔
　면 녹아 나온 색소가 잘 보입니다.

2 멸치 가루를 물에 넣으면 물과 섞여 뿌옇게 변합니
　다. 10분 동안 가만히 두면 멸치 가루가 물 위에 뜨
　거나 바닥에 가라앉습니다.

5 물에 완전히 용해된 각설탕은 눈에 보이지 않습니다.

6 여러 가지 용질이 물(용매)에 용해되는 양을 비교하
　는 실험이기 때문에 용매의 양과 용매의 온도를 같게
　합니다.

7 물의 온도와 양이 같아도 용질마다 용해되는 양은 서
　로 다릅니다.

8 물의 온도를 제외한 모든 조건을 같게 합니다.

9 물의 온도에 따라 용질이 물에 용해되는 양이 달라집
　니다. 일반적으로 물의 온도가 높을수록 용질이 많이
　용해됩니다.

12 ㉠은 접안렌즈, ㉡은 초점 조절 나사, ㉢은 조명 조
　절 나사, ㉣은 재물대, ㉤은 대물렌즈, ㉥은 회전판
　입니다.

13 해캄의 색깔은 초록색입니다.

14 해캄의 모습을 관찰하고 기록한 관찰 기록장입니다.

15 짚신벌레는 원생생물입니다. 짧은 다리가 많고 스스
　로 움직이며 전체적으로 투명합니다.

16 화장실은 수분이 많은 곳이므로 세균이 많이 살 수
　있습니다.

18 된장과 요구르트를 만드는 데 활용되는 균류나 세균
　을 나타낸 것입니다.

19 원생생물은 주로 다른 생물의 먹이가 되거나 생물이
　사는 데 필요한 산소를 만들기도 합니다.

20 푸른곰팡이가 세균을 자라지 못하게 하는 특성을 활
　용하여 질병을 치료하는 약을 만듭니다.

4회 100점 ★예상문제
151~153쪽

1 ①　2 성욱　3 예 물과 섞여 뿌옇게 변한다.　4
②　5 ④　6 ④　7 백반 알갱이　8 ④　9 (1)
㉡ (2) 예 메추리알을 넣었을 때 높이 떠오를수록 진
한 용액이기 때문이다.　10 ③, ④　11 ②　12 ⑤
13 ④　14 ③　15 (1) 접안렌즈 (2) 회전판 (3) 조동
나사　16 ④　17 ③　18 ⑤　19 (1)-㉢ (2)-㉡
(3)-㉠　20 ㉣

풀이

2 설탕은 물에 잘 녹고, 10분 동안 가만히 두어도 뜨거
　나 가라앉는 것이 없습니다.

3 멸치 가루는 물에 녹지 않고 물과 섞여 물이 뿌옇게
　변합니다.

4 전자저울의 영점을 맞출 때는 전자저울 위에 아무것도
　올려놓지 않은 상태에서 영점 단추를 눌러 맞춥니다.

6 용질마다 물에 용해되는 양을 알아보는 실험이기 때
　문에 세 가지 용질은 모두 물에 녹는 것으로 준비해
　야 합니다.

7 백반 용액을 얼음물에 넣어 온도를 낮추면 백반 알갱
　이가 다시 생겨 바닥에 가라앉습니다.

8 비커 뒤에 흰 종이를 대고 황설탕 용액의 색깔을 비
　교하면 용액이 진할수록 색깔이 진합니다.

9 진한 용액에서는 메추리알이 높이 떠오르고, 묽은 용
　액에서는 메추리알이 가라앉습니다.

10 주름 빨대를 구부려 길이에 맞게 자른 다음 눈금을
　그리고 주름 빨대 끝에 고무찰흙을 붙여 만듭니다.

11 같은 생물 찾기 놀이에서 자신이 내는 카드를 미리
　보는 것은 반칙입니다.

13 곰팡이와 세균은 균류로 광합성을 하지 않고 포자로
　번식합니다.

14 짚신벌레 영구 표본 만들기: 탈지면을 조금 떼어 오
　목 받침 유리의 오목한 부분에 넣기 → 짚신벌레가
　들어 있는 물을 스포이트로 탈지면에 한 방울 떨어뜨
　리기 → 덮개 유리를 덮어 짚신벌레 표본 만들기

16 짚신벌레의 크기는 맨눈으로 볼 수 없을 정도로 작으
　며 끝이 둥근 원통 모양입니다.

17 ③ 아메바는 원생생물이고 ①, ②, ④, ⑤는 세균입니다.

20 해캄을 이용하여 기름을 만들어 생물 연료로 사용합
　니다.

5회 100점 예상문제

154~156쪽

1 ⑤　2 ②　3 (1) ㉠ (2) ㉡　4 ②　5 귀 체온계
6 삶은 면　7 구리판　8 (1) ○　9 (1) 예. (2) 아니
요. (3) 예.　10 ③　11 ③　12 예 행성의 위치는 변
하는 것처럼 보이고, 별은 움직이지 않는 것처럼 보인
다.　13 ㉣　14 ②, ⑤　15 ○　16 ①, ④　17
(차례대로) 식물, 균류　18 ⑤　19 (1) - ㉢ - ㉯
(2) - ㉡ - ㉮ (3) - ㉠ - ㉰　20 ④

풀이

2 변인 통제는 실험 계획을 세울 때와 실험을 실시할
   때 꼭 지켜야 합니다.

4 문제 인식 → 변인 통제 → 자료 변환 → 자료 해석 →
   결론 도출의 탐구 과정을 거쳐 문제를 탐구합니다.

5 몸의 온도인 체온을 측정할 때는 귀 체온계를 사용합니다.

6 접촉한 두 물질 사이에서 열은 온도가 높은 물질에서
   온도가 낮은 물질로 이동하기 때문에 삶은 면의 온도
   는 낮아지고, 차가운 물의 온도는 높아져서 결국 같
   아집니다.

7 구리판 → 철판 → 유리판의 순서로 색깔이 빨리 변
   합니다.

8 뜨거워진 액체는 위로 올라갑니다.

9 태양은 태양계의 중심에 있으며 둥근 모양입니다.

10 ①, ②, ④, ⑤는 태양이 우리에게 미치는 이로운 영
   향입니다.

11 목성은 태양의 주위를 돌고 있는 둥근 천체로 표면에
   가로 줄무늬가 있고 생명체가 살고 있지 않습니다.

13 녹는 물질이 녹이는 물질에 골고루 섞여 있는 물질을
   용액이라고 합니다.

14 각설탕을 물에 모두 녹였기 때문에 물속에 골고루 섞
   여 있고, 무게는 녹기 전과 녹은 후가 같습니다.

15 눈금실린더를 이용해 비커 세 개에 물을 각각 50 mL
   씩 넣습니다.

16 용매의 온도가 낮아지면 용질은 더 이상 녹아 있을
   수 없어서 알갱이가 가라앉습니다.

18 해캄 표본을 만들 때는 해캄을 잘 펴서 받침 유리에
   올려놓고, 덮개 유리를 비스듬히 기울여 공기 방울이
   생기지 않도록 천천히 덮습니다.

20 홍보 자료에서 개선할 점을 찾아보는 일은 홍보 자료
   를 다 만들고 평가할 때 할 일입니다.

6회 100점 예상문제

157~159쪽

1 점의 크기　2 ⑤　3 관계, 규칙　4 ⑤　5 ①,
⑤　6 (2) ○　7 대류　8 비눗방울이 위로 올라간
다.　9 행성　10 ④　11 금성, 지구와 금성 사이의
상대적인 거리는 0.30이고, 지구와 화성의 상대적인 거
리는 0.50이므로 지구와 금성이 가장 가깝다.　12 ①,
⑤　13 ㉠　14 ㉢ ㉠ ㉡　15 ⑤　16 40 ℃의 물
17 ②　18 ㉢ ㉠ ㉣ ㉯ ㉡ ㉰　19 민준　20 ①

풀이

1 사인펜의 색깔 이외의 모든 조건을 같게 합니다.

3 자료를 해석할 때에는 실험에서 다르게 한 조건과 실
   험 결과는 어떤 관계가 있는지 혹은 어떤 규칙이 있
   는지 등을 살펴봅니다.

4 문제 인식 → 변인 통제 → 자료 변환 → 자료 해석
   → 결론 도출의 탐구 과정을 거칩니다.

5 공기의 온도, 연못 속 물의 온도, 동생의 목욕물 온
   도는 알코올 온도계를 사용하여 측정합니다.

6 고체 물질의 한 부분을 가열하면 그 부분의 온도가
   높아지고 이때 온도가 높아진 부분에서 주변의 온도
   가 낮은 부분으로 열이 이동합니다.

8 알코올램프에 불을 붙이고 삼발이 위쪽에 비눗방울
   을 불면 알코올램프 주변의 뜨거워진 공기가 위로 올
   라갔기 때문에 비눗방울이 위로 올라갑니다.

9 태양계는 태양과 행성, 위성, 소행성, 혜성 등으로
   구성되어 있습니다.

12 항상 북쪽 밤하늘에서 볼 수 있는 북두칠성과 카시오
   페이아자리를 이용해 북극성을 찾습니다.

13 용질은 용해되어도 양이 변하지 않습니다.

14 각설탕은 조금씩 부서지다가 큰 덩어리의 각설탕이
   작은 설탕 덩어리로 흩어집니다.

16 일반적으로 물의 온도가 높을수록 용질이 많이 용해
   되기 때문에 10 ℃의 물보다 40 ℃의 물에서 백반이
   더 많이 용해됩니다.

18 짚신벌레 영구 표본을 광학 현미경으로 관찰할 때는
   가장 먼저 회전판을 돌려 배율이 가장 낮은 대물렌즈
   가 중앙에 오도록 합니다.

19 곰팡이나 세균은 죽은 생물이나 배설물을 자연으로
   되돌려 주고, 발효 식품을 만들어 주며, 해로운 세균
   으로부터 우리 몸의 건강을 지켜 주는 역할을 합니다.

전과목

단원평가 총정리

변형 국배판 / 1~6학년 / 학기별

■ 디자인을 참신하게 하여 학습 효율성을 높였습니다.

■ 단원 평가에 완벽하게 대비할 수 있도록 전 범위를 수록 하였습니다.

■ 교과 내용과 관련된 사진 자료 등을 풍부하게 실어 학습에 흥미를 느낄 수 있도록 하였습니다.

■ 수준 높은 서술형 문제를 실었습니다.

정답과 풀이 과학

선생님이 강력 추천하는

개념+PLUS
단원평가